一橋ビジネスレビュー

Hitotsubashi Business Review
一橋大学イノベーション研究センター編

季刊2013 SPR.
60巻4号

[特集]
クロスボーダーM&A
Cross-Border M&A

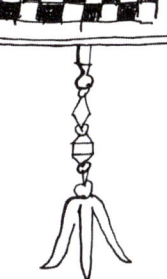

少子高齢化による国内市場の成長機会に対する悲観的な見方や、リーマンショック以降の歴史的な円高傾向などを背景として、日本企業による海外企業買収の動きが活発化している。本特集では、クロスボーダーM&Aを経営戦略の重要な一環と位置づけた上で、統合の効果を最大限に生かし、利益ある成長と企業価値向上を実現するには何が必要かを論じる。さらに、主要国の関連法制度や投資先国ごとの留意すべき点、パフォーマンスに関する実証分析などを交えて、日本企業のクロスボーダーM&Aの現状と課題を、事実とデータに基づいて冷静に分析する。

CONTENTS

4 特集にあたって ……………………………………………………… 佐山展生

[特集論文―Ⅰ]
6 日本のクロスボーダーM&Aの現状 ……………………………… 大久保 功
　　　　　　　　　　　　　　　　　　　　GCAサヴィアン株式会社 エグゼクティブディレクター

　　　　　　　　　　　　　　　　　　　　　　　　　　　　　　　佐山展生
　　　　　GCAサヴィアングループ株式会社 取締役／インテグラル株式会社 代表取締役／一橋大学大学院国際企業戦略研究科教授

[特集論文―Ⅱ]
28 クロスボーダーM&Aと経営 ……………………………………… 伊藤友則
　　　　　　　　　　　　　　　　　　　　　　　　　一橋大学大学院国際企業戦略研究科教授

[特集論文―Ⅲ]
46 継続的に利益ある成長を ………………………………………… 西村裕二
　　　　実現するM&A　　　　　　アクセンチュア執行役員兼経営コンサルティング本部 統括本部長
　　　　　　　　　　　　　兼戦略グループ アジア・パシフィック統括マネジング・ディレクター

[特集論文―Ⅳ]
62 クロスボーダーM&Aの ………………………………………… 知野雅彦
　　　　実務上の留意事項　　　　　　　　　　　　　　KPMG FAS 代表取締役 パートナー

　　　　　　　　　　　　　　　　　　　　　　　　　　　　　　　高嶋健一
　　　　　　　　　　　　　　　　　　　　　　　　　　　　KPMG税理士法人 パートナー

　　　　　　　　　　　　　　　　　　　　　　　　　　　　　　　岡田 光
　　　　　　　　　　　　　　　　　　　　　　　　　　　　KPMG FAS 執行役員 パートナー

[特集論文―Ⅴ]
82 クロスボーダーM&Aの ………………………………………… 棚橋 元
　　　　法制と実務上の諸論点　　　　　　森・濱田松本法律事務所 弁護士・ニューヨーク州弁護士

　　　　　　　　　　　　　　　　　　　　　　　　　　　　　　　紀平貴之
　　　　　　　　　　　　　　　　　森・濱田松本法律事務所 弁護士・ニューヨーク州弁護士

　　　　　　　　　　　　　　　　　　　　　　　　　　　　　　　梅津英明
　　　　　　　　　　　　　　　　　森・濱田松本法律事務所 弁護士・ニューヨーク州弁護士

[特集論文―Ⅵ]
100 検証：日本企業はクロスボーダー ……………………………… 井上光太郎
　　　　M&Aが本当に不得意なのか？　　　　東京工業大学大学院社会理工学研究科教授

　　　　　　　　　　　　　　　　　　　　　　　　　　　　　　　奈良沙織
　　　　　　　　　　　　　　　　　　東京工業大学大学院社会理工学研究科助教

　　　　　　　　　　　　　　　　　　　　　　　　　　　　　　　山﨑尚志
　　　　　　　　　　　　　　　　　　　　　　神戸大学大学院経営学研究科准教授

［特別インタビュー］

118 成功企業に学ぶ　経営トップの役割とは

119 Ⅰ　M&Aは買収後のシナジー形成に成功してこそ実がある　　　　木村　宏
　　　　　　　　　　　　　　　　　　　　　　　　　　　　　日本たばこ産業株式会社 取締役会長

125 Ⅱ　M&Aはグローバル人材を育てる道場　　　　井上礼之
　　　　　　　　　　　　　　　　　　　ダイキン工業株式会社 代表取締役会長兼CEO

［ビジネス・ケース］

134 ［No.102］**クラレ**　　　　岡村佑太
　　　　三位一体による顧客価値の創出　　　　一橋大学大学院商学研究科経営学修士コース
　　　　　　　　　　　　　　　　　　　　　　　　延岡健太郎
　　　　　　　　　　　　　　　　　　　　　　　一橋大学イノベーション研究センター長・教授

148 ［No.103］**フェリカネットワークス**　　　　櫻井康一
　　　　モバイルソリューション事業の展開　　　一橋大学大学院商学研究科経営学修士コース
　　　　　　　　　　　　　　　　　　　　　　　　青島矢一
　　　　　　　　　　　　　　　　　　　　　　　一橋大学イノベーション研究センター教授

［経営を読み解くキーワード］

162 書籍のデジタル化と出版の商慣習　　　　遠藤貴宏
　　　　　　　　　　　　　　　　　　　カーディフ大学リサーチアソシエイト

［コラム］日本経営学のイノベーション　第1回（新連載）

164 訓詁学から実証研究へ　　　　小川　進
　　　　　　　　　　　　　　　神戸大学大学院経営学研究科教授

［連載］経営学のイノベーション

168 はじめてのビジネス・エコノミクス（最終回）　　　　柳川範之
　　　　第4回　合併によって価格が上がる？　　　　東京大学大学院経済学研究科教授
　　　　　　　　　　―メーカーと流通業者の駆け引き

［マネジメント・フォーラム］

176 クラウドの時代にユーザーから選ばれ続ける　　　［インタビュアー］米倉誠一郎
　　　　グローバル・ブランドをめざす　　　　　　　　一橋大学イノベーション研究センター教授
　　　　ゲスト　鵜浦博夫　日本電信電話株式会社 代表取締役社長　　伊藤友則
　　　　　　　　　　　　　　　　　　　　　　　一橋大学大学院国際企業戦略研究科教授

184 第12回　ポーター賞受賞企業に学ぶ　　　　大薗恵美
　　　　　　　　　　　　　　　　　　　一橋大学大学院国際企業戦略研究科教授
　　　　　　　　　　　　　　　　　　　　山﨑聖子
　　　　　　　　　　　　　一橋大学大学院国際企業戦略研究科特任研究員

［私のこの一冊］

117 開かれた社会の追求は日本企業復活に通じる　　　　野間幹晴
　　　　山岸俊男『信頼の構造』　　一橋大学大学院国際企業戦略研究科准教授

193 知のフロンティアへの道しるべを示す　　　　安藤史江
　　　　入山章栄『世界の経営学者はいま何を考えているのか』　南山大学大学院ビジネス研究科准教授

131 ビジネス・ケース　オンデマンド販売のご案内

132 ビジネス・ケース　バックナンバー一覧

198 次号予告・読者プレゼント＆アンケート

『一橋ビジネスレビュー』の志

　『一橋ビジネスレビュー』の前身は、1953年に一橋大学商学部附属産業経営研究施設の学内機関誌として創刊された『ビジネスレビュー』であった。その後、日本企業の競争力が向上するに従い、欧米からの借り物の経営理論ではなく、日本発の理論的・実証的研究が時代の要請となった。1997年、産業経営研究施設がイノベーション研究センターに生まれ変わったのを契機に、この学内誌を全国的な経営学研究誌とすべく、2000年に東洋経済新報社との戦略的提携によって新創刊されたのが本誌である。

　したがって、創刊にあたっての想いは、「日本発の理論的・実証的経営研究をオールジャパンの研究陣で発信する」であった。『ハーバード・ビジネス・レビュー』がオールアメリカンの経営専門誌であるように、「一橋」の名を冠していても本誌は、経営知力向上をめざすすべての人々に開かれたオールジャパンの専門誌である。そのことは、編集委員の顔ぶれからも理解されよう。ここでの「一橋」は単なる固有名詞ではなく、現実のビジネスと研究者の学界をつなぐ「唯一の架け橋」という意味が込められているのである。

　21世紀はまさに経営の時代である。同じ産業に属していても、業績に際立った差が生じ、ローテク産業でも新しい技術やイノベーティブなアイディアを駆使すれば屈指の高収益企業に変身できる。さらに、地球温暖化や資源高騰に始まる世界規模の経営課題は、技術から経営効率に至るさまざまなイノベーション活動を要請している。しかし、その戦略的意思決定は先進国に手本があるわけでも、政府が導いてくれるものでもない。経営を担当する者があらゆる知識を総動員してしか実現しえないものなのである。その意味で、経営の知的レベル（ビジネス・インテリジェンス）の向上が求められている。ビジネス・インテリジェンスには2つの意味がある。1つは情報収集能力であり、もう1つが知識創造にかかわる知的能力である。『一橋ビジネスレビュー』はまさに、2つ目の知識創造分野を支援することを目標にしている。

　短期的な情報やノウハウものを提供するビジネス誌は、毎日毎週、巷に絶え間なく発刊されている。それらに対し、本誌はあえて年4回の発行を方針としている。読者に3カ月をかけて一冊の論文集をじっくりと読みこなしてほしいという想いからである。

　『一橋ビジネスレビュー』創刊の志は高い。しかし、現実の運営にあってその想いが小さくなったり霞んだりするときがあるやもしれない。そのときは、オールジャパンの読者や研究者からの忌憚のない批判をお願いしたい。

『一橋ビジネスレビュー』編集委員会

編集顧問
御手洗冨士夫（キヤノン株式会社代表取締役会長兼社長CEO）
野中郁次郎（一橋大学名誉教授）
黒川 清（政策研究大学院大学教授／元・日本学術会議会長）

編集委員

一橋大学
青島矢一　赤池伸一　加賀谷哲之　加藤俊彦　軽部 大　橘川武郎　楠木 建　清水洋
中馬宏之　長岡貞男　中野 誠　西口敏宏　楡井 誠　沼上 幹　延岡健太郎　林 大樹
藤川佳則　松井 剛　守島基博　◎米倉誠一郎（◎印は委員長）

学外
藤本隆宏（東京大学）　金井壽宏（神戸大学）　國領二郎（慶應義塾大学）　榊原清則（法政大学）　武石 彰（京都大学）
M. Cusumano（マサチューセッツ工科大学・アメリカ）　M. Kenney（カリフォルニア大学デービス校・アメリカ）
李 亨五（淑明女子大学校・韓国）　J. Lin（北京大学・中国）　徐 正解（慶北大学校・韓国）

編集デスク：佐々木浩生・中山英貴・佐藤 敬　マーケティング：吉田正志・和田明彦・大久保幹人　広告：中島康順　宣伝：加藤光彦・笠間勝久
校閲：松村靖子・新井暁子　表紙イラスト：村田篤司　本文イラスト：村田篤司・あしはらたいじ
カバー・本文デザイン：佐藤倫朗（デナリパブリッシング）・坂 重輝（グランドグルーヴ）・佐藤浩明（デジタルアーカイヴ）

特集

クロスボーダーM&A
Cross-Border M&A

【特集にあたって】

　M&Aは経営者の専権事項である。確かに、既存事業体のボトムアップ型のM&Aもある。しかし、それはその案件が現場から発掘されたというだけであって、最終的に腹をくくって、そのM&Aの実行判断をするのは経営者である。

　いわんや、企業の存亡をかけた大型の合併や買収は、経営者以外に実行者はいないし、それこそが経営者、もっといえば、CEOや社長の重要な業務である。この舵取りこそが、5年後、10年後のその企業の姿を決定する。M&Aは、経営者の専権事項であり、CEOや社長の在任期間中に大型のM&Aの意思決定ができたかどうかが、その人の経営者としての評価を決めると考えてもよい。

　将来、絶対に成功するというM&Aはない。それは、マクロ経済の予測が必ずしも当たるわけではないし、M&A後、新しいオーナー、経営者の下で、その企業が収益を上げられるかどうかは不確実であるからだ。しかし、M&Aの意思決定をする際には、経営者は、そのM&Aを実行したケースと見送ったケースの10年後の自らの企業のイメージを比較すべきだと常々考えている。

　通常、クロスボーダーM&Aのみならず大型のM&Aは、それを実行したケースと実行しなかったケースとでは、10年後のその企業の姿は大きく異なっているはずである。そのイメージを持ったならば、そのM&Aを実行した後、着実に成果が出せる可能性について考える。その可能性があるレベル以上であれば、買収交渉を行い妥当な条件で買収に踏み切るべきである。大きなM&Aの意思決定をする際には、そのM&Aを実行しなかったときと比較する視点を忘れてはならない。

　クロスボーダーM&Aなくして、真のグローバル企業としての生き残りや継続的な成長はありえない。市場は急速に変化し、企業にもその対応を迫る。1980年代のバブル期のカネ余り現象から派生した数多くの日本企業によるクロスボーダーM&Aと、事業ニーズに根差した近年のそれらとは、その性格を大きく異にする。いまや、世界市場で勝負をする日本企業にとっては、M&Aをいかに経営に取り入れるかがその企業の将来を左右するといっても、まったく過言ではない。

　本特集では、各方面の専門家のトップの方々にお願いし、現在の日本企業のクロスボーダーM&Aの状況、経営の視点、会計、税務、法的な側面からの考察をしていただいた。

日本のクロスボーダーM&Aの現状
大久保功・佐山展生

本論文では、長年クロスボーダーM&Aの実務に携わり、2012年のダイキン工業による大型クロスボーダーM&Aにも中心的にかかわってきたGCAサヴィアンの大久保功エグゼクティブディレクターが、地域別の特徴とトレンド、現在の日本の資金的背景、クロスボーダーM&Aに対する経営者の現在の意識調査結果にまで触れて、詳細に分析している。日本企業のクロスボーダーM&Aが、近年、地に足がついた形で着実に増加していることがよくわかる。

クロスボーダーM&Aと経営
伊藤友則

本論文は、企業経営の観点からクロスボーダーM&Aというものをどう捉えるか、海外企業の買収に際しての留意点について考察する。大型のクロスボーダーM&Aの成功例としてのJT、当初苦労したが挽回できたブリヂストン、その他、ソニー等の買収を例に、買収後の経営の重要性を考察し、企業評価についても触れている。また、関連する国内外の論文も紹介している。

継続的に利益ある成長を実現するM&A
西村裕二

本論文は、世界最大手の酒類メーカーのアンハイザー・ブッシュ・インベブと、世界的な大手電気電子機器メーカーのエマソンの2社について、成長戦略にM&Aをどのように活用しどのように成功してきたかを説明している。大規模M&Aは危険性をはらむものの、規模の拡大やビジネスモデルの転換にはその有効性があることが示され、継続的な小規模M&Aのメリットについても考察している。そして、クロスボーダーM&Aを、先進的なオペレーティングモデルを持つ海外企業の買収により、グローバルオペレーティングモデルを一気に獲得できる有効な手段と結論づけている。

クロスボーダーM&Aの実務上の留意事項
知野雅彦・高嶋健一・岡田光

本論文では、M&Aの進め方、企業評価の考え方、ストラクチャリング、税務、そして買収後のガバナンスにも言及し、投資国別の留意点までカバーしている。実際にクロスボーダーM&Aを推進する上で、非常に参考になる内容である。

クロスボーダーM&Aの法制と実務上の諸論点
棚橋元・紀平貴之・梅津英明

本論文では、対象会社が上場会社か非上場会社かによってそれぞれ異なる買収法制について、上場会社に関しては米英の企業に焦点をあわせて、非上場会社に関しては海外PEファンドからの株式取得案件に焦点をあわせて論じている。さらに新興国におけるM&Aに関しては、東南アジアとブラジルに焦点をあわせて考察している。内容は具体的で、実務家は必読である。

検証：日本企業はクロスボーダーM&Aが本当に不得意なのか？
井上光太郎・奈良沙織・山﨑尚志

本論文は、日本板硝子による英ピルキントン買収、第一三共によるインドのランバクシー・ラボラトリーズ買収、ブリヂストンによるファイアストン買収のケーススタディーから、株価や業績に基づいてクロスボーダーM&Aの評価を行い、最終的に日本企業によるクロスボーダーM&Aはなかなか善戦していると結論づけている。

なお、本特集「特別インタビュー」では、クロスボーダーM&Aの代表的な成功事例の実行者である、日本たばこ産業の木村宏取締役会長とダイキン工業の井上礼之代表取締役会長兼CEOに、大変有意義なお話をおうかがいできた。

本特集で、日本企業によるクロスボーダーM&Aの現状を確認した上で、各界の第一人者の寄稿により、実際にどのようにM&Aを進めるべきか、かなり有意義な議論ができたと考える。グローバルに事業展開する日本企業にとって、クロスボーダーM&Aの正しい実行は不可欠である。本特集を参考にして、少しでも多くの日本企業が積極的なクロスボーダーM&Aを実行し、グローバルな市場拡大を実現させ、企業価値の向上が、日本の雇用拡大にも貢献し、日本経済自体の再成長に向けて着実に進んでいくことを期待したい。

GCAサヴィアングループ株式会社 取締役*
インテグラル株式会社 代表取締役
一橋大学大学院国際企業戦略研究科教授

佐山展生

*2013年3月27日付で名誉顧問就任予定

Cross-Border M&A

特集論文—Ⅰ

日本のクロスボーダーM&Aの現状

Current Outlook of Japanese Cross-Border M&A

大久保 功 GCAサヴィアン株式会社 エグゼクティブディレクター
Okubo Isao

佐山展生 GCAサヴィアングループ株式会社 取締役／インテグラル株式会社 代表取締役
一橋大学大学院国際企業戦略研究科教授
Sayama Nobuo

日本企業によるクロスボーダーM&Aがいっそう活発になってきており、買い手としての日本企業の存在感が高まっている。その背景として円高が引き合いに出されるが、むしろ円高に対して日本企業は中立的であり、そのほかの外的要因、すなわち「低成長の日本市場を飛び出して海外市場の獲得をねらう」「日本企業ではM&Aに利用可能な手元流動性が潤沢に積み上げられている」「低金利の下で買収資金の調達コストが低い」「M&A資金貸し出しを優遇する銀行の融資姿勢に恵まれている」「産業革新機構の設立や円高対応緊急ファシリティなどの政府による制度的な後押しの仕組みの整備」が背景にあるようだ。日本とアメリカのGDPの比較から判断すると、日本のM&A市場は今後もまだ拡大することが予想される。

特集

クロスボーダーM&A

1 はじめに

2012年が終わったところだが、同年の日本におけるM&A市場は件数・金額ともにリーマンショック以降では最大となった。

大きな特徴としては、日本企業による海外企業の買収案件が大きく増加していることにある。

日本のM&A市場に何が起こっているのか、その原因や動機にはどういうものがあるのか。

本稿では、数字的な分析にとどまらず、M&Aの動機や日本企業を取り巻く環境についても考察を加えて、現在の日本のクロスボーダーM&Aの現状について考えてみたい。

2 日本におけるクロスボーダーM&A市場の現状

概論

日本におけるM&A市場は、2012年1～12月期（公表ベース）は件数ベースで2686件（前年比6.2％増）、取引総額は約13兆7000億円（前年比1.9％減）となった。件数・金額ともにリーマンショック直前の2007年の水準（約3100件、約17兆9500億円）にはまだ及ばないものの、その中身は2007年当時とはかなり趣の異なるものとなっている（以下、図1参照）。

2012年のM&A案件の内訳をタイプ別で見ると、日本国内の企業同士のM&A（いわゆるIn-In型案件）が1851件、約5兆6000億円と、2007年（2465件、約11兆円）に比べると件数・金額ともに大幅に減少しているのに対して、日本企業と海外企業との間のM&A案件（いわゆるクロスボーダーM&A案件）は835件、約8兆2000億円と、2007年（638件、約6兆9000億円）を件数・金額ともに上回っている。

最近のクロスボーダーM&A案件の約8割以上を占めるのが、日本企業が海外企業を買収するいわゆるIn-Out型案件と呼ばれるもので、その増加は近年において顕著なものとなっている。In-Out型案件はリーマンショック以降のボトムであった2009年と比較すると2012年は件数で約1.9倍、金額で約3.8倍にまで増加しており、金額ベースで過去5年間（2007～2011年）のピークであった2008年の水準に肩を並べるまでになっている。

海外企業による日本企業の買収（いわゆるOut-In型案件）も2012年は155件、約1兆3000億円と対前年比増加しているが、2007年（261件、約4兆2000億円）には遠く及ばない。2007年はシティグループによる日興コーディアル証券（現・SMBC日興証券）の買収や大手外資系プライベートエクイティによるホテル・銀行等の買収があった年である。Out-In型案件は、リーマンショック以降は約130～200件、7000億～1兆3000億円の幅で推移している。

最近の傾向として顕著なのは、日本企業による海外企業の買収がよりいっそう活発になってきていることである。2012年もソフトバンクによるスプリント・ネクステルの買収（201億ドル）に代表される1000億円以上の大型買収案件が複数成約している。クロスボーダーM&A案件が日本のM&A市場に占める比率は毎年上昇傾向にあり、2012年にはクロスボーダーM&A案件は、金額ベースで全体の59％を占めている。In-In型案件の特殊事例である東京電力案件（政府の原子力損害賠償支援機構による東京電力への1兆円の出資）を除くと、その比率は64％にも達する。まさに過半数の買収資金が海外企業の買収に向けられる時代になっている。

グローバルM&A市場

世界のM&A市場に目を向けてみると、2012年に発表

[特集論文—I]
日本のクロスボーダーM&Aの現状

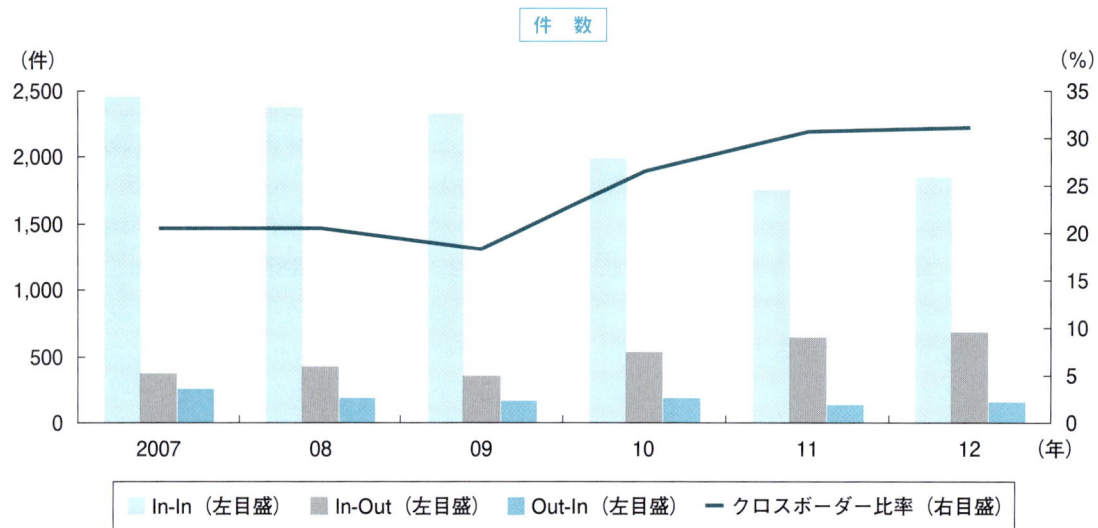

図1　日本のM&A市場──件数・金額・クロスボーダー比率の推移

	2007年	2008年	2009年	2010年	2011年	2012年	構成比	前年比
In-In	2,465	2,382	2,331	1,995	1,753	1,851	68.9%	5.6%
In-Out	377	428	356	534	642	680	25.3%	5.9%
Out-In	261	190	165	187	134	155	5.8%	15.7%
計	3,103	3,000	2,852	2,716	2,529	2,686	100.0%	6.2%

(注) In-Inは国内企業同士のM&A、In-Outは日本企業による海外企業の買収、Out-Inは海外企業による日本企業の買収。
　　案件は公表ベースを基準とする。金額の推移は開示された買収金額の集計結果。
(出所) トムソン・ロイターよりGCAS作成 (2013年1月4日現在)。

されたM&A案件は約3万8000件と前年比で約4000件の減少となっている。リーマンショック以降、順調に回復してきた世界のM&A市場であるが、ここにきて一定のブレーキがかかっている。特に対象会社の所在地がヨーロッパにある案件数の落ち込みが大きく、2010年からのヨーロッパ債務危機の影響による企業業績の悪化、金融機関の貸し出し余力の減少、先行きの不透明感が影響しているものと思われる。対象会社の所在地が北米・中国にある案件数も約1割弱の減少となっている（図2）。

一方で、2012年に発表されたM&A案件の総額は約2兆5890億ドルと前年比横ばいとなっている。件数の落ち込みの大きかったヨーロッパでも金額ベースでは増加しており、比較的大型の売却案件が市場に出回った年であったといえるだろう。

地域的な特性に関していえば、金額ベースでは北米案件が世界のM&A市場全体の約4割以上の金額を占めている。この傾向はリーマンショック以前からのものであり、世界第1位の経済大国であるアメリカはM&A案件においても世界の中心的存在である。ただし、件数ベースでは、ヨーロッパ、北米、中国の順となっており、大型案件の多い北米、中小型案件が中心のアジアという構図になっている。

特集
クロスボーダーM&A

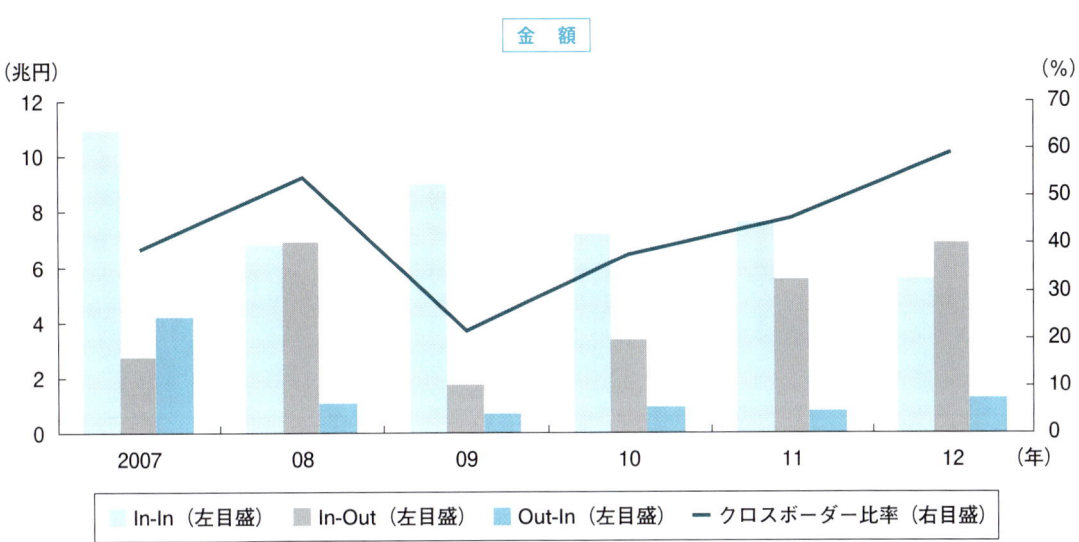

	2007年	2008年	2009年	2010年	2011年	2012年	構成比	前年比
In-In	11.0	6.8	9.0	7.2	7.6	5.6	40.7%	−26.7%
In-Out	2.7	6.9	1.8	3.4	5.6	6.9	50.0%	23.3%
Out-In	4.2	1.1	0.7	0.9	0.8	1.3	9.2%	60.2%
計	17.9	14.8	11.5	11.5	14.0	13.7	100.0%	−1.9%

買い手としての日本企業の存在感

　日本企業によるクロスボーダーM&A案件の増加は、買い手としての日本企業のグローバルな存在感を高める結果となっている。トムソン・ロイターのデータベースの集計によると、クロスボーダーM&A案件における買い手の所在国ランキングでは、日本は2012年に世界第1位のアメリカに次いで世界第2位となった（金額ベース）。日本は、2007年の第15位から、ほぼ毎年順位を上げてきている。必然の結果として、世界の事業会社やプライベート・エクイティ・ファンドや投資銀行にとって、日本企業は有力な買い手候補として今後注目を集めていくことになると考える（表1）。

国内企業同士のM&A

　上述のとおり、In-In型案件は2012年に1851件、約5兆6000億円となっており、2007年（2465件、約11兆円）に比べると件数・金額ともに大幅に減少している。ここ3年間は、件数では1800〜2000件程度で推移しているが、金額で見ると2012年は対前年比で約27％も落ち込んでいる。

[特集論文―Ⅰ]
日本のクロスボーダーM&Aの現状

図2 世界のM&A市場――件数・金額・地域別（対象会社所在国ベース）の推移

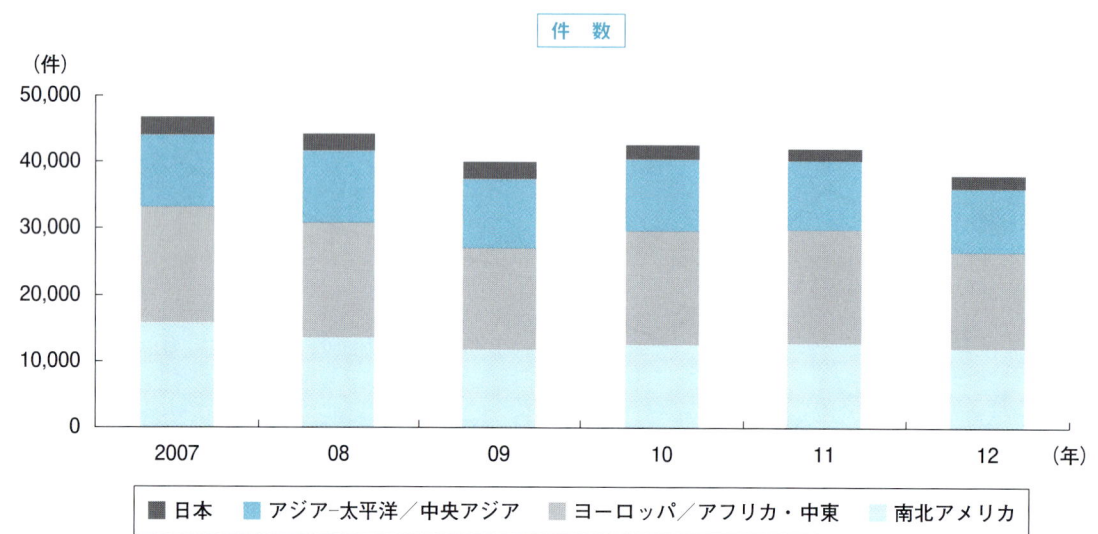

（単位：件）

	2007年	2008年	2009年	2010年	2011年	2012年	構成比	前年比
南北アメリカ	15,744	13,546	11,812	12,566	12,800	11,912	31.4%	−6.9%
アメリカ	11,533	9,563	7,859	8,254	8,555	8,147	21.5%	−4.8%
カナダ	2,336	2,186	2,379	2,324	2,175	1,919	5.1%	−11.8%
ブラジル	792	856	448	623	734	720	1.9%	−1.9%
ヨーロッパ／アフリカ・中東	17,493	17,405	15,300	17,060	17,175	14,661	38.6%	−14.6%
スイス	585	694	484	373	440	344	0.9%	−21.8%
ドイツ	2,103	1,675	1,313	1,370	1,596	1,398	3.7%	−12.4%
イギリス	3,560	2,927	2,181	2,433	2,496	2,396	6.3%	−4.0%
アジア-太平洋／中央アジア（日本を除く）	10,760	10,665	10,370	10,864	10,212	9,386	24.7%	−8.1%
中国	2,633	3,011	2,695	3,323	3,694	3,420	9.0%	−7.4%
インド	1,242	1,125	1,133	1,076	858	866	2.3%	0.9%
シンガポール	491	402	393	435	401	363	1.0%	−9.5%
日本	2,726	2,572	2,496	2,182	1,887	2,006	5.3%	6.3%
計	46,723	44,188	39,978	42,672	42,074	37,965	100.0%	−9.8%

（出所）トムソン・ロイターよりGCAS作成。

　これには、2012年は大型の金融業種の案件がなかったことや、三菱重工業と日立製作所による火力発電システム分野における事業統合の金額が未定という事情もある。市場のグローバル化の進展は止めようがなく、新興国でも強力なライバルが成長してきている現状を鑑みると、三菱重工業と日立製作所の事業統合、新日鉄住金の誕生に見られるようなグローバル競争力をつける大型統合案件は、今後も不可避なものと考える。

クロスボーダーM&Aの特徴（業種別）

　業種別に見ると、2012年において件数ベースでクロス

特集
クロスボーダーM&A

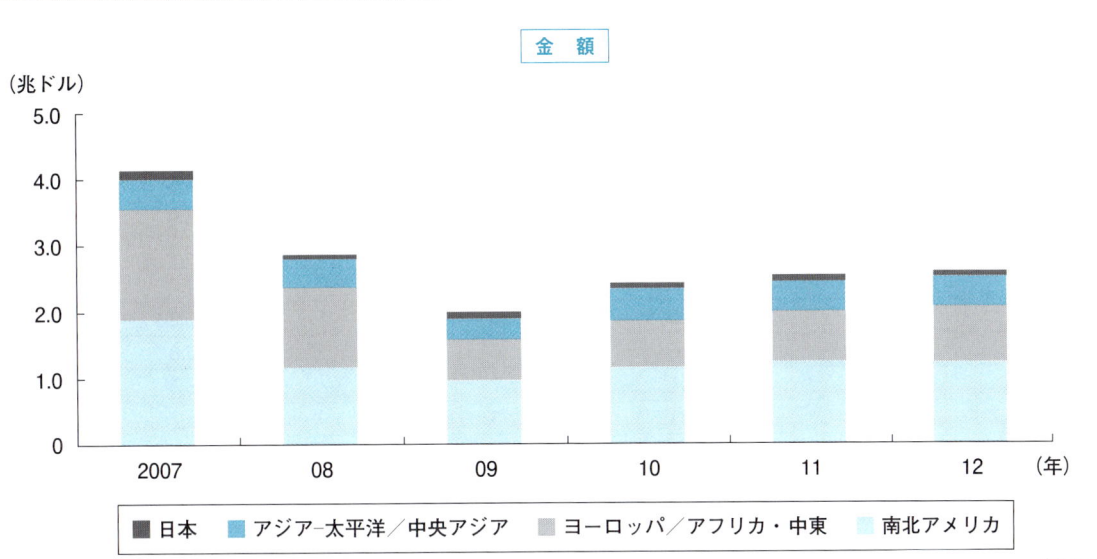

(単位:十億ドル)

	2007年	2008年	2009年	2010年	2011年	2012年	構成比	前年比
南北アメリカ	1,887	1,162	954	1,142	1,235	1,214	46.9%	−1.7%
アメリカ	1,568	930	751	778	980	935	36.1%	−4.6%
カナダ	198	85	95	110	96	140	5.4%	46.6%
ブラジル	46	93	65	148	73	57	2.2%	−21.6%
ヨーロッパ／アフリカ・中東	1,671	1,216	618	712	759	850	32.8%	11.9%
スイス	35	181	29	24	28	90	3.5%	221.3%
ドイツ	143	102	65	43	49	65	2.5%	33.0%
イギリス	389	269	160	142	134	134	5.2%	0.3%
アジア-太平洋／中央アジア(日本を除く)	452	418	320	476	444	438	16.9%	−1.3%
中国	76	112	106	150	140	157	6.1%	12.3%
インド	43	33	19	34	27	28	1.1%	1.0%
シンガポール	23	26	15	17	17	50	1.9%	192.8%
日本	130	77	105	95	107	86	3.3%	−19.5%
計	4,140	2,874	1,997	2,425	2,545	2,589	100.0%	1.7%

ボーダーM&A案件が多かったのは、「工業」「ハイテク」「金融」「素材」「卸売・サービス」「食品」の順であり、金額ベースで多かったのは「通信」「金融」「素材」「工業」「食品」「卸売・サービス」の順になる。[1]

件数・金額ともに、「工業」「金融」「素材」といった業種が上位に来ており、市場のグローバル化が早くから進展してきている業種において、クロスボーダーM&Aが根づいてきていることがうかがえる。

クロスボーダーM&Aの特徴(国・地域別)

In-Out型案件における国別の買い手ランキングの上位

[特集論文—I]
日本のクロスボーダーM&Aの現状

表1　世界のM&A市場——「国境を跨ぐM&A買い手ランキング」上位15カ国（2007年と2012年の比較）

〈2007年〉

順位	買収側最終親会社所在国	金額（十億ドル）	案件数
1	イギリス	355.7	1,617
2	アメリカ	291.8	2,751
3	ドイツ	130.0	705
4	フランス	124.4	798
5	カナダ	98.5	1,025
6	イタリア	88.5	306
7	オランダ	61.4	501
8	オーストラリア	60.1	623
9	スイス	59.6	392
10	アラブ首長国連邦	47.2	113
11	スペイン	46.0	263
12	シンガポール	45.0	364
13	中国	29.9	232
14	スウェーデン	28.4	474
15	日本	23.5	376

〈2012年〉

順位	買収側最終親会社所在国	金額（十億ドル）	案件数
1	アメリカ	204.5	2,076
2	日本	85.9	679
3	イギリス	70.7	918
4	カナダ	61.2	734
5	中国	60.8	340
6	スイス	43.8	292
7	フランス	36.8	492
8	香港	30.7	499
9	ドイツ	30.2	478
10	ベルギー	29.1	110
11	タイ	26.8	44
12	オランダ	25.2	266
13	シンガポール	18.2	318
14	ブラジル	11.8	67
15	インド	11.6	152

（注）買い手ランキングは買収側最終親会社の所在国をベースとした買収金額合計による国別順位。
（出所）図1と同じ。

3カ国を見てみると、件数ベースでは、第1位：アメリカ、第2位：中国、第3位：インドとなっており、金額ベースでは、第1位：アメリカ、第2位：イギリス、第3位：カナダとなっている。件数ベースでの上位3カ国の直近3年間の案件金額の規模別内訳を比較してみると、対アメリカ案件は100億円以上の案件と50億円未満の案件がそれぞれ4割以上を占めているところに特徴があるのに対して、対中国案件は5億円以下の案件が過半数となっており、対インド案件は50億円未満の案件が7割以上を占めているところに特徴があるといえる（後掲の図4②〜④参照）。

クロスボーダーM&Aの特徴（規模別）

クロスボーダーM&A案件を規模別に見てみると、500億円以上の大型案件の件数および全体に占める割合が年々増加している（後掲の図4①参照）。

2012年における代表的な大型クロスボーダー案件は、ソフトバンクによるアメリカ携帯電話大手であるスプリント・ネクステルの買収（約1兆5850億円）、丸紅によるアメリカ穀物商社ガビロン・グループの買収（約4450億円）、電通によるイギリス大手広告代理店のイージス・グループの買収（約3420億円）、ダイキン工業によるアメリカ家庭用空調機器メーカーのグッドマン・グローバルの買収（約2910億円）、旭化成によるアメリカ医療機器大手ゾール・メディカルの買収（約1750億円）等、1000億円以上の大型案件は16件と、2011年の12件を上回る結果となった。業種では、2011年には「ヘルスケア」「素材」「金融」「食品」が上位になっていたが、2012年は「通信」「食品」「メディア」「工業」が上位に

特集 クロスボーダーM&A

表2 日本企業による海外企業の買収——大型案件（金額順）クロスボーダー

	買収側 最終親会社 名称	対象会社 名称	所在国	業種	買収規模 円ベース（十億円）	買収規模 米ドルベース（百万ドル）	対象会社 ファンド保有
2012年							
1	ソフトバンク	Sprint Nextel Corp	アメリカ	通信	1,585	20,140	
2	丸紅	Gavilon Group LLC	アメリカ	食品・生活雑貨	445	5,600	○
3	電通	Aegis Group PLC	イギリス	メディア・エンターテインメント	342	4,311	
4	ダイキン工業	Goodman Global Group Inc	アメリカ	工業	291	3,700	○
5	大日本住友製薬	Boston Biomedical Inc	アメリカ	ヘルスケア	214	2,630	
6	豊田通商	CFAO SA	フランス	工業	193	2,288	
7	キリンホールディングス	Fraser & Neave-Food & Beverage	シンガポール	食品・生活雑貨	179	2,208	
8	旭化成	ZOLL Medical Corp	アメリカ	ヘルスケア	175	2,122	
9	三井物産	Woodside Browse Ltd-Browse LNG（天然ガス権益）	オーストラリア	エネルギー電力	160	2,000	
10	伊藤忠商事	Dole-Packaged Foods Business	アメリカ	食品・生活雑貨	133	1,685	
2011年							
1	武田薬品工業	Nycomed Intl Mgmt GmbH	スイス	ヘルスケア	1,117	13,683	○
2	三菱商事	Anglo American Sur SA	チリ	素材	419	5,390	
3	テルモ	CaridianBCT Inc	アメリカ	ヘルスケア	216	2,625	○
4	東京海上ホールディングス	Delphi Financial Group Inc	アメリカ	金融	207	2,648	
5	キリンホールディングス	Aleadri-Schinni Participacoes	ブラジル	食品・生活雑貨	195	2,523	
6	東芝	Landis & Gyr AG	スイス	ハイテク	188	2,300	○
7	投資家グループ	CBMM	ブラジル	素材	161	1,950	
8	東芝	Westinghouse Electric Co LLC	アメリカ	エネルギー電力	125	1,589	
9	伊藤忠商事	Drummond Co Inc-Colombian	コロンビア	素材	123	1,524	
10	ソニー	Sony Ericsson Mobile Commun	イギリス	通信	113	1,489	
2010年							
1	KDDI	Liberty Global-Subsidiaries (3)	アメリカ	メディア・エンターテインメント	360	4,000	
2	アステラス製薬	OSI Pharmaceuticals Inc	アメリカ	ヘルスケア	355	3,838	
3	日本電信電話	Dimension Data Holdings PLC	南アフリカ	ハイテク	239	2,730	
4	住友商事	Mineracao Usiminas SA	ブラジル	素材	171	1,930	○
5	資生堂	Bare Escentuals Inc	アメリカ	食品・生活雑貨	139	1,522	○
6	三井物産	Anadarko Petro Corp-Shale Asts	アメリカ	エネルギー電力	135	1,500	
7	日本電信電話	Keane International Inc	アメリカ	ハイテク	110	1,338	○
8	第一生命保険	Tower Australia Group Ltd	オーストラリア	金融	99	1,203	
9	JFEホールディングス	JSW Steel Ltd	インド	素材	90	1,029	
10	アドバンテスト	Verigy Ltd	シンガポール	ハイテク	89	1,079	

（注）案件は公表ベースを基準とする。Liberty Global-Subsidiariesに続く(3)は対象会社の数を示す。
（出所）図1と同じ。

[特集論文—I]
日本のクロスボーダーM&Aの現状

なっている（表2）。

3 地域別クロスボーダーM&A（その特徴とトレンド）

日米クロスボーダーM&A

国境を跨いだM&A案件といえば、日米間の大型M&A案件を多くの人は思い浮かべるだろう。2012年もソフトバンクによるスプリント・ネクステル買収に代表されるように、1000億円を超える大型案件の多くが日米間のクロスボーダーM&A案件であった。日米間のM&A案件はここ数年間でより活発になっているというのが、多くの人々の持つ印象だろう。

日本企業によるアメリカ企業の買収案件は2007年の103件からリーマンショック後の2009年には88件まで落ち込むが、2011年は118件と回復している。この数年間

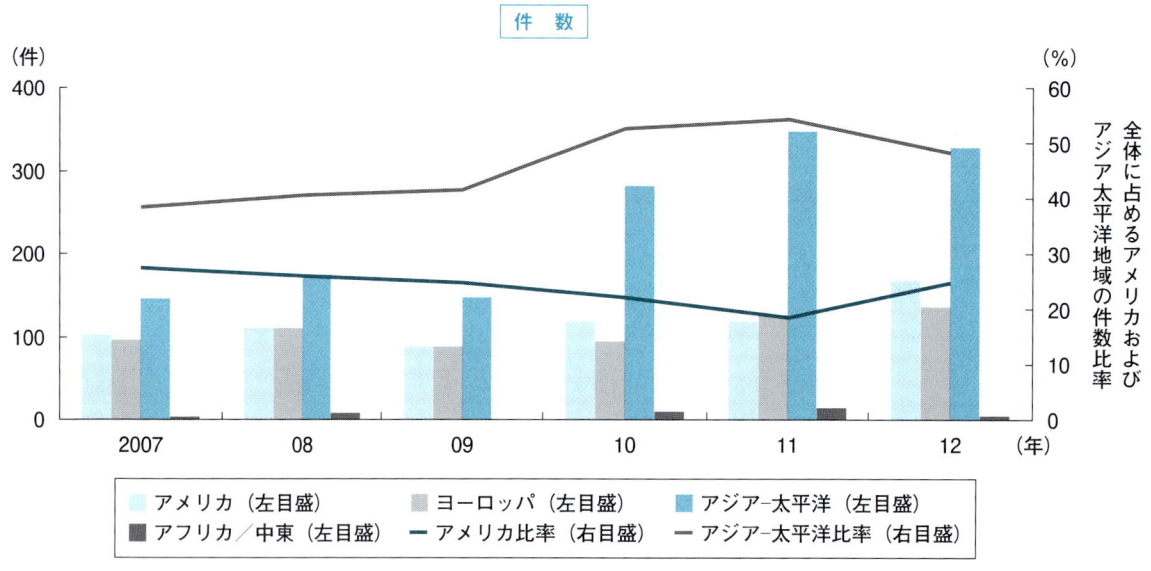

図3　日本企業による海外企業の買収——対象地域／国別の推移

（単位：件）

	2007年	2008年	2009年	2010年	2011年	2012年	構成比	前年比
南北アメリカ	132	136	120	148	153	211	31.0%	37.9%
（うち　アメリカ）	103	111	88	118	118	168	24.7%	42.4%
ヨーロッパ	96	110	88	95	126	136	20.0%	7.9%
アジア-太平洋	145	174	148	281	348	328	48.2%	−5.7%
アフリカ／中東	4	8	—	10	15	5	0.7%	−66.7%
計	377	428	356	534	642	680	100.0%	5.9%

（注）案件は公表ベースを基準とする。金額推移は開示された買収金額の集計結果。
（出所）図1と同じ。

特集
クロスボーダーM&A

は一定の変動幅に収まっている。これを金額ベースで見てみると、2009年は約4410億円だったのに対して、2011年は約1兆2100億円となっている。金額は大型案件の有無に左右されるので、この期間に限ると、日米間のM&A案件の特徴は、毎年一定数の中小型案件が存在しているところに、数百億円以上の大型案件が非定期に発生しているといえるだろう（図3）。

ところが、2012年は日米間のM&A件数は168件とここ数年のレンジを超過した。金額的にも約3兆9190億円と直近のピークだった2008年の約3兆5610億円を凌駕している。これらの数字が意味するところが、一過性のブームによる増加なのか、日米間のM&A件数がファンダメンタルな要因で増加したのかは、今後の推移を見守る必要がある。

業種的な特徴でいえば、2012年は件数ベースでは「ハイテク」「工業」「素材」といった分野が上位を占めるが、金額ベースでは「通信」「工業」「食品」「素材」といった分野が上位を占めている。

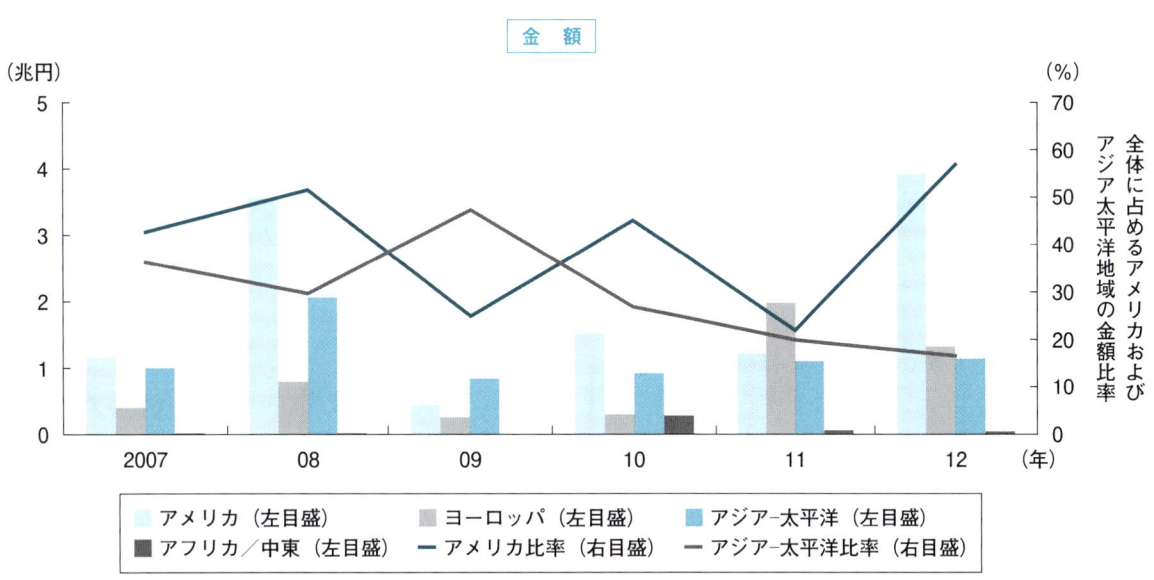

	2007年	2008年	2009年	2010年	2011年	2012年	構成比	前年比
南北アメリカ	1,332	4,044	661	1,893	2,428	4,375	63.8%	80.2%
（うち アメリカ）	1,169	3,561	441	1,525	1,210	3,919	57.2%	223.8%
ヨーロッパ	398	801	269	292	1,973	1,317	19.2%	−33.2%
アジア-太平洋	998	2,054	834	914	1,100	1,131	16.5%	2.8%
アフリカ／中東	16	20	—	288	60	33	0.5%	−44.9%
計	2,744	6,920	1,764	3,387	5,561	6,857	100.0%	23.3%

[特集論文—Ⅰ]
日本のクロスボーダーM&Aの現状

日欧クロスボーダーM&A

　ヨーロッパは、EU全体で見た場合には北米に次いで世界第2位のGDPを占める経済集合体でありながら、国ごとに長い歴史に育まれた独自の言語・文化・規格を保持しており、ヨーロッパ独自の高い技術とブランド力を持った企業が多数存在している。歴史的にもそれらヨーロッパ企業からの技術導入を受けて成長してきた日本企業も多い。日本企業にとって憧れの会社が多数存在するのがヨーロッパ市場であり、ヨーロッパ企業の技術力・ブランド、ヨーロッパ独自の規格に参入を阻まれてきた日本企業が多いことも事実である。
　統計的な傾向から日欧間のM&Aを見てみると、件数ベースでは毎年90〜130件程度のM&A案件が成約している。金額では2009年の2690億円が底となっているが、武田薬品工業によるナイコメッド（スイス）買収のあった2011年には1兆9730億円になっている。
　ヨーロッパ域内の国別で見てみると、イギリス、ドイツ、フランス、スイスといった国が上位に来ている。業種的には、大きな偏りがなくあらゆる業種において一定数のM&A案件が発生しているところが日欧案件の1つの特徴ともいえる。

日亜・日印・日豪クロスボーダーM&A

　ここ数年の日本企業によるクロスボーダーM&A案件の特徴として挙げられることは、日亜・日印・日豪案件の増加である。以前に比べれば減速したとはいえ、相対的には高い経済成長率を維持しているインド、中国、ASEANに代表されるアジア・オセアニアの国々へのM&A案件は、2012年は約330件となった模様である。
　案件規模で見ると、対中国案件は5億円以下の案件が過半数を占め、対インド案件は50億円未満の案件が7割以上を占めている（図4）。同地域においては対象企業の事業規模がまだ小さく、取引金額もそれを反映しているといえよう。また、欧米案件においては支配株式の取得がほとんどの事例であるが、アジア案件においては、合弁会社の設立や持ち分買い取りの事例が相対的にまだ多い。
　業種別では、2007年以降は「素材」「工業」「ハイテク」「金融」が件数ベースで多いが、それ以前の大型案件を振り返ってみると「食品」「ヘルスケア」の案件が多かった。たとえば、キリンホールディングス、アサヒグループホールディングス等の飲料大手によるアジア食品飲料企業の買収・資本参加、伊藤忠商事によるドールのアジア青果事業買収、第一三共によるランバクシー・ラボラトリーズ買収、三井物産によるアジア最大手病院グループへの出資等が挙げられる。
　人口が多くかつ経済規模が大きくなってきているアジア諸国においては、中間層の形成が今後は進むことが想定されており、市場や販路の獲得をねらった日本企業によるM&Aは金額ベースでも件数ベースでも増加すると想定している。

4　クロスボーダーM&Aの特徴

競争戦略上の手段としてのM&A

　前節において日本におけるクロスボーダーM&Aの現状について概説したが、近年では、日本企業にとってクロスボーダーM&Aは企業の競争戦略上の手法の1つとして重要な位置を占めるに至っている。
　それでは、これらのM&Aを実行する日本企業にとっての戦略的な目的はどういうものであったのだろうか。すべての事例を明確に分類することは難しく、多くの事例においては複数の戦略的な目的を持って実行されているが、以下にいくつかの事例を見てみたい。

特集
クロスボーダーM&A

図4 主な対象国——案件規模内訳（直近3年比較）

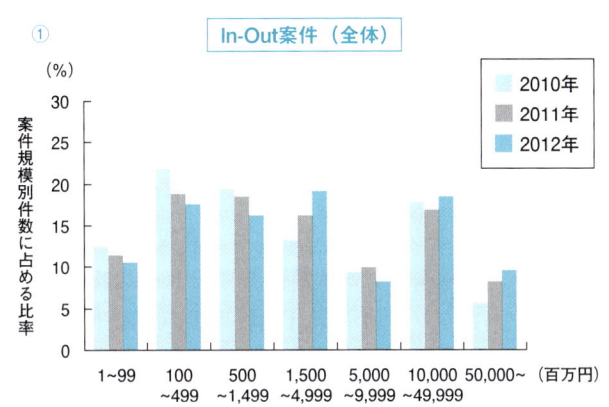
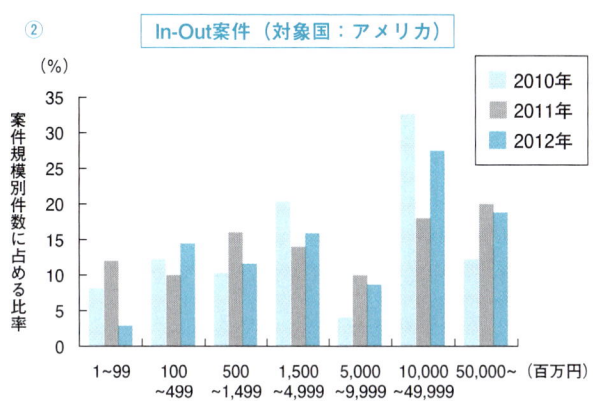
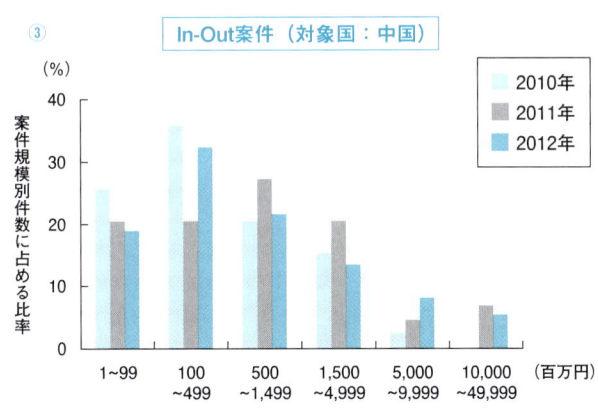
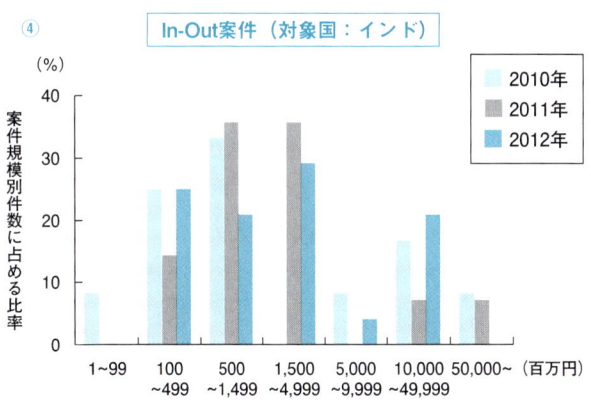

（注）金額非公表案件は除く。
（出所）図2と同じ。

①市場の獲得をねらいとした事例

　日本企業が今までに進出していない市場（もしくは進出に成功していない市場）であり、今後高い成長率が期待できて大きな市場に成長する市場（新興国等）において、一定の市場ポジションの確保をねらったM&Aがある。
　従来は日本の国内市場を主戦場としてきた業界に、成長性の高い海外需要の取り込みをねらうケースを比較的多く見ることができる。

第一三共によるランバクシー・ラボラトリーズの買収（2008年）

　「グローバル創薬型企業」をめざしていた第一三共にとって、インド最大の製薬企業であり、世界49カ国に拠点を有するランバクシー・ラボラトリーズの買収は、第一三共のグローバルリーチを飛躍的に拡大することとなった。また、特許医薬品に強みを持つ第一三共にとり、ランバクシーの強みでもある後発医薬品市場の獲得による新たな市場獲得にも資する案件であった。

また、内需型企業と見られていた食品事業会社は、ここ数年間に積極的な海外M&Aを仕掛けてきている。その代表例が、飲料事業会社であり、特にアジア・オセアニア地域に重点的に投資をしている。

キリンホールディングスによる買収事例
　ブラジルのスキンカリオールの買収（2011年、100％、総額約3000億円）、マレーシア、シンガポールで第1位の飲料事業を有するフレイザー＆ニーブへの出資（2010年、14.7％、約850億円）、オーストラリアのライオンネイサンの完全子会社化（2009年、46.13％→100％、約2300億円）、サンミゲルビールの株式取得（2009年、48.3％、約1300億円）、オーストラリア最大手の乳製品・果汁飲料会社のナショナルフーズの買収（2007年、100％、約2940億円）など。

アサヒグループホールディングスによる買収事例
　オーストラリアのボトルウォーター会社買収（2011年）、ニュージーランドの酒類会社フレイバード・ビバレッジズ・グループ・ホールディングスの買収（2011年、100％、約980億円）、マレーシアの清涼飲料会社の買収（2011年、約200億円）、ニュージーランドの濃縮果汁会社チャーリーズ・グループの買収（2011年、約80億円）、オーストラリアのP&Nビバレッジズの水・果汁飲料事業の買収（2011年、約160億円）、キャドバリー・グループからのオーストラリアのシュウェップス事業の買収（2009年、約760億円）、中国の青島ビールへの出資と役員派遣（2009年、19.99％、約590億円）など。

サントリーホールディングスによる買収事例
　ペプシコ・ベトナム飲料事業子会社への出資（2012年、51％）、アメリカの果汁飲料大手から欧州事業を買収（2010年）、フランスの清涼飲料メーカーのオレンジーナ・シュウェップス・グループの買収（2009年、100％、約3000億円）、ニュージーランドの清涼飲料メーカーのフルコア・ビバレッジズ・グループの買収（2008年、100％、約750億円）。

②バリュー・チェーンの補完・拡大をねらいとした事例
　すでにある程度のグローバルシェアを持っている企業にとっては、残されたシェア獲得による事業拡大には限界があり、競争法上の規制からもM&Aによりこれを実行することは困難を伴う。よりいっそうの事業の拡大を図るための1つとして、M&Aを通して既存のバリュー・

特集
クロスボーダーM&A

チェーンを補完・拡大する事例を見ることができる。

豊田自動織機によるアメリカのカスケード・コーポレーションの買収（2012年、約600億円）

　フォークリフト事業においてすでに高いグローバル・マーケットシェアを有する豊田自動織機が、フォークリフト用アタッチメント製造販売の世界最大手であるカスケード・コーポレーションを買収することにより、商品力の強化によるバリューチェーン（事業領域）の拡大を図るものである。同社は、2011年に繊維機械事業分野においてもスイスのウースター・テクノロジーズを買収しており、ナンバーワンのシェアを持つエアジェット織機事業に品質管理の世界基準となっているウースターの品質測定機器事業を付加することにより、商品開発力の強化をねらっている。

東洋製罐によるアメリカのストール・マシーナリーの買収（2011年、約600億円）

　ストールは、製缶等機械の開発・製造における先駆者であり、現在でも世界最大手のメーカー。缶詰・PET等の包装容器で国内トップメーカーである東洋製罐は、ストールの製缶機械事業を取り込むことにより、固有の技術開発を進めるとともに、ストールの新興国におけるプレゼンスを活用した海外事業展開の拡大が可能となる。

③販路・サービス網・生産設備の獲得をねらいとした事例

　耐久消費財や一般産業機械といった領域において日本企業が海外事業のさらなる拡大を展望する際に直面する問題として、販売経路やサービス網の整備・確立の問題があるといえる。これらの領域においてはサービス・メンテナンスや消耗品補給ネットワークが競争力を左右することがあるが、日本企業にとってはこれらのネットワークを構築することは一朝一夕には難しい。ねらう地域・国におけるネットワークを保有する企業を買収することにより、対象会社の市場シェアを獲得するとともに、将来における自社製品の拡販をねらうことができるといえよう。

ダイキン工業によるアメリカのグッドマン・グローバルの買収（2012年、約2910億円）

　グッドマンはアメリカにおける住宅用エアコンのリーディングカンパニーであり、その強みは強固な全米最大規模の販売網と標準化された製品とリーンな生産方式にある。ダイキン工業はアメリカ住宅用エアコンにおける市場シェアの獲得とともに、同社の技術力とグッドマンの強固な販売網を生かした高付加価値製品の投入により北米市場における新たな潮流を作り出すことをねらう。

東芝テックによるアメリカIBMのPOS事業買収（2012年、約680億円）

　この取引の対象は、世界100カ国に展開しているIBMのRSS（Retail Store Solution）事業における開発・販売・保守事業であり、同事業はアメリカのウォルマート等の大手企業を顧客に抱えている。東芝テックは、同事業の買収によって、国内・アジア中心であった同社のPOS事業のグローバル展開を加速するとともに、同事業のネットワークと東芝テックの商品力の組み合わせにより、複合機の販売やソリューション提供による事業拡大も企図する。

売り手としてのファンド案件

　過去3年間において、売り手としてのプライベート・エクイティ・ファンドの存在感は確実に高まってきている。特に日本企業によるIn-Out案件において取引の相手方がファンドである事例は、過去3年間の金額上位10件のうちの2件を占めている。2010年は1000億円台の案件が3件だったが、2011年は武田薬品／ナイコメッド案件（約1兆1170億円）やテルモ／カルディアンBCT案件（約2160億円）や東芝／ランディス・ギア案件（約1880

一橋ビジネスレビュー　2013 SPR.　19

[特集論文─Ⅰ]
日本のクロスボーダーM&Aの現状

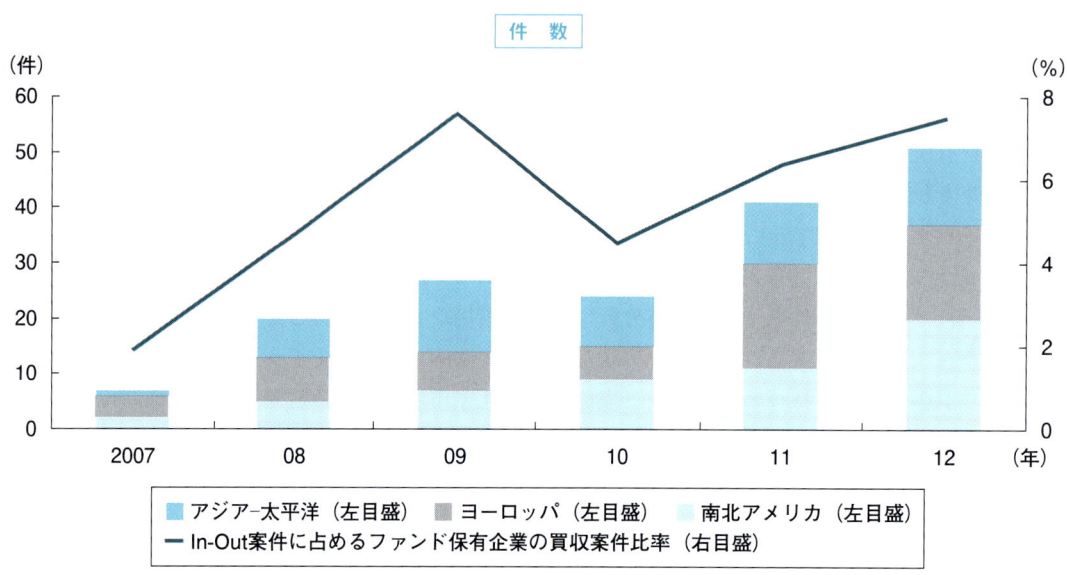

図5 日本企業による海外企業の買収──プライベート・エクイティ・ファンド保有企業の買収の推移

(単位:件)

	2007年	2008年	2009年	2010年	2011年	2012年	構成比	前年比
南北アメリカ	2	5	7	9	11	20	39%	82%
ヨーロッパ	4	8	7	6	19	17	33%	-11%
アジア-太平洋	1	7	13	9	11	14	27%	27%
計	7	20	27	24	41	51	100%	11%

(注)ファンド保有企業とは対象会社にフィナンシャルスポンサーが関与する買収案件。
(出所)図2と同じ。

億円)とランキング上位に登場するようになり、2012年も丸紅／ガビロン・グループ案件（約4450億円）やダイキン工業／グッドマン・グローバル案件（約2910億円）とファンドが絡む大型In-Out案件が相次いでいる。

統計数字で見てみると、2012年のIn-Out案件全体に占めるファンド案件の数は合計で51件となっており、これは全件数の7.5％にすぎない。2007年は7件であったことを考えれば、件数的には着実に増加してきているものの、In-Out案件全体で見た場合には、その比率は件数ベースではまだまだ小さいといえる（図5）。

一方、金額ベースで見ると別の特徴が見えてくる。In-Out案件総額に占めるファンド案件総額の比率は2009年までは1桁台で推移していた。ところが、2010年には15％、2011年には37％、2012年には19％と大きくなっている。大型案件におけるファンド案件の増加がその主要因であることはいうまでもない。この現象を、ファンドの株式売却（エグジット）の活動が活発化したと捉えるべきか、それとも大型案件における日本企業の存在感の高まりを意味していると捉えるべきか。グローバルなファンドの投資活動様式が極端に変化しているという話は聞こえてこないので、グローバルなM&A案件に占める日本の存在感が高まっているといえるのではないかと思う。

特集
クロスボーダーM&A

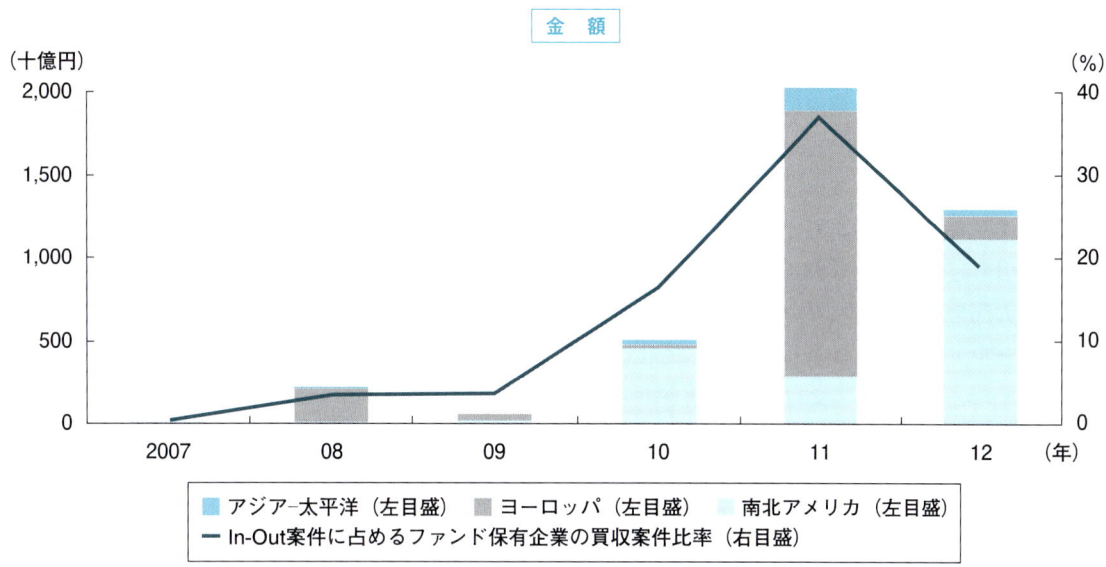

	2007年	2008年	2009年	2010年	2011年	2012年	構成比	前年比
南北アメリカ	8	5	21	458	288	1,112	86%	287%
ヨーロッパ	1	205	32	20	1,598	142	11%	−91%
アジア-太平洋	—	12	4	26	146	40	3%	−73%
計	9	221	57	505	2,031	1,294	100%	−49%

5　クロスボーダーM&A増加の背景

　上述のとおり、近年においてクロスボーダーM&Aが増加の一途にあるが、その背景にあるさまざまな外的な要因について検討してみたい。新聞・雑誌においては、クロスボーダーM&Aの背景として円高がよく引き合いに出されるが、円高のみをもって今日の事象を説明することは難しい。わが国の経済が置かれているマクロ経済的な背景、金融・為替市場、日本企業の財務状況、金融制度、わが国の政府による制度的な要因等、今日の状況を助長するさまざまな要因が考えられうる。本節においては、これらの要因を検討したい。

マクロ経済：経済成長率

　まず、人口の減少、国内市場の飽和と成長鈍化、円高による価格競争力の低下と低い経済成長率といったわが国が現在抱えるマクロ的な問題点が、海外市場の獲得を目的としたクロスボーダーM&Aを促進しているという

[特集論文―Ⅰ]
日本のクロスボーダーM&Aの現状

ことができる。民間企業として成長・存続していくためには、今まで以上に海外市場を開拓・獲得することが喫緊の課題となっている。

　グリーンフィールド（自前で工場や法人を設立すること）から参入というのが、日本企業の従来の行動様式であるが、これにはいくつか考慮すべきポイントがある。第1には、参入しようとする市場には既存のプレーヤーが存在しており、グリーンフィールドでの参入は、より厳しい市場競争を引き起こすことになる。複数の既存企業によって市場の大部分が占められている市場においては、グリーンフィールドでの参入は厳しい戦いを覚悟しないといけない。また、事業の立ち上げとその事業がマーケットにおいて一定の規模を確保するまでには一定の時間がかかるのが普通であり、その間に市場内における合従連衡や技術革新等により、市場におけるゲームのルールが変わってしまっている可能性がある。

　海外市場の獲得を目的としたM&Aは、もともと輸出比率の高かった産業分野にとどまらず、今まで内需主導型産業といわれていた食品・流通・サービスといった分野においても、近年多く見られるようになっている。従来のクロスボーダーM&Aが、技術の獲得や海外の販路の獲得を目的としたものが多かったとするならば、昨今では市場の獲得を目的としたクロスボーダーM&Aが増加しているといえるのではないだろうか。

　地域的には、相対的に高い経済成長率を達成している国や地域（中国、インド、ASEAN、ブラジル等）、アメリカやヨーロッパのようにすでに大きな市場を擁している国や地域への進出やさらなる浸透をクロスボーダーM&Aを通してめざしているといえるだろう。

外国為替（円高）

　近年の円高がクロスボーダーM&Aに与える影響について考えてみたい。In-Out案件においては多くの企業は買収原資を円建てで調達する。円高により円建ての取得価格が安くなることは、In-Out型案件を後押しする要素になっているといえる。

　一方で、手持ち外貨資金を活用したり、外貨建てで資金調達を行う企業もある。これらの企業にとっては、円高は中立的といえる。

　In-Out型案件において日本企業にとって悩ましい問題は、多くの事例において多額ののれんが買収により発生することにある。現行の日本の会計基準においては、のれんは一定期間内（最大20年）に償却しなければならない。買収後、対象会社の連結決算への収益貢献額（「対象会社の営業利益」－「のれん償却額」）が、場合によってはマイナスとなる。日本企業にとって、連結ベースでの収益貢献がマイナスとなる、すなわち買収後ののれん償却後のEPS（1株当たり利益）が低下する買収案件は株価への影響等を考えると手を出しにくいというのが現実である。

　円高による取得価格の低下は、日本企業が多くの事例において頭を悩ませるのれんの発生額を少なくすることにもつながる。

　一方で、後述するGCAサヴィアンが行ったアンケートの結果が示しているように、円高によりM&Aに積極的になるという回答は全体の3割にとどまっており、残りの7割は円高に対しては中立的な捉え方をしている。金融的アプローチを駆使して高い投資収益をめざそうとするプライベート・エクイティ・ファンドによる買収の場合とは違い、事業上の相乗効果を追求する戦略的なクロスボーダーM&Aにおいては、円高よりも対象事業そのものの魅力や自社事業との補完関係といった戦略的要素が、意思決定にはより重要な要素であるといえる。

日本企業の手元流動性

　日本銀行調査統計局の資金循環統計によると、民間企業全体（除く金融法人）による現預金の残高は215兆円と、過去最高水準に達している。特に過去3年間の増加

額は25兆円（年率4.3％）となっている。一方で、民間企業全体（除く金融法人）の借入残高は2000年以降も漸減傾向にあり、2012年9月末時点では328兆円となっている。

日本の多くの民間企業は2000年代に入ってからも、不況下の経済情勢が継続したとしても企業として生き延びるための体力をつけるべく、財務のリストラクチャリングを進めてきた。具体的には、遊休資産や非中核事業の売却やキャッシュフロー経営の推進による借入金の返済、非常時に備えた現預金の積み上げ等を行ってきている。

こうした活動の結果が、上述の借入金減少と現預金残高増加として表れているのである。

こうして積み上げられた現預金は、企業がグローバル展開を推進するための戦略的クロスボーダーM&Aを実施する際の原資として活用することができる状態にある。

資金調達金利

多くの日本企業は買収資金の調達を外部資金に依存している。案件の規模によっては手元の現預金で買収資金を賄える場合もあるが、一定程度の現預金を手元に持っておきたいという企業側の考えもあり、多くの場合においては買収資金の多くを銀行融資・社債等により、外部資金を調達する。一昔前であれば、銀行融資で買収取引を実行した後に、公募増資等による資金調達で返済を行う事例もあったが、ここ数年は株式市場の軟調とエクイティ希薄化による株価下落リスクを嫌って、銀行借入もしくは社債等の手段による外部資金調達に買収資金を依存している事例が多い。

銀行借入や社債等の資金調達が増加している背景には、長期金利が非常に低い水準にとどまっていることも影響している。AA格の社債（残存期間9〜10年）の流通利回りは現在では約1.0％前後となっている。廉価な資金調達手段は、最終的に廉価な資金コストで買収ができることになるので、クロスボーダーM&Aの促進要素ということができる。

銀行の融資姿勢

日本企業は、銀行借入や社債等によって相対的に廉価な資金調達を行うことができることは既述のとおりだが、金融情勢に目を向けると、日本企業は銀行の融資姿勢にも恵まれた状況にいるといえる。

日本銀行調査統計局の資金循環統計によると、民間金融機関による貸出金残高は2012年9月末時点で695兆円となっており、過去10年以上の期間にわたってほぼマイナス成長が続いている。民間法人向け貸し出し（除く金融法人）の残高は約248兆円、住宅ローンを中心とした家計向け貸し出しは約250兆円だが、ともに漸減基調にある。

全体的な貸出残高および法人の資金需要が高まらないなかで、クロスボーダーM&Aという前向きな資金ニーズに対して、主要銀行は積極的に融資を実行したがっているのが実情である。大型の融資案件になると複数金融機関による協調融資団が組成される事例が多いが、優良顧客向けの融資の場合には、1行で全額融資の提案をしてくるケースもある。

政府による制度的な後押し

最後に、M&Aの推進を制度面で後押しする仕組みが政府主導によって整備されていることに触れさせていただきたい。

世界を見渡すと外国政府が出資を行って資金運用をファンド形式で行ういわゆる「ソブリンファンド」という公的ファンドが存在するが、エクイティへの投資を通して日本の競争力の回復や新産業の育成を意図して2009年に立ち上げられたのが、産業革新機構（INCJ）である。INCJは、単独でのエクイティ投資を行うだけでなく、日本企業が買収を行う際に共同投資家としてエクイティ

[特集論文—I]
日本のクロスボーダーM&Aの現状

投資に参加する事例も少なくない。

また、円高対策の一環として2011年8月に立ち上げられた「円高対応緊急ファシリティ」は、日本企業が海外企業を買収する際に、政府が外国為替特別会計で保有する外貨を低金利で貸し付けることにより、In-Out型案件を促進するという結果になっている。

さらに、政府は日本政策投資銀行による「競争力強化ファンド」を2013年1月以降に立ち上げる予定にしており、3000億円規模でクロスボーダーM&Aや研究開発等への長期リスク資金を供給することとしている。

これらの制度的なクロスボーダーM&A促進策に関しては、次節で述べさせていただく。

6 外部資金の活用によるクロスボーダーM&A

産業革新機構

産業革新機構（INCJ）は、2009年に日本の産業構造の変革や次世代産業の育成を目的に政府（1420億円）と民間（140億円）の出資により設立された投資ファンドであり、「産業活力の再生及び産業活動の革新に関する特別措置法（産活法）」（旧名称は1999年施行の「産業活力再生特別措置法（産業再生法）」）に基づき設置されている。運営期間は長期的な事業成長を支援する目的で15年と長期に設定されており、次世代産業の育成による国富の増大を目的として、次世代産業や新興企業の育成と蓄積に資する案件か、もしくは既存企業の革新を通じた次世代産業の成長に資する案件かという視点のもとに、社会に与えるインパクトの有無や強弱を判断軸において投資を行っている。投資枠は出資金と政府保証枠1兆8000億円を予定している。

INCJは設立以来32件の投資を実行しているが、そのうち6件がクロスボーダーM&A案件である。

金額ベースで見ると、32件の投資総額（約5600億円）に占めるクロスボーダーM&A案件の比率は、約2割（約1100億円）となっている。[2]

代表的な例が、東芝によるスイスのスマートメーター（次世代電流計）世界最大手であるランディス・ギアへの出資である。

INCJは、投資実行後は投資後のバリューアップにも携わることを旨としており、最終的には株式の売却により資金回収を図る。官製ファンドだからといっても、次世代産業や新興企業の育成と蓄積に資するだけではなく、投資採算に関しても一定の基準を持って運用にあたっている。つまりは投資採算が取れない、エグジットまでの明確なストーリーが描けない案件には手を出さない。

円高対応緊急ファシリティ

2011年8月に政府は外国為替市場の円高に対応するために、外国為替特別会計のドル資金（約1000億ドル）を活用した資金枠を設定して、日本企業の海外企業の買収や資源権益の買収の原資にする「円高対応緊急ファシリティ」を創設した。

同ファシリティは、国際協力銀行（JBIC）や民間銀行を通じて企業向け海外投資資金としてLIBORベースに信用力見合いのプレミアムを上乗せした金利で融資を行うというものである。資金枠のうち、約500億ドルが海外企業のM&Aに振り向けられている。

JBICからの融資額は、M&Aに必要な融資額の6割以下にとどめることとなっている。つまりは、必要融資額の4割以上は民間銀行等から融資を受ける必要がある。JBICが低金利の外貨建て長期資金を供給することで、海外M&Aを促進するとともに、民間円資金の外貨への転換の促進により円高を抑制することが本ファシリティのねらいである。

創設以降のM&Aを目的とした利用件数、利用額は、16件、7000億円となっている。

期間は、設定当初は1年間の時限措置だったが、その後2013年3月末まで期限が延長されている。

外部資金活用の事例

ここで、これら公的資金枠を活用したクロスボーダーM&A案件の事例として、東芝によるランディス・ギアの買収事例を概観してみたい。

2011年5月東芝はスイスのランディス・ギアを買収すると発表した。買収総額は23億ドル（約1880億円）で、東芝はこのうちINCJから約6.8億ドル（約550億円）の出資を受け、INCJは株式の4割を取得した。東芝は6割の株式を持ち、国内の有力企業への出資も呼びかけた。

同案件では、東芝はINCJからのエクイティ投資だけでなく、円高対策としてのクロスボーダーM&Aを支援するJBICの融資枠から約6億ドルと民間銀行から約4億ドルを借り入れている。外貨借り入れにより長期負債を持つことは、同時に東芝にとってバランスシートにおける為替リスクを低減するという意図にも合致していた。

ランディス・ギアは、家庭の電力使用状況を把握するスマートメーターの大手企業であり、欧米とアジアまで世界30カ国以上に幅広く販売網を持っている。スマートメーターは双方向の通信機能を持ち、個人宅だけでなくビル・工場などの電力消費量をリアルタイムで把握することができる。今後の太陽光発電や風力発電など自然エネルギーを組み合わせて効率的に電力を供給するスマートグリッドの運用にはスマートメーターが欠かせない。スマートメーターは欧米での普及が先行しており、2010年のシェア第1位はアメリカのアイトロン、第2位はランディス・ギア、第3位はアメリカのセンサスとなっており、日本企業の存在感はなかった。

一方で、東芝は次世代エネルギー分野の事業拡大をめざして2009年に東光東芝メーターシステムズを設立していたが、その販路は日本国内に限られていた。世界市場からは取り残された感のある日本勢ではあったが、スマートメーターの市場は世界的にはまだ黎明期にあるといわれており、今後の成長余地が大きい。クロスボーダーM&Aを通じてグローバルマーケットで競合他社と互角に戦うためのポジションを確保することが、本買収の大きなねらいであったといえる。

7 日本企業のクロスボーダーM&A戦略

M&Aに関する意識調査

本稿の最後に、日本企業がM&Aに対してどういう意識を持っているかについて触れておきたい。GCAサヴィアンは、M&Aを積極的に検討している大手上場企業や有力非上場企業の経営者や経営企画担当者に対して「M&Aに関するアンケート」調査[3]を実施したところ、以下のような回答を得た。今後の日本企業によるM&Aの活動を予測するための1つの有益な指針を示していると考えるため、ここでその内容をご紹介させていただきたい。

投資の優先順位

自社の投資における選択肢において、それぞれに優先順位をつけてもらったところ、「M&A」が全体の回答の45%を占めており、第2位の「設備投資」の33%を上回る結果となった。戦略投資としてのM&Aの位置づけが高まっていることを示しているが、生産設備の海外への移転が進む流れのなかで、海外での生産設備の獲得の手法の1つとしても、クロスボーダーM&Aが認識され

[特集論文―I]
日本のクロスボーダーM&Aの現状

つつあるともいうことができよう。

国内／海外のM&A戦略

国内と海外のM&Aのどちらを重視するかという質問に対して、「海外を重視する」とした回答は54％と、国内重視（46％）を若干上回る結果となった。昨今のクロスボーダーM&A案件の増加傾向を反映した結果ともいえるが、国内の足元を固めることの必要性も重視しているということができるだろう。

国内M&Aの目的

国内M&Aの目的を質問してみたところ、本業補完という回答が4割を占め、次いで国内再編が3割を占めるに至っている。本業の強化や業界再編を通じた市場でのポジショニングの向上に主眼が置かれていることから、今後はさらなる業界再編の進展が予想される。事業の多角化という回答は2割あり、多角化による新規成長分野の獲得や経営の安定性の確保のためのM&Aも視野に入れているといえるだろう。

海外M&Aの注目地域

クロスボーダーM&Aに関していえば、アジアに注目が集まっている（52％）。北米（21％）とヨーロッパ（18％）がそれに続いている。

アジアにおけるM&A

アジアにおけるクロスボーダーM&Aの目的は、市場獲得が39％とトップで、31％の販路獲得がそれに続く。生産拠点の獲得が26％で第3位となっている。アジア地域において重要視している国名を挙げてもらったところ、中国（19％）、インド（19％）、インドネシア（16％）、ベトナム（16％）、タイ（13％）の順となった。

ヨーロッパにおけるM&A

ヨーロッパにおけるM&Aの目的は、市場獲得が28％といちばん多く、次いで販路獲得（29％）、技術獲得（21％）、そして生産拠点獲得（19％）という結果となった。ブランドの獲得（3％）という回答もある。注目している国・地域だが、ドイツ（33％）、イギリス（20％）、フランス（14％）、イタリア（11％）となっており、経済が好調なドイツが高い注目を集める結果となった。

その他地域におけるM&A

欧米亜以外で注目している地域としては、ブラジルが54％と高い注目を集めていることがわかった。ロシア（23％）がブラジルに続いている。

為替変動のM&A方針への影響

為替変動のクロスボーダーM&A方針への影響については、「円高基調のほうがM&Aに積極的になる」という回答は28％にとどまり、「M&Aの方針には影響しない」が42％と大部分を占め、「どちらともいえない」の30％とあわせると、為替変動という外的要因に左右されることはあまりなく、個別案件の見極めに重点を置いた検討がなされていると推測される。

M&A投資枠の設定

M&Aの投資枠を設定している会社は全体の4分の1と少なめであった。設定している企業の1件当たりの投資予算は100億円未満という回答が42％と多いが、一方で300億円以上の予算を組むといった回答も27％あり、二極分化の傾向が見られた。

8　最後に

これまでに日本におけるクロスボーダーM&Aの現状、日本企業のねらい、そして外部的な要素について概観してきた。日本のM&A市場は、リーマンショック以

降、着実に拡大してきている。特にクロスボーダーM&A市場の拡大には目を見張るものがあり、この傾向が今後も定着するか否かは今後の動向を見守る必要があると考える。しかしながら、日本企業の置かれているマクロ経済的な環境を鑑みると、今後もクロスボーダーM&A案件は増加していくことは必定ではないかと考える。日本のM&A市場はまだ約15兆円規模にすぎず、アメリカの90兆円に比べれば、その6分の1にすぎない。アメリカのGDPが日本の約2.6倍であることを鑑みれば、まだまだ成長の余地は大きいといえる。

　日本企業の戦略的なクロスボーダーM&A実現のために、われわれもよりいっそう努力していきたいと考えている。 H

大久保功（おおくぼ・いさお）
1967年生まれ。90年東京大学法学部卒業、太陽神戸三井銀行（現・三井住友銀行）入行。95年同行情報開発部（航空機ファイナンス）。96年同行情報開発部（M&A）。2002年ペンシルベニア大学ウォートン・スクール経営学修士課程修了。2002～07年大和証券SMBC企業提携部（M&A）。07年GCA（現・GCAサヴィアングループ）にシニア・ディレクターとして入社。1996年以降一貫してM&Aアドバイザリー業務に従事し、多数のM&A案件を手がける。特に製造業およびクロスボーダーM&A案件を中心に多くの実績を有する。

佐山展生（さやま・のぶお）
1953年京都府生まれ。76年京都大学工学部高分子化学科卒業、帝人入社。87年三井銀行（現・三井住友銀行）入行。99年ユニゾン・キャピタル代表取締役パートナー。2004年GCA（現・GCAサヴィアングループ）代表取締役、一橋大学大学院国際企業戦略研究科助教授。05年より同大学院教授。08年GCAサヴィアングループ取締役、インテグラル代表取締役。09年京都大学経営管理大学院客員教授。1994年ニューヨーク大学ビジネススクール卒業（MBA）。99年東京工業大学大学院社会理工学研究科博士後期課程修了（学術博士）。事業再生実務家協会（常務理事）、事業再生研究機構、日本経営財務研究学会などの会員、経済産業省「MBO研究会」「プレパッケージ委員会」「企業価値研究会」、金融庁「公開買付制度等ワーキング・グループ」、東京証券取引所「種類株式の上場制度整備に向けた実務者懇談会」、国土交通省「空港インフラの規制のあり方に関する研究会」などの各委員を歴任。主な著作：『社長の器』『社長の値打ち』『リーダーの危機突破力』『バイアウト』（いずれも日本経済新聞出版社）。学術論文、学会発表、セミナーなど多数。

注

1　買収者側の業種分類による。
2　投資総額には、ルネサスエレクトロニクスへの出資1900億円を含む。
3　GCAサヴィアンが2012年5月に実施した「M&Aに関するアンケート」（調査対象者：上場企業・非上場有力企業の経営者・経営企画担当役員。有効回答数：180社216人）。

参考文献

国際協力銀行
　　2011.「円高対応緊急ファシリティの実施要領について」9月22日．(http://www.jbic.go.jp/ja/about/news/2011/0922-01/index.html)
　　2012a.「円高対応緊急ファシリティの期限延長について」8月31日．(http://www.jbic.go.jp/ja/about/news/2012/0831-01/index.html)
　　2012b.「円高対応緊急ファシリティの対象拡大について」12月5日．(http://www.jbic.go.jp/ja/about/news/2012/1205-01/index.html)
日本銀行調査統計局
　　2012.「資金循環統計」12月21日．
産業革新機構
　　2012a.「ルネサスエレクトロニクス株式会社への共同出資を決定」『プレスリリース』12月10日．
　　2012b.「投資案件一覧」．(http://www.incj.co.jp/investment/deal_list.html)
総務省統計局
　　統計データ・世界の統計・第3章 国民経済計算「3-1 世界の国内総生産（名目GDP, 構成比）」．(http://www.stat.go.jp/data/sekai/03.htm)
財務省
　　2011.「円高対応緊急パッケージについて」『報道発表』8月24日．
Mergermarket M&Aディールデータベース
※そのほか、『日本経済新聞』および『日経産業新聞』の記事、ならびに各社のプレスリリースおよびIR資料などを参考にしている．

スボーダーM&Aと経営

Cross-Border M&A and Management Strategy

伊藤友則 一橋大学大学院国際企業戦略研究科教授
Ito Tomonori

クロスボーダーM&Aは海外市場に成長を求める日本企業に必須の経営ツールだが、リスクの伴う企業行動でもある。明確な戦略立案と速やかな意思決定を通じた、タイミングのよい適正価格での買収の遂行のみならず、買収時の投資家や従業員とのコミュニケーション、買収企業の経営者選定、迅速な統合とシナジー創出のための組織体制作りなど、経営者自らが取り組むべきポイントは多い。海外企業の買収では、流行や投資家の圧力に揺るがず、日本企業の強みであった長期的視点に基づく経営戦略で取り組めば、価値創造のチャンスは多い。

特集
クロスボーダーM&A

1 はじめに

　最近、クロスボーダーM&Aがはやっている。2012年は2011年に続きイン・アウト型M&A（日本企業が海外企業を買収する形態）は案件数でも案件総額でも史上最高となり、最近では毎週のように日本企業による海外企業の買収のニュースを新聞紙上で見かけるようになった。日本企業が円高を利用して、積極的にグローバル展開するためにクロスボーダーM&Aを活用しようという意図は評価できるのだが、一方で過去の日本企業によるクロスボーダーM&Aには失敗例が多い（というより、過去の実績は惨憺たる状況といったほうがいいかもしれない）ことからすると手放しで喜んでばかりもいられない。筆者は日本の銀行、外資系投資銀行において長らく日本企業のクロスボーダーM&Aを見てきた。その経験も踏まえ、企業経営の観点からクロスボーダーM&Aというものをどう考えたらいいのか、海外企業の買収に際してどういう点に注意するべきかについて本稿においてまとめてみたい。

2 日本企業の経営にとってのクロスボーダーM&Aとは

新たな成長を求めて

　日本企業にとっての海外企業の買収とは、成長の止まってしまった国内市場を飛び出し、成長を海外市場に求めるための、経営にとってなくてはならない経営ツールの1つになったといえる。従来、海外進出においては、自前で製造や販売の拠点を作り、時間をかけながら市場を開拓し売り上げを増やしていくのが主流だったわけだが、最近では世界の動きが速くなってきたことからも、自前で拠点を作っていくやり方ではあまりにも悠長過ぎるので、時間を買うことができるM&Aが利用されるようになってきているのである。また、今までの海外進出というと、欧米先進国での生産・販売拠点か、アジアにおける生産拠点作りが中心だったのが、BRICSを含めた新興国の高成長と所得の増加を背景に、最近ではこれら新興国における販売マーケットの獲得が成長にとって重要になっており、そのような新しい市場に進出する手段としてもM&Aは活用されている。そういう意味では、最近のクロスボーダーM&Aの増加は理にかなった企業行動といえる。

明確な戦略的意義

　一方で気になるのは、日本企業のクロスボーダーM&Aのなかには必ずしもその戦略的意義やビジョンが明確でないものが散見されることだ。1980年代後半の日本のバブルの頃は勢いに任せた戦略性のないM&Aが多く、それらの大半は失敗に終わっている。1990年代後半のITバブルの頃も、同じように戦略的意義がよくわからない案件がよく見られた。このような戦略的意義の欠如は、M&Aのブームのときに特に多いように思われる。同業他社が大きな海外企業買収を行うと、新聞などにも大きく取り上げられるし、IR（Investor Relations）ミーティング[1]などでも投資家から海外企業を買収しないのかとしつこく聞かれ、いかにもM&Aをしないと経営者として失格というように見られる。こうしたプレッシャーもあり、ついつい十分吟味することなく戦略性に欠けるM&A案件を遂行してしまうのである。最近でも海外企業買収の予算を設定し、それを公表している日本企業があるが、M&Aは予算を立ててやるようなものではないと筆者は考える。自社の経営戦略に合致した会社があり、適正な価格と条件で買収でき、かつ統合もうまくいくと確信できたときのみ行うものである。

[特集論文—Ⅱ]
クロスボーダーM&Aと経営

リスクとリターン

　M&Aはそもそもリスクの伴う企業行動である。どのような大きな投資もリスクが伴うものだが、特にクロスボーダーM&Aのリスクは大きいといわざるをえない。Christensen et al. (2011) は「さまざまな実証研究でM&Aの失敗の確率は70～90%という結果が出ている」とM&Aの成功確率は低いとの見方を紹介している。クロスボーダーM&Aに関しても、Bruner (2004) は「海外企業を買収した場合の買収企業にとってのリターンはほぼゼロである」[2]と述べているし、Moeller and Schlingemann (2005) は「アメリカの企業で海外企業を買収した事例では、国内企業の買収に比較して約１%もの低い株価リターンしか得られていない。また、買収後の業績改善の率もかなり低い」と述べている。M&A先進国の欧米においてもM&A、特にクロスボーダーM&Aを成功させるのは難しいといわれており、日本企業だけが過去に苦労しているわけではない。一方でリスクとリターンは相関するのであり、「安全に、安全に」と唱えて経営をしている会社の収益性は当然低くなってしまう。企業経営の本質は事業リスクを取ることにあり、そのリスクをうまくコントロールすることにより全体的に高い収益性を達成していくのが企業の本分である。クロスボーダーM&Aにも同様なことがいえる。M&Aに伴うリスクは高いのは事実だが、一方でうまく買収を行えば大きな戦略的成果も期待できるのである。日本たばこ産業（以下、JT）は1999年に9600億円でR・J・レイノルズ・タバコ・カンパニー（以下、RJR）の海外たばこ事業（以下、RJRI）を買収しているし、2007年には２兆2000億円でイギリスのギャラハーを買収している。[3] 買収後、苦労をしている時期もあるが、2012年３月末の段階では、JT全体のEBITDA（Earnings Before Interest, Taxes, Depreciation and Amortization）のうち53%を海外部門が稼ぎ出している。RJRI買収前[4]ではこの比率が８%だったことからすると、この２つの海外企業買収がなければ、現在のJTはまったく違う会社になっていたと思われる。巨大なリスクを積極的に取ることにより大きな成果を得ている好例である。[5]

3　クロスボーダーM&Aにおけるリーダーシップ

M&Aは経営者の仕事

　先述のとおり、M&Aはもともとリスクが高いものなのである。このようなリスクの高い事業は経営者自らが先頭に立ち、戦略立案、交渉、発表、統合を指揮していかなければならない。部下に任せきりで、調印や発表のときだけ形式的に登場するというようなやり方では、意思決定も遅くなり、経営者として本当のリスクの所在も理解していないので、成功は到底望めない。クロスボーダーM&Aは速いスピードで進むことが多いので、経営の意思決定を速くしないと、いいターゲットを買収することはできない。経営者が自ら腕まくりして先頭に立つ意欲も能力もないのであれば、クロスボーダーM&Aは行うべきではない。まず間違いなく失敗するからである。

　クロスボーダーM&Aのような複雑な取引を遂行するには当然そのための事務局が必要なわけだが、この買収準備プロジェクトチームというような組織はできる限り早く立ち上げることが望まれる。これからM&Aを複数

特集
クロスボーダーM&A

行う可能性があるなら、M&A室のような恒久的組織を作り、継続的にターゲットの調査をし、さまざまなM&A案件を分析・経験し、M&Aのノウハウを身につけることが肝要だ。M&Aを得意としている欧米の大手企業はだいたいこのようなトップ直属の組織を擁しており、投資銀行で働いていたようなM&Aの専門家を抱えている。日本企業はM&Aの仲介業者からの持ち込み案件を、相手のことをよく知らないのに安易に進めて失敗することが多い。ある程度ターゲットが絞り込めるようであれば、相手をじっくり調査・研究し（場合によっては何年間も）、買えるような状況になるまでじっくり待つのが成功の確率を高める上で望まれる対応である。このような体制を整えていれば、いざターゲットが売りに出されることになっても慌てる必要もないし、素早く動いてチャンスを生かせるのである。このような組織をトップ自らが抱えていることがM&Aの成功にとって重要である。

誰が経営をするのか

　海外企業の買収で日本企業が特に気をつけなければならないのは、買収後、誰に経営を任せるかという点である。買収側の日本企業にターゲットの市場についても精通している人材がいれば、自社から人を送り込むことも考えられるのだろうが、通常はそのような人材はいないことが多いので、買った会社の経営陣に任せるか、その市場に精通している人材を外からスカウトしてきて経営させるかのどちらかの選択になろう。経営者を決めるに際しては日本企業のトップが候補者をよく吟味し、この人物が本当に信頼できるのかを見極めることが大事である。

　この経営者選びで大失敗してしまったのが、1989年のソニーによるコロンビア・ピクチャーズの買収であろう。ソニーはコロンビア・ピクチャーズを34億ドル（約5000億円）で買収（有利子負債も含めた企業価値は48億ドル）したが、その際の経営陣として映画『バットマン』のプロデューサーとして有名だったピーター・グーバーとジョン・ピーターズの2人を外部から連れてきてCEOに据えた。2人はCEO就任後、俳優の出演料を大盤振る舞いし、コーポレート・ジェットを何機も購入しただけでなく、豪華な邸宅、ヨット、車を惜しみなく買い、その上で自分の妻、元ガールフレンド、友人らを会社で高給で雇用するという具合に無駄遣いの限りを尽くしたのである。結局、ピーターズは1991年に解任され、グーバーも1994年には会社を去ることとなる。その間、『ラスト・アクション・ヒーロー』『ハドソン・ホーク』などの大失敗作を多く作り、多大な無駄遣いにもかかわらずグーバーがソニーを去る1994年のコロンビア・ピクチャーズの映画市場でのマーケットシェアは1989年とまったく変わりのない9.4％だったそうだ。[6] 結局、ソニーは1995年3月期に約2650億円もの「のれん代」の減損（映画部門の営業権の償却）を計上した上、その年の映画部門はさらに見込みのないプロジェクト中止などに伴い約500億円の損失を計上している。買収した会社の経営陣に、ほとんどチェックなしに放漫経営をさせたために起きた問題である。映画業界という特殊な世界での出来事なので、そこは割り引いて考える必要はあるものの、信頼できない経営陣を据えてしまい、十分な管理をせず自由に放任したらとんでもないことになるという典型的な例である。

管理と権限委譲のバランス

　ソニーのコロンビア・ピクチャーズ買収においては先述のとおり、経営陣の放漫経営をまったく管理しなかったのが失敗の要因になったわけだが、1988年のブリヂストンによるファイアストンの買収（買収価格25億ドル［3300億円］）においても、ファイアストンの経営陣に十分な管理もすることなく経営を任せ、ブリヂストンは高い授業料を払うことになる。買収後5年間で10億ドルもの損失を計上[7]した上、ブリヂストンは1988年と1991年に合計20億ドルの追加出資をすることにもなる。買収してか

一橋ビジネスレビュー 2013 SPR. 31

[特集論文—Ⅱ]
クロスボーダーM&Aと経営

ら3年後の1991年に当時の海崎洋一郎副社長（後に社長に就任）が会長兼CEOとしてアメリカに乗り込み、徹底的な経営改善を始める。本社をアクロンからナッシュビルに移し、ファイアストンの事業を21の事業部に分け、2500人の人員整理をするという組織・経営改革を行い、管理の強化を実行した。一方では、この21の事業部のアメリカ人のトップには権限もしっかり付与し、責任体制を明確にしている。また指揮命令系統を一本化するために本社からの干渉を海崎自身が徹底的に排除し、アメリカ人の経営陣のやる気を引き出すことにも腐心している。その結果、ようやく収益の状況も改善し始め、1992年の下期には黒字化することに成功している。当初はコントロールが十分されておらず、それが失敗の原因になっていたが、海崎の赴任後は権限委譲とコントロールのバランスをうまく取り、買収の成果を上げている。現在ではブリヂストン・アメリカの経営はアメリカ人に任されており、トップの3人のアメリカ人は本社の執行役員にもなっている。ファイアストンの買収は当初はつまずいたものの、その後の経営の立て直しの結果、現在ではブリヂストンの世界戦略にとってはなくてはならない存在になっている。

このように、日本企業による欧米の企業の買収では経営を現地の経営陣に任せきりにして失敗する事例が多い。一方では、本社で何もかも決め、現地の経営陣に十分な裁量を与えなければ、現地の経営陣も従業員もやる気をなくしてしまい、買収の効果が十分発揮されないことになってしまう。日本企業のアジアでの進出においてはこの傾向が強いようだ。その面からするとJTによるRJRIの買収はこのバランスがうまく取れている。JTは、どういう決定については現地で判断でき、どういうものは本社の承認が必要かを定める権限規程を買収後速やかに制定している。通常業務については、大部分を現地の経営陣に任せ、戦略的な決定や金額の大きい投資などリスクの大きい事案については本社の承認を必要として、リスクの管理をしっかりしつつ、現地の経営陣のやる気をそがないように権限委譲もしている。また、経営目標を明確に設定し、現地の経営陣の評価と報酬をこれにリンクさせ、本社の経営と方向性を一致させている。このような権限委譲と経営のコントロールのバランスがクロスボーダーM&Aを成功させる上で重要である。

4 クロスボーダーM&Aのタイミング

バブルの存在

1980年代後半の日本のバブルの頃を思い出してみると、サラリーマンも主婦も活発に株式投資をしており、日経平均は5万円までいくという予想をしている人が多かったのを覚えている（結局、ピークは1989年12月の3万8915円）。不動産価格もどんどん高くなり、皇居の敷地の価値がカリフォルニア州全体を超えるというとんでもない状態になった。日本列島全体が熱病にかかったような状態になったのだが、今から考えると何であそこまで浮かれたのか不思議に思われる。バブルというのは往々にしてそういうもので、そのなかにいると気づかないものだ。1990年代後半から2000年にかけての世界的なITバブルのときも、売り上げがほとんどないような会社でも株式市場でとんでもなく高い株価がついていたりした。また、日本と同じような不動産バブルがアメリカで2001年から2007年にかけて起き、それがどのようにして世界的な金融危機につながったかは記憶に新しい。このようなバブルは最近だけの事象でもなく、歴史的にもいろいろな時代にさまざまな国で起きているが、人間に欲がある限り、バブルは繰り返し起きるものなのだと思う。このようなバブルの存在はM&Aの分野においても注意をすべき点の1つである。

図1は、Shiller (2005) に紹介されているグラフだが、S&P指数（月次）とインフレ調整後の実質ベースの過去

特集
クロスボーダーM&A

図1　Shiller PERの推移

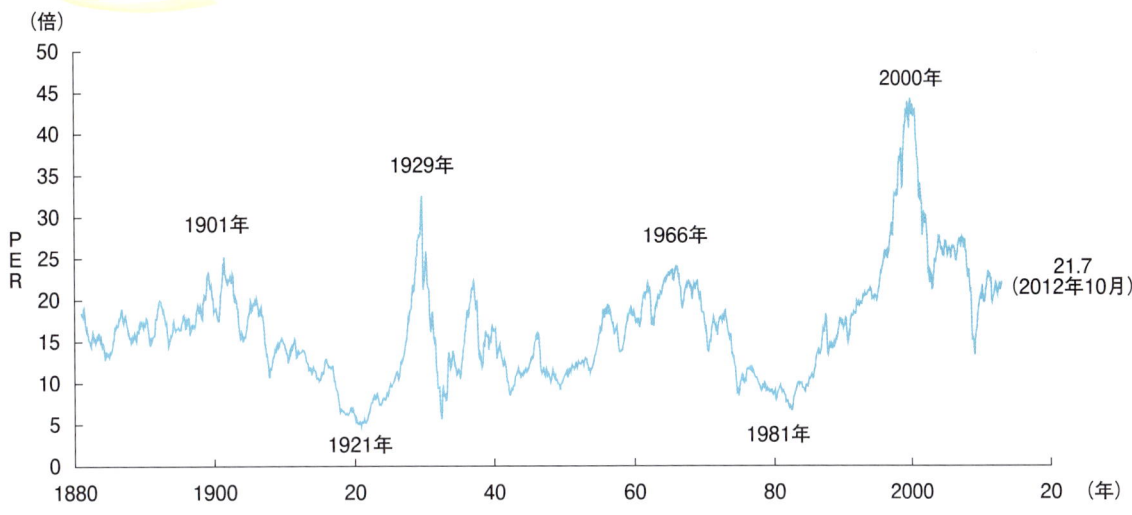

（出所）Yale University Online Data-Robert Shiller.

10年間の企業利益の平均とを比べて計算されたPER（Price Earnings Ratio）であり、Shiller PERやP/E10とも呼ばれている。月次や年次の利益はさまざまな特殊要因に影響されて変動し不安定であり、インフレ調整後の10年間の平均の利益のほうが企業の本来の収益性を的確に反映しているという考え方に基づく。株式市場全体の割安・割高状態を示しているグラフと解釈されている。これまでの平均値は約16であるが、このグラフで示されるとおり、1929年（ピークは32.6）、1966年（同24.1）、2000年（同47.2）[8]のように株価が明らかに高過ぎる時期（バブル）が存在することがわかる。

図2は、1985年から2012年までの日本のクロスボーダーM&A（イン・アウト型）の案件数と案件総額の推移をアメリカのS&P500株価指数および日経225指数の推移と比べたグラフである。[9] 1990年以降、S&P500指数とM&A案件数（案件総額は当然株価に影響される）が明瞭に相関しているのがわかるし、1980年代後半については日経225指数の動きとM&A案件数が連動しているの

が見てとれる。このように株価が高いときは、一般的に経済も伸びており、利益水準も高いし将来展望も明るい。企業経営者にとってはM&Aがしやすい時期なのである。欧米の研究においても株価とM&A活動の相関を指摘しているものは多い。たとえば、Bruner（2004）は「M&Aのサイクルは株式市場のサイクルとかなり緊密に連携している。またどちらも過大評価された株価によりもたらされる群集心理に影響されている」と述べている。[10] このように株価が高くM&Aが活発なときは、買収価格も当然本来価値を上回りやすく、高過ぎる買い物になる可能性も高い。また、このようなときは冷静な判断もしにくいので、買ってはいけない会社を買うことにもなりやすい。Rau and Vermaelen（1996）は、市場からの評価が高い会社や経営者は、M&Aにおいて高いプレミアムを払う傾向があり、結果として株主にとっては損失になりやすいと指摘している。またこれは経営者の自信過剰が原因の1つと指摘しており、好調な会社はM&Aで失敗しやすいと述べている。

[特集論文—Ⅱ]
クロスボーダーM&Aと経営

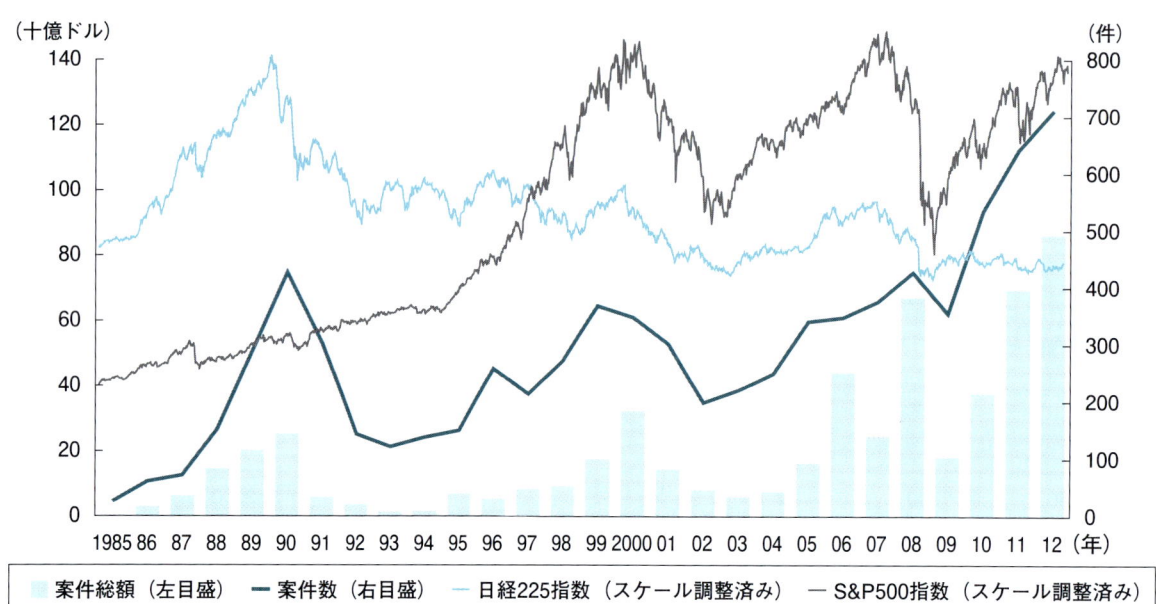

図2 イン・アウト型M&Aのトレンドと株価指数(S&P500、日経225)の相関

■ 案件総額（左目盛）　— 案件数（右目盛）　— 日経225指数（スケール調整済み）　— S&P500指数（スケール調整済み）

(注) 1985年1月のS&P500指数および日経225指数を基準に指数化してある。
(出所) トムソン・ロイター（2012年12月末時点）、ファクトセットのデータをもとに作成。

　表1は、1988年から2010年までに発表された日本企業の海外企業買収案件の案件金額上位30件を列挙したものである。[11] ここに列挙された案件のなかで、1980年代後半の日本のバブル、1999年から2001年までのITバブルの頃の案件はことごとく失敗、それも大失敗に終わっているのが特徴的である（1999年のJTによるRJRIの買収だけが例外）。[12] 株式市場が活況のとき、他社が活発にM&Aを行っているとき、買い手企業の株価が高く経営状態がうまくいっているときは特に注意をしてM&Aを進める必要がある。

業界ごとの繁閑

　過去の多くの研究は、業界ごとの構造変化がその業界のM&A活動に影響していると指摘している（Mitchell and Mulherin, 1996など）。また、他社のM&A活動自体が競争相手のM&A活動を促す結果にもつながっている。同業者が大きなM&Aを発表すると、何もしないと置いてきぼりにされたような気になるし、投資家やメディアからもプレッシャーがかかり、自らもM&Aを仕掛けることになるものである。Weston et al. (2004) も「M&A活動は特定の業界に集中する傾向がある」と述べている。

　1990年代後半のITバブルの頃、通信業界では世界的にM&Aが活発化しており、世界中で大型のM&Aが頻発した。この頃、日本の通信会社の海外IRミーティングに筆者もよく同行したが、国内事業の説明もそこそこに、投資家からは海外でのM&A戦略について多くの質問がなされたのを覚えている。このような状況では何もしないのが、後から考えれば正解なのだが、まったくM&Aを

34　一橋ビジネスレビュー　2013 SPR.

特集
クロスボーダーM&A

表1　大型イン・アウト型M&A案件リスト（1988〜2010年上位30件）

案件発表日	ターゲット	ターゲット所在国	買収者	案件総額（百万ドル）
2006/12/15	Gallaher Group PLC	イギリス	JT	14,684
2000/11/30	AT&T Wireless Group	アメリカ	NTT DoCoMo Inc	9,805
2008/04/10	Millennium Pharmaceuticals Inc	アメリカ	Takeda Pharmaceutical Co Ltd	8,734
1999/03/08	RJ Reynolds International	オランダ	JT	7,832
2008/09/22	Morgan Stanley	アメリカ	Mitsubishi UFJ Finl Grp Inc	7,800
1990/09/24	MCA Inc	アメリカ	Matsushita Electric Industrial（Panasonic）	7,406
2000/05/05	Verio Inc	アメリカ	NTT Communications Corp	5,694
2006/02/06	Westinghouse Electric Co LLC	アメリカ	Investor Group（Toshiba）	5,402
1989/09/25	Columbia Pictures Entmnt	アメリカ	Sony USA Inc（Sony Corp）	4,792
2008/07/23	Philadelphia Consolidated Hold	アメリカ	Tokio Marine Holdings Inc	4,692
2010/03/01	OSI Pharmaceuticals Inc	アメリカ	Astellas Pharma Inc	4,031
2010/01/24	Liberty Global-Subsidiaries（3）	アメリカ	KDDI Corp	4,000
2008/08/12	UnionBanCal Corp,CA	アメリカ	Bank of Tokyo-Mitsubishi UFJ	3,707
2000/05/09	KPN Mobile NV	オランダ	NTT Mobile Commun Network Inc	3,596
2007/12/10	MGI PHARMA Inc	アメリカ	Eisai Co Ltd	3,557
2008/06/11	Ranbaxy Laboratories Ltd	インド	Daiichi Sankyo Co Ltd	3,442
2006/12/11	Mirant Corp-Generating	フィリピン	Investor Group（Marubeni, Tokyo Electric Power）	3,420
2008/10/17	Nacionale Minerios SA	ブラジル	Investor Group（Itochu, JFE etc.）	3,120
2010/07/15	Dimension Data Holdings PLC	南アフリカ	NTT	3,119
2005/10/31	Pilkington PLC	イギリス	Nippon Sheet Glass Co Ltd	3,006
2008/09/05	Senoko Power Ltd	シンガポール	Lion Power（2008）Pte Ltd	2,763
2001/05/25	Le Meridien Hotels	イギリス	Nomura Holdings Inc	2,676
2008/11/12	Tata Teleservices Ltd	インド	NTT DOCOMO Inc	2,655
2007/07/05	National Foods Ltd	オーストラリア	Kirin Holdings Co Ltd	2,595
2009/09/03	Sepracor Inc	アメリカ	Dainippon Sumitomo Pharma Co	2,574
1988/03/17	Firestone Tire & Rubber Co	アメリカ	Bridgestone Corp	2,533
2008/07/17	New Hope-New Saraji Project	オーストラリア	BHP Billiton Mitsubishi（Mitsubishi Corp）	2,384
2009/04/23	Lion Nathan Ltd	オーストラリア	Kirin Holdings Co Ltd	2,346
1988/09/29	Inter-Continental Hotels	イギリス	Seibu Saison Group	2,269
2001/07/24	Lucent Tech-Optical Fibre Unit	アメリカ	Furukawa Electric Co Ltd	2,127

（出所）トムソン・ロイター。

しないと投資家から批判され、株価も下がり、次のIRミーティングに行ったときには無能扱いされ結構つらいものである。このような状況が世界的に起こり、1990年代後半から2000年にかけてのヨーロッパ、アメリカ、アジアでの通信業界M&Aの大フィーバーにつながっている。この時期の世界の通信業界でのM&Aは、株価も異常に高かったこともあり、日本だけでなく欧米においてもかなりの部分が失敗に終わっている。

最近では、日本のビール業界がこのようなM&A合戦に突入しているといえよう。最も早かったのが1998年のキリンビールによるオーストラリアのライオンネイサンへの出資だ。しばらくは特に大きな動きはなかったが、

[特集論文—Ⅱ]
クロスボーダーM&Aと経営

2007年にキリンがオーストラリアのナショナルフーズを28億オーストラリアドルで買収し、2008年8月にデアリーファーマーズを8億8000万オーストラリアドルで買収してから競争に火がつく。2008年10月にサントリーがニュージーランドのフルコアを買収、2009年3月にアサヒビールがオーストラリアのキャドバリー・シュウェップスを12億オーストラリアドルで買収、2009年1月にアサヒが中国の青島ビールに出資し、2月にキリンがサンミゲルに追加出資したのち、4月にはライオンネイサンを完全買収する。11月にはサントリーがフランスのオレンジーナを買収、2010年にキリンがシンガポールのF&Nに出資、2011年8月にアサヒがニュージーランドのインディペンデント・リカーを15億ニュージーランドドルで買収、そして8月にキリンがブラジルのスキンカリオールの50.45％を39億5000万レアル（約2000億円）で買収するというように買収合戦もかなりオーバーヒートしている。さすがにキリンは2012年10月には終息宣言をしたようだが、競って買収するような状態になると必然的に払い過ぎるのと、競争相手を意識し過ぎて冷静な判断ができなくなるので、このような状況になったら注意をする必要がある。

競争相手が競ってM&Aをしているときにつられて安易に動くとM&Aは失敗する。冷静に情勢を分析し、ベストなタイミングで素早く動くことが望まれる。

5　適正な買収価格

M&Aにおける会社の価値評価

通常、M&Aに際しての会社の価値評価はいろいろな手法を組み合わせて行われることが多いが、その最も基本になるのがDCF（Discounted Cash Flow）手法である。これはターゲットになる会社の将来のフリー・キャッシュフローを推測し、それを適当な割引率で割り引いて現在価値の総和を計算するという手法である。手法自体はよく知られており、さほど難しいものでもないが、いくつかの落とし穴があるので注意する必要がある。1つはキャッシュフローの予測だが、外部の人間が公表データだけで予測するのは当てずっぽうの域を出ないので、デューデリジェンスを通じてできるだけ実態に近い数字を得る必要がある。ただ、ターゲットの経営陣から出てくる数字は当然ながら楽観的なものになりやすいので、どこまで自らの調査と予測をうまく織り込むことができるかが勝負になる。初めて出会った会社の将来キャッシュフローを正確に予測するのは容易なことではないので、ターゲットを早く決め、ある程度の期間をかけて研究することが望ましい。2つ目の落とし穴は、割引率に何を使うかである。CAPM（Capital Asset Pricing Model）を使い株式資本コストを推測し、最適な資本構成をもとにWACC（Weighted Average Cost of Capital）を割引率とするのが最も一般的な手法である。しかしながら、株式資本コストを推測するに際して使うベータ値は対象期間により変動し不安定であること、また理論的には過去の数値ではなく将来の予想値を使わなければならないので、正しいベータ値を特定するのはかなり難しいというのが実態である。また、エクイティ・リスク・プレミアムもいくらが正しいのかについての定見がなく、5％とか6％とか会社や状況によって違う数字が使われているのが現実である。これが1％違うだけで割引率も変わり、評価結果の数字もずいぶん変わってくるので、このような前提がどう変わると価値評価がどの程度変化するのか確認しておくことが必要となる。したがって、バリュエーションはある程度幅を持って認識するべきである。

価値評価の別のアプローチが、類似会社比較方式（マルチプル方式）である。これは公開されている類似の同業他社のPER、EV/EBITDA、PBRなどのマルチプル（倍率）を計算し、それを参考にしながらターゲットの会社のマルチプルを推測し、対象会社の財務数字に掛け

特集
クロスボーダーM&A

合わせて価値を評価する手法である。この場合、注意を要するのは、類似企業といってもまったく同じ会社は存在しないので、正確なマルチプルを推測するのはそう簡単ではないことと、使うマルチプル（たとえば、PERなのか、EV/EBITDAなのか）によりずいぶん違う評価額になることも多いということである。また、そもそも類似会社比較方式はそのときの株式市場の評価が正しいということを前提にしているが、前述のようにバブルは発生する（特に業界ごとのミニバブルは本格的な株式市場全体のバブルに比べても頻繁に発生していると考えていい）ので、他社の株価評価自体も過大評価されている（したがってマルチプルも高過ぎる状態）かもしれないということにも注意を要する。いずれにしろDCFも類似会社比較方式も、ある程度のレンジで価値評価を認識しておくことが必要である。バリュエーションは水ものなのである。

公開会社の買収価格は高くて当たり前

最近は日本企業による数千億円規模の大型クロスボーダーM&Aが相次いでいるが、このような大型案件はだいたいが公開会社の買収である。公開会社の買収においては、競争相手が参入してくる可能性があることに加え、株式市場で決定されている市場価格という客観的指標が存在していることから、値段はどうしても高くなる傾向がある。Bruner（2005）も公開会社の買収のほうが支払う価格は高くなる傾向があり、非公開会社の買収のほうが買い手にとって収益性が高いと結論づけている。公開会社の買収をする場合、だいたいどこの国においてもTOB（公開買付）をしなければならないが、直近の市場価格（株価）よりもプレミアムをつけなければ株主は通常TOBに応じてくれない。このプレミアムも案件によって違うが、完全買収だと通常30〜50％程度といわれている。これをコントロール・プレミアムと呼んでいる。株価が正当な価値を反映していると仮定するとかなりの払い過ぎをしなければならないわけである。したがって公開会社の買収は、買収しただけで何もしなければ、最初からNPV（Net Present Value）[13]がマイナスなのである。つまり、買収後、何らかのシナジーを創出できなければ十分な投資リターンが得られないということだ。大型クロスボーダーM&Aを発表すると多くの案件で買収側企業の株価が下がるという現象が起きるのはこれが理由の１つであろう。

公開会社の買収は高い価格を出さない限りできないものなのである。払ったプレミアム以上のシナジーを創出しなければ高過ぎる買い物になるという覚悟を持って公開会社の買収に臨む必要がある。それができないようであれば買収はやめたほうがいい。一方で、交渉に際して「このような機会はもう一生めぐってくることはないだろう」[14]などと思い込むとどうしても高値づかみをしやすいので、「いい条件でなければ買わなくてもいい」と自分に言い聞かせて交渉に当たるべきである。

オークション

オークション（入札）とは、会社の売却の意向をある程度公表し、入札により競わせて買い手を決定する仕組みをいう。オークションをアレンジするのは、通常、投資銀行などだが、できる限り高い価格で売却できるよういろいろな技を使う。多くの会社が参加するオークションにおいては相当高額な値段を出さない限り競り落とすことは難しい。筆者が投資銀行に勤めていた頃、多くのオークションを見てきたが、当初の予想よりはるかに高い入札価格で決まることが多かった。したがって、オー

[特集論文―Ⅱ]
クロスボーダーM&Aと経営

クションで勝つということは相当高い価格を提示したということであり、買収後が大変になるということである。勝ってうれしい半面、買収後は苦労も背負わされることになるわけで、欧米ではこれを「winner's curse（勝者の呪い）」と呼んでいる。Weston et al. (2004) も「複数の買い手企業がいる場合の買い手のリターンは相対的に低い」と結論づけている。オークションには参加しても落札するのは容易でなく、落札できなければ時間の無駄になるが、逆に勝ったら株式市場が高値づかみと判断し自社の株価が下がったりして、あまりいいことがない。よほどシナジーを創出できる自信があるか戦略的にその案件がよほど重要でない限りオークションには参加すべきでないと筆者は考えている。買収したい会社があれば、自ら積極的に相手に接近し、相対の交渉になるよう工夫するのが上策である。

6 | M&Aと株価

買い手の株価と売り手の株価

　M&Aと株価の関係を調べた実証研究は、日本においても欧米においても多い。ほとんどの実証研究では、売り手企業にとってはM&Aは価値創造しているとの結論に達しているのに対して、買い手企業の株価の観点からは必ずしも価値創造はしていないという結論が多い（Andrade et al., 2001など）。特にクロスボーダーM&Aにおける買収企業の株価効果についてはネガティブな結果が多い（Moeller and Schlingemann, 2005など）。これは前述のように、M&Aは何もシナジーがなければネガティブNPVの投資だという点からすると当然の帰結といえなくもないが、統合の難しさ、想定されたシナジーは必ずしも実現しにくいということの証明かもしれない。投資家も過去のM&Aの実績（特に日本企業のクロスボーダーM&A

の実績）からM&Aの効果については懐疑的になっているので、相当安く買えたとか、M&Aのメリットが誰が見ても明らかというような珍しいケースでもない限り、大型M&Aを発表したら買い手企業の株価は下がると覚悟したほうがいい。最近でもソフトバンクがアメリカのスプリント・ネクステルを買収するとの報道が出たとき、ソフトバンクの株価は報道前日の終値2881円から翌日の終値は2395円と17％も下がっている。[15]

市場の理解と株価

一方で、株式市場が必ずしもM&Aの真の効果を即座に理解することはできないとする研究もある。Andrade et al.（2001）は「投資家は企業の対外発表の真のインパクトをすぐに適正に評価することはできていない」と述べており、短期の株価の変化だけでM&Aの真の成否は決められないと結論づけている。発表当初は株価が下がっても実態としてはいいM&Aになることもある半面、当初は市場から歓迎されるM&Aでも長い目で見ると失敗というものもあるわけだ。JTがRJRIを買収した直後は株価が上がったものの、ロシア危機などの経済状況の悪化に伴い、売り上げや利益が予想を下回るようになると、JTの株価は半年後の1999年の秋ぐらいから一挙に半分の15万円（2006年3月の5：1の株式分割調整後の数字）ぐらいまで落ちる。RJRIの買収が高値づかみだと解釈されてしまったわけである。結局JTの株価は15万円の水準で長く放置されるが、4年後の2004年の夏頃から買収の効果が本格的に数字に反映されるようになって株価は上昇し始め、2006年までに60万円近くへ一挙に上がるのである。経営陣にとってはつらい4年間だったようだが、株価の動きに右往左往せずに、やるべきことをしっかりやったことの結果であろう。本当に価値のあるM&Aだと経営陣が信じるなら、短期の株価の動きに一喜一憂せず忍耐強く経営していくことが肝心である。

7 シナジーの追求

M&AのNPVはマイナス

前述したように、市場株価にプレミアムを乗せて公開会社を買収した場合、従来どおりの経営をする限りNPVがマイナスの投資に終わるのである。つまり、価値創造をするためにはシナジーを発揮させなければならないのだ。シナジーには大きく分けて、コスト・シナジーと売り上げシナジーとがある。コスト・シナジーには間接部門、販売部門、製造拠点、部品や資材の調達、研究開発などの統合に伴うものなどのようにさまざまなものがある。コスト・シナジーは経営側でかなりコントロールできる性格のものが多く、したがって確実性も高い。市場でもこのようなシナジーについては素直に評価してくれることが多い。一方で、売り上げシナジーはそう簡単には実現できず、市場でも相当ディスカウントされることが多い。買収した販売チャネルに自らの製品を販売させるクロス・セリングはよくいわれるが、必ずしもうまくいくとは限らない。Christensen et al.（2011）も「製品のクロス・セリングを目的にした買収はまれにしか成功しない」と述べており、このようなシナジーを安易に信じると、後で大きなしっぺ返しが待っているので気をつけなければならない。

過去に金融の世界で「金融スーパーマーケット」を作る試みは繰り返し行われてきたが、これもクロス・セリングをねらったもので、ことごとく失敗している。[16] ましてや国境を超えたM&Aの場合は文化、規制、制度、消費者の好みなどの違いがあり、さらにハードルが高い。また製造業の場合は製品があり、M&Aを通じて海外において販売チャネルを獲得することにより売り上げシナジーを追求する余地はまだあるが、サービス業の場

[特集論文—Ⅱ]
クロスボーダーM&Aと経営

合、サービスの提供とそのサービスの販売が普通は分離できず、人を通じてサービス提供をされることが多いので、コストであれ、売り上げであれ、シナジーを追求するのは難しい。このような事情もあり、世界的にサービス業でのクロスボーダーM&Aの成功事例はきわめて少ない。サービス業の企業がクロスボーダーM&Aを検討する場合、この点をよく認識し慎重に対応する必要がある。

シナジーの創造

　シナジーを創出するには、企業文化の融合と人の融和が必要である。買収した会社、買収された会社の人材が一体になって、お互いの強みを生かし合って、別々の会社であったときよりも高い水準の利益を稼ぎ出して初めて価値創造ができるのである。そのためには出身企業とは関係なく公正・公平な人事をし、双方の人材を最大限有効に使っていき、新しい会社の共通利益のために全員が突き進むことが肝心だ。そのためにはできる限りフェース・ツー・フェースでの会話を促進しなければならない。どこの国であれ人間は直接会って話すと理解し合いやすい半面、メールや電話での会話だけだとどうしても親しみが湧きにくく、誤解も発生しやすいものだ。シナジー創出には、直接会ってお互いの強みをよく認識し合い、そのいいとこ取りをしなければならない。特に買収された側の人材が不安を覚えないようにしないと、せっかく手に入れた優秀な人材をあっという間に失うことになってしまう。そのためには後述するコミュニケーションが重要な要素となる。創造されるシナジーの大きさは、統合（Post Merger Integration: PMI）の巧拙により大きく左右されるのであり、PMIの成功にはスピードが重要である。素早い統合をしないとモメンタムを失うだけでなく、従業員は自分の身分はどうなるのかなどと考え始め、本来の仕事に身が入らなくなってしまい、既存の事業の収益性まで悪化してしまう。スピード感のあるPMIのためには、買収交渉前から統合のことを考え始めて、買収発表後、できる限り早く統合の具体的計画を練り、買収完了後にはその計画をすぐに実行することが肝要だ。また、買収交渉の過程で、もし統合がうまくいかないと思われるなら、買収自体を思いとどまるべきである。

シナジー創出のための組織体制

　シナジーをしっかり創出するためには統合の進捗状況を管理する専門の組織や統合管理責任者（Integration Manager: IM）を任命するべきである。統合作業を既存事業の管理者に任せていると通常業務自体がおろそかになるか、統合が遅々として進まないかのどちらかになりやすい。統合は複雑で時間もかかるプロセスなので、通常業務と統合という2つの責任を持たせていると手に余ることになってしまう。IMは統合の進捗状況を現場に降りて管理し、何か障害がないかを監視し、必要なら経営陣に報告し、善後策を考えるという役割を持つ。M&Aに卓越していると評価されているGEキャピタルはIMをうまく使いこなしており、それがM&Aの成功の要因の1つになっている。[17]

　また、統合だけでなくシナジーの実現を組織的に監視していく必要もある。買収に際しての事業計画のなかにはシナジーが織り込まれているわけだが、よく見られるのが、その事業計画は経営企画部が策定し、計画の実行はそれぞれの事業部や実務部隊が行うという、計画と実行の主体が分かれている事例である。このような場合、シナジーの具体化の段階で事業部や実務部隊はその計画が自ら作ったものでないとその達成にもあまり真剣に取り組まないものだ。そして結局、当初想定されたシナジーが実現せず買収の効果が発揮できないことになってしまう。したがって、計画の策定とその計画の実行とは分離せず、同じ人間に両方の責任を持たせることが肝要だ。そうすれば、計画の実行ができなかった場合の責任

の所在は明確なので、担当した事業部や実務部隊は必死になり、シナジーを追求することとなる。また買収後の事業計画の達成状況を買収後数年にわたり継続して検証し、当初想定していたシナジーを確実に獲得していくことも大事である。このように体系的に統合し、組織的にシナジーを追求する体制を作り上げることがクロスボーダーM&Aの成功には重要である。

8 M&Aにおけるコミュニケーション

市場へのコミュニケーション

　M&Aの交渉というのはかなりハードなものである。発表直前の段階では交渉が佳境を迎えており、簡単には合意できないような問題が発生したりして、交渉担当者はだいたい徹夜が続くような事態になるものだ。ようやく交渉が片付いて、ろくすっぽ準備の時間もなく案件の発表をするような場合、交渉をまとめるのに全精力を傾けているので、なかなか市場に対するコミュニケーションまで十分な気配りがされていないことも多い。しかしながら、案件の発表をしても、市場がきちんとその取引の意義を理解してくれるとは限らないのである。意外と投資家はM&Aに対して（特に、大型のもの）は懐疑的に見ていることが多いので、通り一遍の説明だけだとすぐに株価に悪影響が出てきてしまう。取引の概要、今後のスケジュール、買収完了までに必要な手続きや当局の承認、資金調達手段などだけでなく、当該M&Aの戦略的意義、将来の収益に対するインパクト、シナジーの所在や大きさなどのエクイティストーリー[18]にかかわる事項については、特に念入りに説明する必要がある。

　メディアに対する発表、株主や投資家に対するIR、証券会社のアナリストに対する説明会と、相手によって事業についての理解の度合いや関心点も違うので、それぞれ別な形での対応が必要である。メディアに対する発表をしただけで、すべての当事者に買収の意義が十分伝わっていると思い込んではいけない。それぞれの相手にどういうメッセージを伝えたいのか慎重に検討し、素早くかつ整然とした説明をする必要がある。市場の評価が悪い形で固まると株価にも悪影響が出て、なかなか簡単には変えるのは難しくなるので注意を要する。また、このような市場に対するコミュニケーションは、案件が大きければ大きいほどトップ自らが行わないといけない。

従業員に対するコミュニケーション

　大型のM&Aは必ず大きな組織変革が伴うので買収企

[特集論文―Ⅱ]
クロスボーダーM&Aと経営

業、被買収企業の双方の従業員や中間管理職とも、自分の身がどうなるのかと心配になるものだ。そういう不確実な状況を長引かせると従業員は仕事に身が入らず、既存の事業の成績にも悪影響が出てくる。M&Aを成功させるにはシナジーを発揮させる必要があると述べたが、従業員に対するコミュニケーションをおろそかにすると、シナジーどころかM&Aにより両社の価値がかえって下がる可能性もあるわけだ。それを防ぐためにも買収側、被買収側双方の従業員に対して、そのM&Aの意義、今後の統合のスケジュール、組織変更や人員整理などについても速やかに知らせることが肝要である。特に人員整理などのM&Aのネガティブな面についてはできる限り明確に知らせると同時に早急に実行し、従業員のモラールダウンを最小限にすることが重要である。

　従業員に対するこのコミュニケーションは買収完了後すぐに行うべきで、かつ、トップができる限り社員集会のような場で直接対面して従業員に語りかけることが重要である。もちろんメール、手紙、社内ホームページなども活用したらいい。トップだけでなく中間管理職にも部署ごとに従業員との直接の対話の場を持ってもらうことが重要だ。そのためにも中間管理職にM&Aの意義などについての情報を十分提供し、サポートしてもらう必要がある。また統合の進捗状況についても随時、素早く、知らせていくことを忘れてはならない。これらを整然と行うためには、買収発表直後から買収完了日を見越して用意周到にコミュニケーションのプランを練り始めることが肝要である。

9 多角化とクロスボーダーM&A

　多角化をするに際して、新しい分野の技術やノウハウを獲得するためにM&Aを活用することは多いのだが、国境を超えた形での多角化にM&Aを使うのは慎重に対応する必要がある。よく理解している本業においてもクロスボーダーM&Aはなかなか成功しないのに、知見のない海外において未知の分野に進出するというのは、ほとんど自殺行為に等しい。表1の過去の案件のなかでも、前述のソニー／コロンビア・ピクチャーズ以外にもパナソニック／MCA、セゾン／インターコンチネンタルホテルなどの多角化はやはり失敗している。欧米の研究においてもM&Aによる多角化は成功の確率が低いという研究結果が多くあり（Bruner, 2001; Healy et al., 1997など）、ましてや国境を跨いだ場合、さらに成功の確率が低くなるのは容易に納得できる。未知の分野なので経営は現地の経営者に任せざるをえず、どういうふうに管理したらいいのかわからないので、放任せざるをえない。また、本業から遠いのでシナジーも発揮しにくい。ソニーがコロンビア・ピクチャーズを買収した際もハードとソフトの融合がねらいだったわけだが、現在でもその融合が成功しているという明確な証明はできていないようだ。シナジーを発揮しにくい多角化クロスボーダーM&AをポジティブNPVの投資にするのは至難の業といわざるをえない。

10 日本企業の長期戦略に則ったクロスボーダーM&A——今後の展望

　最近の欧米の企業は株主のプレッシャーが強く四半期ごとの収益や株価に振り回される短期志向の経営をしている会社が増えている。2012年1月に破綻したアメリカのコダックは短期志向経営による失敗の典型例である。コダックは高収益の優良企業の代表のような会社だったのだが、なぜ経営に失敗してしまったのだろうか。アナログ・フィルムの世界市場でのピークは2000年だったが、この年から急速にデジタルカメラが普及し始め、それまでのドル箱だったアナログ・フィルム事業からの収益が減少し始める。実はこの2000年にコダック株は80ド

特集
クロスボーダーM&A

ルを超え史上最高値をつけている。金融の教科書にあるように、自社株買いによりレバレッジを上げてROEを高くし、株価を最大化することに傾注した経営をしていたのだ。カメラの分野でデジタル化の波が来るのはずいぶん前からわかっていたので、フィルム以外の新規分野を開拓することは可能だったはずだ。ところが、短期志向の株価重視経営をしていたため、十分な研究開発費を使わず、フィルムに比べて収益性の低い新規事業への投資も十分しなかったのだ。デジタル化が予想以上に急速に進行し、収益の急低下、リストラ、負債比率の悪化という悪循環に陥り、体力が低下したのでますます研究開発や新規事業開拓の費用を捻出できず、最後は破綻しているのである。株主からの四半期利益や株価のプレッシャーによりコダックと同じような短期志向経営をしている欧米の企業は相当数あると筆者は考えている。短期志向経営の企業の特徴は、自社株買いが多い、自己資本が少ない、ROEは高いが技術への投資、研究開発や販促費などの経費はあまりかけていないなどである。短期志向経営の企業は見かけの株価が高い可能性もあるので気をつけなければならない面もあるが、長期戦略に基づいた日本企業が買収し、本来やるべき研究開発やマーケティング投資を十分行えば、ターゲット企業の体力が多少低下していても再生は可能である。ただし、再生までには時間がかかるので、市場の短期的なプレッシャーに負けないようにすることが重要だ。そのためには、強いリーダーの存在と忍耐が必要である。JTによるRJRIやギャラハーの買収の成功は長期戦略に基づいた事例の1つだといえるし、[19] ブリヂストンによるファイアストンの買収も当初は苦労したものの、海崎の会長兼CEO就任後は長期ビジョンにより見事復活させている。

日本企業はもともと長期戦略に基づいた経営をしていた企業が多かったのだが、最近の株式市場のグローバル化により、欧米の企業と同じように株主からの利益と株価に対するプレッシャーにさらされるようになり、以前の長期ビジョンが消えてしまった会社も増えているように思われる。短期の収益や株価に惑わされることなく、長期的視点でいかにして競争力を強化していくかという視点で経営をすることが肝要である。前述のような短期志向の欧米企業が多いということは、日本企業にとってのチャンスも多くあるということである。

日本企業の過去のクロスボーダーM&Aは決して成功例は多くないし、そもそもクロスボーダーM&A自体のリスクが高いのだが、リスクのないところにはリターンもない。経営者としてはそのリスクに怯まず、成長を求めて海外に果敢に攻め込んでいくことを躊躇してはいけない。本稿で述べた点に気をつけながらリスクをコントロールしていけば、クロスボーダーM&Aを成功させることは十分可能である。長期的視点に基づく経営によりクロスボーダーM&Aに取り組めば、日本企業にとり新しい形での価値創造のチャンスも多いのである。H

伊藤友則（いとう・とものり）
1957年生まれ。79年東京大学経済学部卒業。84年ハーバード・ビジネススクール修了（MBA）。東京銀行、UBS証券会社投資銀行本部長を経て、2011年一橋大学大学院国際企業戦略研究科特任教授、12年10月より現職。16年間在籍したUBS証券会社においては数々の民営化、IPO、公募増資、M&Aを手がける。主な著作：「日本たばこ産業株式会社——巨大国内企業のグローバル化（A）（B）」（共著、一橋大学大学院国際企業戦略研究科）、「日本企業のクロスボーダー M&A——日本たばこ産業の事例に見る10の成功要因」『一橋ビジネスレビュー』60(1)。

注

1　投資家へ会社の状況や戦略について説明する投資家説明会。
2　Bruner（2004）p.108.
3　いずれも引き受けた有利子負債を含んだ企業価値ベースの価格。
4　1999年3月期。
5　伊藤・藤川ほか（2012）。
6　Griffin and Masters（1996）.

[特集論文―Ⅱ]
クロスボーダーM&Aと経営

7　Finkelstein (1999).
8　2000年3月24日の日中の値。Shiller (2005).
9　見やすくするためにS&P500指数と日経225指数のスケールは調整してある。
10　Bruner (2004) p.930.
11　直近の案件は除外して2010年までにしているのは、ある程度時間が経たないと案件の成否は判断しにくいからである。
12　ブリヂストン／ファイアストンは前述のように、買収後数年の段階で見るのか、現在の状況から判断するのかにより、成功か失敗かの評価が変わると考えられる。
13　将来キャッシュフローの現在価値から投資額を引いたもの。NPVがゼロより大きいと投資は企業価値を上げ、NPVがマイナスの投資は企業価値を下げるので行ってはいけないというのが金融理論での考え方である。
14　ソニーの盛田昭夫会長（当時）がコロンビア・ピクチャーズ買収に際して述べたといわれている。Griffin and Masters (1996) p.230.
15　その後1か月ほどで同社株価は買収報道前の水準に戻っている。
16　最近では1998年にシティコープとトラベラーズ・グループが合併し、銀行、証券、保険を包括した金融グループを作り上げたが、その後2002年に保険分野は分離されたのが記憶に新しい。
17　Ashkenas et al. (1998).
18　投資家などに対して会社の経営戦略や競争優位性など投資対象としての魅力を説明するための枠組み。1つの完結した物語のように構成されているのでこのように呼ばれている。
19　RJRIは、親会社RJRナビスコのLBOに伴う銀行借入返済のため、販売促進や研究開発の経費を切り詰めていた。ギャラハーは公開会社であったが、株主からの配当のプレッシャーが強く十分にマーケティング・コストをかけられない状況にあった。JTは買収後これらの分野の支出を大幅に増加させることにより、買収した会社のブランド価値を上げ、長い目で見て収益性を向上させている。

参考文献

Andrade, Gregor, Mark Mitchell, and Erik Stafford.
　2001. "New Evidence and Perspectives on Mergers." *Journal of Economic Perspectives* 15(2): 103-120.
Ashkenas, Ronald N., Lawrence J. DeMonaco, and Suzanne C. Francis.
　1998. "Making the Deal Real: How GE Capital Integrates Acquisitions." *Harvard Business Review* Jan.-Feb.
Bruner, Robert F.
　2001. "Does M&A Pay? A Survey of Evidence for the Decision-Maker." Darden School of Business.
　2004. *Applied Mergers and Acquisitions*. John Wiley & Sons.
　2005. *M&A Lessons that Rise Above the Ashes: Deals from Hell*. John Wiley & Sons.
Christensen, Clayton M., Richard Alton, Curtis Rising, and Andrew Waldeck.
　2011. "The Big Idea: The New M&A Playbook." (Reprint R1103B) *Harvard Business Review* 89(3): 49-57.
Finkelstein, Sydney.
　1999. "Cross-Border Mergers and Acquisitions." (Summary) Financial Times Pitman Publishing, "Safe Ways to Cross the Merger Minefield." pp.119-123.
Griffin, Nancy, and Kim Masters.
　1996. *Hit and Run*. Touchstone.
Healy, Paul M., Krishna G. Palepu, and Richard S. Ruback.
　1997. "Which Takeovers Are Profitable? Strategic or Financial?" *Sloan Management Review* 38(4): 45-57.
伊藤友則・藤川佳則ほか
　2012. 「日本たばこ産業株式会社――巨大国内企業のグローバル化（A）（B）」一橋大学大学院 国際企業戦略研究科ICS-111-018-J, ICS-111-019-J.
Mitchell, Mark L., and J. Harold Mulherin.
　1996. "The Impact of Industry Shocks on Takeover and Restructuring Activity." *Journal of Financial Economics* 41(2): 193-229.
Moeller, Sara B., and Frederik P. Schlingemann.
　2005. "Global Diversification and Bidder Gains: A Comparison between Cross-Border and Domestic Acquisitions." *Journal of Banking and Finance* 29(3): 533-564.
Rau, P. Raghavendra, and Theo Vermaelen.
　1996. "Glamour, Value and the Post-Acquisition Performance of Acquiring Firms." Insead.
Shiller, Robert J.
　2005. *Irrational Exuberance*. Second Edition, Princeton University Press.
Weston, J. Fred, Mark L. Mitchell, and J. Harold Mulherin.
　2004. *Takeovers, Restructuring, and Corporate Governance*. Fourth Edition, Prentice Hall.

一橋ビジネスレビュー・ブックスのご案内

競争戦略論 第2版
Strategic Management

青島矢一（一橋大学イノベーション研究センター教授）著
加藤俊彦（一橋大学大学院商学研究科教授）

多くの大学・大手企業でも使われている
日本人著者によるスタンダードな経営学テキスト
10年ぶりの改訂版

◎定価 2730円（税込） ◎A5判 264ページ
◎ISBN 978-4-492-52203-5

経営戦略とは何か？
どう具体的に役に立てるのか？
主要な戦略理論を数多くの企業事例をもとに解説

主要目次

第Ⅰ部 **戦略理論の基本**	第5章 学習アプローチ
第1章 経営戦略の理論とは	第Ⅲ部 **複眼的戦略アプローチの応用**
第Ⅱ部 **競争戦略の4つのアプローチ**	第6章 戦略思考のバランス
第2章 ポジショニング・アプローチ	第7章 全社戦略
第3章 資源アプローチ	終 章 日本企業の問題と戦略の重要性
第4章 ゲーム・アプローチ	

組織行動の考え方
――ひとを活かし組織力を高める9つのキーコンセプト

人と組織に焦点を当てて企業経営を考えるのが「組織行動」である。本書は、9つのキーコンセプトを中心に、組織に属する人の生き方、働き方、働かせ方を考える

金井壽宏・髙橋潔［著］

◎定価 2520円（税込）
◎ISBN 978-4-492-52146-5

意思決定のマネジメント

経営者・ビジネスパーソンは何をどのように分析して判断を下すのか。マネジメントの根源というべき意思決定を最新の研究成果を踏まえて解説し、行動の指針を提供する

長瀬勝彦［著］

◎定価 2520円（税込）
◎ISBN 978-4-492-53245-4

ネットワーク思考のすすめ
――ネットセントリック時代の組織戦略

混迷する今日、成功する組織はどうつながり、どうあるべきか。数学・社会学・経営学の理論と、世界各地でのフィールドワークをもとに、その秘訣を探る

西口敏宏［著］

◎定価 1890円（税込）
◎ISBN 978-4-492-55649-8

東洋経済新報社 http://www.toyokeizai.net/

Cross-Border M&A

[特集論文—Ⅲ]

継続的に利益ある成長を実現するM&A
Sequential M&A Achieving Sustainable Profitable Growth

西村裕二 アクセンチュア執行役員兼経営コンサルティング本部 統括本部長
Nishimura Yuji 兼戦略グループ アジア・パシフィック統括マネジング・ディレクター

　クロスボーダーM&Aは成功確率が低いものである。しかし、「高値づかみ」や「買いっ放し」などで失敗する企業がある一方、高い確率で成功を続けている企業もある。「継続的」買収の成功者がリスクを軽減し、継続的に利益ある成長を可能にする理由は、クロスボーダーM&Aを単体ではなく一連のシナリオで考え、全体のプロセスを一貫して見る点にある。買収に際してオペレーティングモデルをグローバルでスケールメリットを享受できるものへ進化させている点も重要だ。日本企業は、実力相応の買収の継続によりクロスボーダーM&Aの経験を蓄積すると同時に、海外企業の買収により先駆的なオペレーティングモデルを手に入れ、そのモデルを通じて買収や市場進出のスピードを高め、また過去の買いっ放し企業の価値向上を図ることが期待される。

特集
クロスボーダーM&A

1 はじめに

　現在、世界経済のボラティリティーの高さ、グローバル競争の激化、テクノロジーやビジネスモデルの盛衰の速さにより、事業のライフサイクルが大きく短縮している。せっかく利益の上がる事業を作り上げても、安定成長する期間は短く、同じところにとどまっていれば、すぐに没落するリスクを抱えている。このような変化が激しい時代には、外の血を入れることは重要だ。M&Aは新しい市場や事業を立ち上げ、健全な新陳代謝を可能にする。

　一方、さまざまなアカデミックな研究によれば、M&Aの平均リターンは資本コストを下回ることを示している。さらに、大型買収を機に経営が危機に陥るケースも見られる。大型買収は経営にとっての重要な決断であり、分かれ目である。

　M&Aは確率論としては成功確率が低いが、経営手法として有効な手段である。M&Aの成功者はかなり高い確率で成功を続け、失敗者は高い確率で失敗する。M&Aは成功の方法さえ身につければ、成功確率はぐっと高まる。数々のM&Aを繰り返し、売り上げも利益も継続的に成長することに成功している企業がある。

　M&Aは習熟が必要であり、能力に応じたターゲットの選び方もM&Aの失敗リスクを軽減する上で重要である。それを実現する手段として本稿では「継続的」買収をテーマとしたい。M&Aの1案件を単体と捉えず、中長期的な成長のストーリーとM&Aを有機的に結びつけ、大小さまざまな買収企業のポートフォリオを組むことだ。

　継続的買収者は買収を契機にオペレーティングモデルのイノベーションを同時に行う。オペレーティングモデルとは、経営全般（戦略、業務、組織・人、情報システム）をどのように実行・管理するかの枠組みと定義している。継続的買収者はM&Aを通して、グローバルでスケールメリットを享受できる革新的な効率性を持つオペレーティングモデルを構築していて、買収や新市場参入により獲得したスケールを利益に転換している。さらに、M&Aの統合に「つなぐ」という発想を導入し、統合の負荷やスピードを軽減している。

2 大型M&Aは危険な賭け

　M&Aはそもそも失敗する確率が高い。特に、大型M&Aは注目を浴びやすいが、とてもリスクが高いことを前提に置くことだ。一般的に、企業規模と収益性には相関がないといわれている。規模が大きいことによるスケールメリットはあるが、業務システムや組織の複雑化によるコスト増で相殺される。同様の理由で規模を求めた大型M&Aは成功していない。スケールメリットも得られるが、新たに発生するコストも大きい。規模は規模を生かす仕組みを構築した場合にのみ有効に機能する。その考え方については、第7節の「オペレーティングモデルの進化」のところで後述したい。

　大型M&Aは手っ取り早く規模拡大が実現できるため、金融・化学・鉄鋼などの成熟産業では起こりやすい。経営陣に業界知識があり、買収先の経営陣もお互いをよく知っているため、シナジー創出が容易なイメージがある。それなのに、なぜ大型M&Aはうまくいかないのだろうか。

　買収する際には、3割程度のプレミアムを支払うのが普通である。市場価値の3割増しで買収するということだ。統合により実現できるとされるシナジーは、工場や営業拠点の統廃合、調達のボリュームディスカウント、遊休資産の処分、スケールを生かした間接業務の効率化、サプライヤーや顧客に対する価格交渉力が高まることによるコストダウンが算入される。現実的には、工場

[特集論文—Ⅲ]
継続的に利益ある成長を実現するM&A

閉鎖やリストラには多額のコストがかかるし、サプライヤーや顧客においても契約変更は難航し、延び延びになる。これらのコストダウン効果で企業価値を3割以上向上させるのはなかなか難しい。

一方、同業種の買収はデメリットも大きい。地域や事業領域の重複が多いと顧客によるリスク分散のために、今までの両社の取引量よりも減る可能性もある。また、顧客にとっては取引量が増加するので量的な値引きを要求されたりもする。

取引量の減少や値引き要求程度のデメリットは、理想的にうまく進んだ場合だ。実際には、両社の経営陣や従業員の心理的な要因が大きく影響してさらなるチャレンジがある。

その1つ目は、高値づかみだ。プレミアムは平均3割程度だが、それより高く支払うことがある。これは経営陣の「あせり」や「自信」から起こる。あせりは成長に行き詰まった経営者がM&Aにより一発逆転ホームランをねらう現象だ。経営者の自信も高値づかみの原因となる。経営陣にM&Aの成功経験があり、年俸の高い経営者は、好業績の実績により、自分は他の経営者よりも多くの効果を創造できると確信し高いプレミアムを払いやすい。特に、社外取締役が少ない、あるいは、社長が取締役会長を兼務しているなど、取締役会のガバナンスに問題があり、社長に全権が集中している場合、高値づかみするリスクは大きい。

2つ目は、デューデリジェンス（以下、DD）のプロセスにおけるガバナンスの問題である。経営者が自分たちの買収の妥当性を検討するとき、期待効果を買える価格に「つじつま合わせ」をするケースだ。このタイプのM&Aは社長の肝煎りであることが多く、買収担当者としては破談にしたくないという心理が働く。有名な話だが、1998年に実施されたダイムラーとクライスラーの合併時の買収価格算定の際、両社の車種があまりに異なりすぎていて実際には部品共通化は不可能だったにもかかわらず、部品共通化の効果として多くの数値が上乗せされていたという。

3つ目は、売り手と買い手の「政治的対立」による統合の難しさだ。特に同一業界の場合はなおさらだ。同一業界の場合は、統合先が元「ライバル企業」である場合が多く、統合中に「政治闘争」になりやすい。特に、規模が同程度か逆転するような買収の場合にはその傾向が強い。

このように、規模を目的としたM&Aは多額の投資と多大な労力を投入する割には成功する確率が低いという認識のもとに慎重に行うべきである。

3　小規模能力獲得型M&Aの有効性

それでは、どのような買収をする企業が成功するのだろうか。

買収を大型案件と小型案件に分類した場合、小型案件M&Aを行う企業のほうが企業価値を継続的に向上させる確率が高いようだ。この理由として考えられるのが、小型案件の買収は買収する目的が明確であることや力関係が明確で、政治的対立が起きにくいからである。

本稿では、規模以外の目的意識が明確なM&Aを能力獲得型M&Aという。能力獲得型M&Aは、自社が保有していない、あるいは弱い機能の獲得や補強を目的としている。獲得する機能としては、新たな製品・技術（ノウハウ、事業、製品ブランドなど）と新たな市場・顧客（地域展開の際の流通チャネルや営業ネットワークなど）がある。

能力獲得型M&Aは、買収した企業の経営効率化による企業価値の向上だけでなく、自社の強みと買収した企業の強みを掛け合わせることでトップラインも飛躍的に増加させることができる。M&Aの成功者はこのようなM&Aを頻繁に活用している。目的が製品・技術獲得の場合は、買収企業の製品を自社の得意とする市場で販売

することができる。市場・顧客獲得の場合は、自社製品を買収先企業の流通チャネルに乗せることができる。小規模の能力獲得型M&Aは、規模獲得目的に比べ、手っ取り早い「成長」は望めないが、投資対効果の高い価値創出をねらうことができる。

しかし、小規模の能力獲得型M&Aの場合にも欠点がある。小型買収は大きな成長がすぐに実現できないため、地味で地道な努力が必要だ。M&Aにかかる負荷は金額に比例して小さくなるようなものではないため、小型買収はM&Aの担当者に大きな負荷をかける。そのため、小規模のM&Aではいかに買収プロセスを効率化するかという視点が必要になる。

4 大型M&Aが有効な場合

大型M&Aの危険性、小規模のM&Aメリットについて述べてきたが、大型M&Aが必要な場合が3つ存在する。

1つは、ゲームに参加し続けるために、規模が必要な場合である。環境の激変で事業継続に大きな投資が必要な場合がそうだ。製薬業界はますます規模がないと生き残れない業界になっている。膨張する研究開発投資や規制対応コスト、買収に要する資金確保のためである。ゲノム創薬や抗体医療などの新しい技術の出現とともに、1つの新薬を開発するのに必要な研究開発投資はますます巨大化している。また、薬の安全性に対する関心・要求の高まりを受け、規制対応へのインフラ整備などのコストも急増している。継続的な成長を実現するために新興国市場やがんなどの成長薬効領域、ジェネリック市場に出ることが必須となっている。その買収余力を確保するためにも規模が必要だ。

こうした環境変化を背景に、規模追求を目的とした、世界規模のM&Aが2000年前後から次々に実施されてきた。日本でも2005年に、藤沢薬品工業と山之内製薬が合併したアステラス製薬、第一製薬と三共が合併した第一三共といった企業が相次いで生まれている。第一三共では、新興国に強いインドのジェネリック医薬品大手ランバクシー・ラボラトリーズの買収、アステラス製薬はがん領域に強いアメリカのOSIファーマシューティカルズの買収を完了している。

大型M&Aが必要な場合の残りの2つは、企業を大きく変身させるゲームチェンジのためだ。

1つは、ローカル企業からグローバル企業への変身のための買収だ。日本たばこ産業（以下、JT）は、1999年にはアメリカのR・J・レイノルズ・タバコ・カンパニー（以下、RJR）の海外たばこ事業であるRJRインターナショナルを買収し、2007年にはイギリスのギャラハ

[特集論文—Ⅲ]
継続的に利益ある成長を実現するM&A

ーを買収し、グローバルブランドとグローバルリーチを充実させている。

　もう1つがビジネスモデルの転換だ。Googleはこれまでにキーホール（のちのGoogle Earth）、YouTube、ダブルクリックを買収してきたが、直近ではモトローラ・モビリティを125億ドルで買収した。Googleはこれらの買収により既存事業の存続・拡大に必要で自社に不足していた特許や知的財産を獲得するだけでなく、ハードウェアにも進出することができる。

5 「買いっ放し」のリスクが大きい

　買収による効果を低減させるのは「買いっ放し」だ。買収後、企業の所有権の変更に伴い、「事業継続」に最低限必要な決算の連結などの作業はどこの企業でも行われている。ここでは、買収先の経営改善やシナジー効果を創出する努力を行っていないことを買いっ放しと定義している。

　なぜ買いっ放しが多いのか、本質的なところを見てみよう。

　買いっ放しの理由によく挙げられるのが、異なる文化や言語による意思疎通のズレや誤解の発生、市場、競争環境、法制度・規制などが異なることだ。しかし、これらは、複雑な会話には通訳を使い、地元の専門家やコンサルタントを活用すれば比較的容易に解決できる問題だ。

　実際、日本企業に起こっている本質的な問題は、日本企業が買収した企業に経営情報の提示を求めても、経営改善の方法を提示するだけの経営管理の仕組みや能力がないことだ。また、後述するが、日本企業のオペレーティングモデルは非効率であるため、コスト削減や効率的なオペレーションの提案も難しい。買い手企業もだんだん相手に情報を要求しにくくなり、その結果、買いっ放しという現象になっている。

　この根幹には、多くの日本企業の「オペレーションのやり方」や「経営管理の仕組み」を含むオペレーティングモデルが進化せず、欧米企業や新興国のトップ企業と格差が開いてしまったことがある。優れた経営管理の仕組みがないことはグローバルリーダー人材の育成にも大きく関係している。次節で事例を紹介するエマソンでは「エマソンのマネジメントシステムの大きな効果の1つが優秀なマネジャーを『大変』優秀なマネジャーに変えることができる点だ」といっていることからもわかる。

6 M&Aをフル活用し、継続的に利益ある成長を実現している企業

　本節では、世界的な酒類最大手メーカー、アンハイザー・ブッシュ・インベブ（以下、ABインベブ）と世界的な大手電気電子機器メーカーのエマソンの2社について、成長戦略にM&Aをどのように活用し、どのように工夫してM&Aを成功させてきたかを説明したい。

ABインベブの事例

　ABインベブの本拠地はベルギーであるが、生産拠点や販路は世界中に広がり、現在では世界130カ国以上で事業を展開している。大型買収と小型買収を組み合わせて、本拠地のベルギーから展開地域をどんどん拡大した。ビールの出荷量は先進国では頭打ち傾向にあるが、中南米や中国、東欧などの市場は拡大している。そのため同社は高い成長の見込める新興国市場を重視してきた。

　また、製品面においても、買収によるシナジーを活用して、ローカルブランドをリージョナル化、リージョナルブランドをグローバルブランド化することに成功してきた。

　ABインベブは、M&Aにより大きく売り上げも利益も成長することに成功した企業だ。売上高は、2001年の

特 集
クロスボーダーM&A

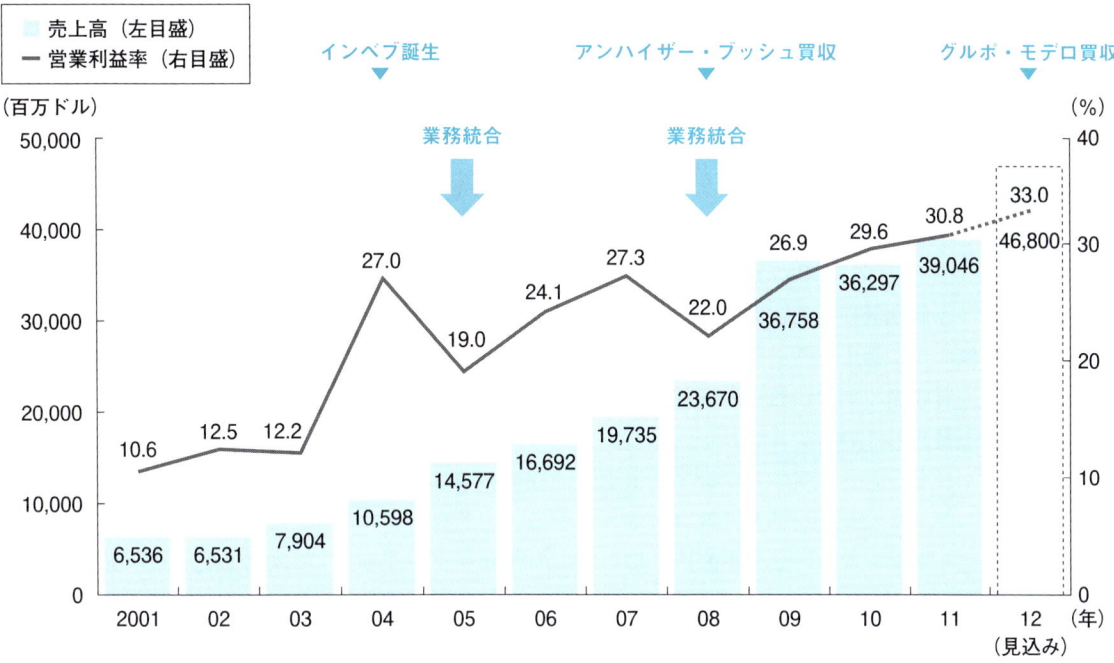

図1 ABインベブの業績推移

（出所）ABインベブのAnnual Report各年版（http://www.ab-inbev.com/go/investors/reports_and_publications/annual_and_hy_reports.cfm）およびトムソン・ロイターのデータベースをもとにアクセンチュア作成。

　65億3600万ドルが2011年には390億4600万ドルと10年で約6倍に成長し、営業利益率も10.6％から30.8％へと驚異的に上昇している（図1）。

　ABインベブは、大型M&Aと小型M&Aをうまく組み合わせている。象徴的な買収案件を整理する。1987年にベルギーの大手ビール会社アルトワとピードボーウフ醸造所が合併してインターブリューとなった。2000年のユーロネクスト市場への上場を経て、2004年にブラジル首位のビール会社アンベブを買収しインベブになった。この合併により、成長する中南米市場へのアクセスを獲得した。2008年に「バドワイザー」を有するアメリカのアンハイザー・ブッシュに対する5兆円を超える過去最大規模の買収を実施し、アメリカ市場での基盤を一気に強化した。この買収により、世界のビール市場の4分の1を握る圧倒的なナンバーワンのビール会社になった。さらに、2012年にはメキシコで6割超のビールのシェアを握りブランドとしてコロナを持つ、グルポ・モデロを買収した。

　こうした大型M&Aに目を奪われがちだが、その裏では地道に小型M&Aを積み重ねている。小型の買収に目を向けると1987年のインターブリュー誕生後、数多くのベルギーのローカルビール会社を買収した。その後、1990年代にはベルギー国外での成長を模索し、ハンガリー、カナダ、ロシアなどで買収やJV設立を行った。次に、イギリスやドイツなどのヨーロッパ企業の買収を行った。その後、2002年に中国のビール会社を複数買収した。2004年のアンベブ買収後も2006年に中国の福建雪津啤酒を買収し、中国第3位のビール会社の座を獲得し

た。2007年にも買収を行い、北米のカナダのほか、アルゼンチン、ボリビア、チリ、パラグアイ、ウルグアイなどの南米市場の足固めを行っている。

M&Aの成功のポイントの1つ目は、統合前のDDで現実的で詳細な計画を立案できるM&A能力である。2つ目は、統合後の短期で大きなコスト削減を実現する能力だ。基本はお金のリストラである「ゼロベースドバジェッティング（ZBB）」と業務のリストラである「ビジネスプロセスリエンジニアリング（BPR）」だ。これらの手法を3つの領域──原価低減の推進、販促・広告費低減の推進、管理費削減──に適用する。3つ目は、経営管理の仕組みである。買収先の経営情報を徹底的に可視化し、見える仕組みを構築している。4つ目が、さらに低コストでスピーディーな業務を実現するシェアードサービスオペレーションだ。リージョンごとに低コスト地域にオフショア化してシェアードサービスを配置。場合により、アウトソーシングを活用している。

エマソンの事例

エマソンは、アメリカのミズーリ州セントルイスに本拠を置く交流モーターの製造会社として1890年に発足し、以来100年の間に世界的な大手電気電子機器メーカーとなった。世界中で235の製造拠点と約13万5000人の従業員を擁する。

2012年度のエマソン全体の売上高は244億ドルに達し、営業利益率は過去最高の17.7％を達成している。成熟業界にありながら、一部の例外期間を除き何十年も増収増益を続け、1958年以来、54年間連続で増配を記録している。

同社の増収増益にはM&Aが大きく寄与している。前CEOチャールズ・ナイトの在任期間1973年から2000年までの間に売り上げは9億3800万ドルから155億4500万ドルまで成長した。200件の買収に100億ドルの投資を実施。5年以上保有した企業のIRRは15％に上り、投資した資金の80％以上が資本コストを上回るリターンを生んでいるという。

エマソンの買収はABインベブとは異なり、小型の買収の積み重ねだ。買収により2つの戦略を実現している。①「テクノロジー・フォロワー」から「テクノロジー・リーダーシップ」への転換と、②「成長地域へのシフト」だ。①の点では、テレコム、エレクトロニクスなど新しい分野への積極的な買収と成長に陰りの見える分野からのスムーズな撤退により、技術立脚型の事業構造に転換している。売り上げに占める新製品の割合は30％を超えている。

②の点では、エマソンはアメリカ中心の企業だったが、1990年代には積極的なヨーロッパでのM&Aによりヨーロッパでのリーディングポジションを構築した。ヨ

特集
クロスボーダーM&A

ーロッパ企業の買収を通じて、元来優れていたが、アメリカ流であったマネジメントプロセスの修正を行い、真の国際化の基盤を構築した。その後、著しい成長を見せている新興国市場、中南米、アジア・パシフィック、東欧への積極的なM&Aの展開を実施している。

エマソンの成功要因もABインベブとよく似ている。

1つ目は、DDをとても重視しており、統合前のDDの際の統合計画や事業計画を四半期単位でレビューできるような詳細な計画を立案している点だ。

2つ目は、コスト削減能力である。1990年代に、事業部中心であったコスト管理のオペレーションを事業部横断的な本社主導によるオペレーションに変えて大幅なコスト削減を実施した。原材料抑制やシックスシグマを用いたリーンマニュファクチャリングなどの活動だ。これらの経験を生かして買収先の大きなコスト削減を早期に実現している。

3つ目は、経営理念と経営管理能力だ。エマソンの経営理念と経営プロセスはすべての事業部に共有され、独立性の高い事業部の連携を可能にする求心力として機能している。エマソンの経営の基本は、ストレッチした事業計画に対するコミットメントとその計画の実現能力であり、それを支える妥協なきPDCAサイクル[1]だ。

4つ目は、彼らがeビジネスと呼ぶグローバルオペレーティングモデルの構築だ。eビジネスでは情報技術を使い、間接業務、コールセンター、設計業務、サプライチェーン業務、物流業務等に適応して効率的でスピーディーなオペレーションの基盤を構築している。規模の経済性を得るために、事業部単位ではなく、全社的な活動にしている。アウトソーシングも効率的に活用し、カスタマーコールセンター、設計サービスをインドやフィリピンなどの低コスト国にシフトし、物流を国際的な物流会社へアウトソースしている。さらにeビジネスは、低コスト化から業務の質の向上に結びついている。たとえば、低コスト国の設計者へのアウトソーシングはエマソンの製品優位の源泉になっている。高い能力を持つ技術者の採用だけでなく、新しい方法、つまり、より低コストで優秀な技術者を採用し、1つのプロジェクトに大量の技術者を投入し、プロジェクトの複数のステップを並列的に行うことにより、開発期間を短縮している。直流電源システムの場合、4年以上を3年で開発できるようになった。

7　オペレーティングモデルの進化

2つの企業の成功例で、M&Aの成功要因として共通しているのは、短期で「大幅なコスト削減」を実現し、卓越した「経営管理システム」の導入とシェアードサービスやアウトソーシングを含む効率的なオペレーティングモデルを導入していることだ。彼らは、オペレーティングモデルを構築し、事業・製品の獲得や地域拡大のスケールメリットを享受し、革新的なコスト効率とスピードを獲得している。

ハイパフォーマンスを実現している企業は、オペレーティングモデルを一夜にして完成させたわけではなく、何年もかけて段階的に完成度を高めている（図2）。その進化の歴史を見てみよう。

第1ステップは、1995年前後に行われた「リージョナルシェアード化」である。地域レベルの業務を低コスト国へ移管し、シェアードサービス化によるコストダウンが主な目的だ。経理、人事、情報システムなど、いわゆるバックオフィス・オペレーションのうちの「トランザクション」業務を集約し、低コスト地域にオフショア・センターを設置してオペレーションの移管を行った。

サプライチェーンもリージョンでの集約化が行われた。たとえばヨーロッパでは、EUの発足・拡大による税制や規制の見直しにより、以前は各国に倉庫を持っていたものを汎地域的な物流オペレーションを行うように変化した。保管や輸送の過程もシンプルになったため

[特集論文—Ⅲ]
継続的に利益ある成長を実現するM&A

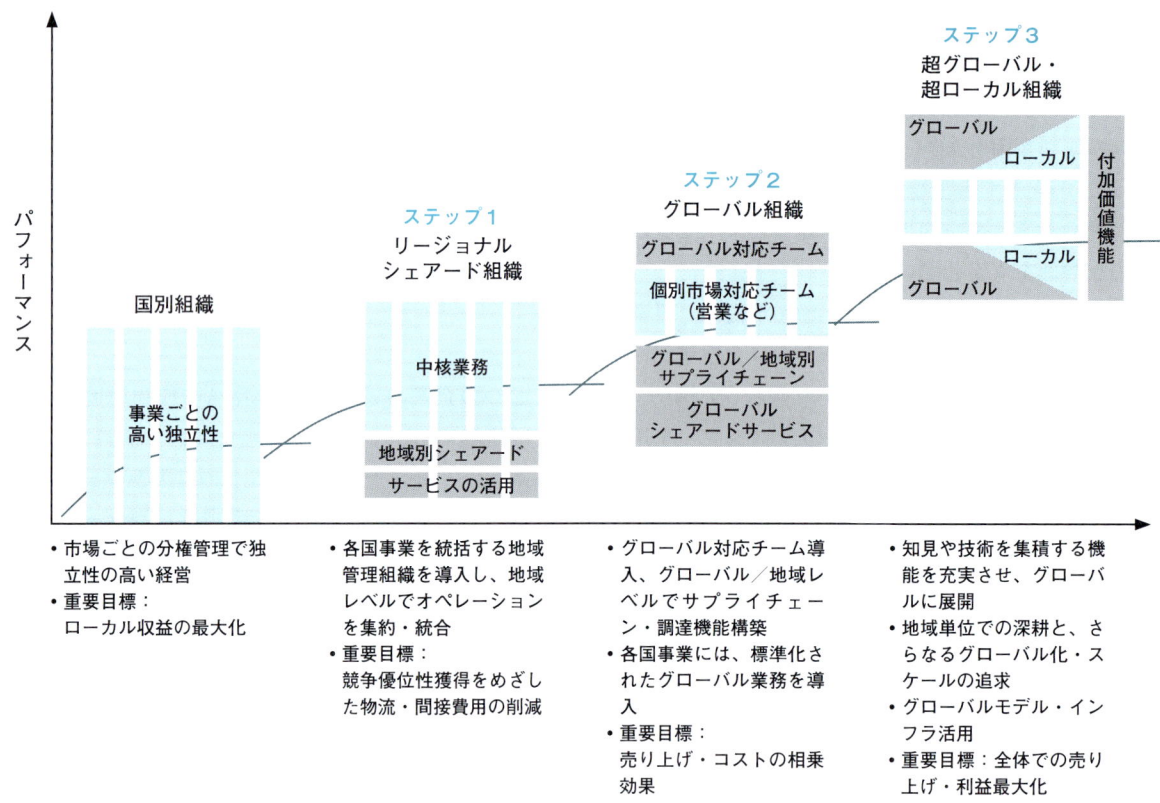

図2 オペレーティングモデルの進化

(出所)アクセンチュア。

に、劇的なコスト削減が実現したという。調達のリージョン化やグローバル化もこの頃実施された。

第2ステップは、2000年前後から始まった「グローバル化」である。このステップの目的は、オペレーションのさらなるスケールメリットの享受と質の向上だ。グローバルの業務システムを標準化・システム化することにより、スケールメリットを活用した抜本的なコスト削減と業務スピードを獲得することができる。組織のグローバル化は組織の業務品質も向上させる。グローバルの経験・ノウハウは一組織に集約されるため、業務の経験則が上がる。組織をグローバル化することにより、各国に責任者を置いて独立して配置するより、グローバルリーダーとして高品質の人材を配置することができる。

集約対象となるものは、第1ステップでは主にトランザクション業務であったが、このステップにおいては「戦略企画・管理」業務も含むようになった。また、人事、財務・経理のようなバックオフィス・オペレーションやサプライチェーン(工場や調達含む)にとどまらず、R&D、営業マーケティング、M&Aなどもグローバル化の対象となり、全世界で業務システムは標準化し、グローバル組織を形成するようになる。

第3ステップは、2005年前後から始まった「超グロー

特集
クロスボーダーM&A

バル・超ローカル化」である。第2ステップのようにグローバルで1つのオペレーションを行うとローカルのニーズへの対応は難しくなる。そのため、ローカルのニーズに対応をしながらも、グローバルのスケールメリットを獲得するという進化を遂げる。グローバル・プラットフォームに対して、ローカルに対応したモジュールを付加していくようなイメージである。モノづくりでいうとマスプロダクションからマスカスタマイズへの進化と似ている。また、さまざまな国・地域から新しいアイディアやテクノロジー、ローカル・ニーズを取り入れてオペレーティングモデルの進化を続けている。

この段階では、エマソンの事例で見たように、開発機能の重要性が飛躍的に増大する。多種の製品・サービスの各地域にあわせたローカライゼーションニーズが大きいからだ。開発機能の強化により、M&Aで獲得したローカルブランドを、他地域に展開するにもスピーディーな対応が可能だ。そのため、買収の費用対効果が高まり、自社の買収能力を高めることができる。

多くの日本企業はまだリージョナルシェアード化を行う前の段階であり、大きくオペレーティングモデルで後れを取っている。そのため、現状ではクロスボーダーのM&Aを行って市場を拡大すると、初期はオペレーティングモデルがバラバラで非効率なので利益率が低下する原因となる。

日本企業はABインベブやエマソンと同様に、第1ステップから第3ステップまでの進化を繰り返すのではなく、海外の企業の苦労を学びながら、一気に最新の高品質で安価なテクノロジーを使って一発逆転をねらうことができる。エマソンがヨーロッパ企業の買収によって自らのマネジメントシステムをグローバル化したように、日本企業が欧米企業を買収することによりグローバルに通用するオペレーティングモデルを獲得するのはいいアイディアだ。その取り組み例として、日本の食品会社A社の事例を後述したい。

8 | 継続的M&Aの薦め
── M&Aを単体ではなく、一連のシナリオで考える

M&Aは今まで見てきたように「単体」ではなく、中長期的に複数の企業のM&Aを行うのが成功のカギだ。アクセンチュアでは目安として5年で3件以上の買収を行う企業を継続的買収者としている。

日本企業がM&Aを進めていく上で、複数案件を同時に考えることのメリットを整理すると大きく3つほどある。1つ目は、買収する企業を幾つか組み合わせることによって付加価値を高め、企業価値を飛躍的に高めることができる点である。組み合わせの努力や工夫が必要になるものの、投資対効果は飛躍的に上がる。

2つ目のメリットは、M&Aは経験を積むことによって成功確率が向上することだ。M&Aの成功確率を上げるには、難易度の低いものから高いものへとレベルを上げてM&Aの経験を蓄えることだ。M&Aでは、経験しないと予測できないようなことが頻繁に起こる。日本企業でも日本電産やJTなどのM&Aをうまく成長に取り入れている企業は、比較的難度の低い国内の小さい案件で経験を蓄積して難度のより高い大型案件、クロスボーダー案件、異業種案件を行うことで、失敗リスクを小さくしている。また、難易度は経営状態の良し悪しでも異なる。したがって、新しい市場や異業種事業の企業を購入する場合は優良な企業を対象としたほうが成功確率は向上する。

3つ目のメリットは、M&Aに対する社内承認が得られやすくなり、とにかく始められることだ。M&Aを検討している企業やM&Aを実行するための専門組織を持っている企業はそれなりにあるのに、実際にM&Aを行っている企業が限られている。実は、社内承認が得られずに前に進めないケースが意外に多い。

たとえば、後述する食品会社A社の場合も、筆者が参

一橋ビジネスレビュー 2013 SPR. **55**

画する1年以上前にM&Aの専門組織が立ち上がっていた。しかし、社内で、小さな企業の買収を検討の俎上に載せると「それでは小さすぎて意味がない」、逆に大きな企業の買収に対しては「リスクが高すぎる」などといった反対に遭い、前に進めなかった。

こうした反対意見が出てくるのは、M&Aを「点」で考えてしまっているからである。しかし、M&Aを活用した中長期的な成長シナリオのなかで、初期の小さい案件を将来のための布石として説明することができれば、社内でもコンセンサスを得やすい。リスクの小さい企業でとにかく早く経験を積むことの重要性を経営陣に伝えることが重要だ。

日本の食品会社A社の事例

著者がかかわらせていただいた、ある日本の食品会社A社を例に挙げて説明しよう。A社は日本では卓越した経営の仕組みを持つ企業だが、海外の市場やM&Aに関しては大きな成果を実現できていなかった。

そもそものスタートは、海外事業を成長させるため、中国の企業を買収したいがサポートしてくれないかというA社からの相談だった。しかし、食品業界を俯瞰するとオセアニアや欧米市場の先進国は、市場の成長性が高くプレーヤー企業の収益性も高く魅力的な市場だ。また、候補となるような先進国の有望な企業の多くはすでにグローバル企業が押さえていたため、検討を急ぐ必要があった。また、一方で、アジアを主とした新興国では、市場は成長しているが、買収候補企業は小規模のため、たとえ高い成長を遂げているとしてもA社のアグレッシブな海外成長目標には到達できない。そこで、先進国市場での買収の優先度を上げるという戦略に切り替えた。

A社が当初中国企業を買収したかった理由を説明しておく。A社は、このプロジェクトの前には、1980年代には欧米で複数件、アジアでも買収経験があった。しかし、統合をしっかり行うことができず、成功体験とはいえなかった。いわゆる買いっ放しだ。特に、欧米での失敗経験がトラウマとして残り、欧米は避けたいという意向だった。しかし、われわれは、A社は卓越したコスト削減能力や経営システムを保有しており、それらそのものは「日本的」ではあったが、グローバルに通用するものであると考えてA社に先進国企業買収を提案した。

その結果、このプロジェクトではM&Aによる今後10年程度の海外成長戦略をどう考えるかという基本戦略の立案と直近の買収候補を洗い出すものとなった。第1ステップで優良な先進国企業を買収する。いきなり大規模な欧米企業を買収するという案もあったが、先進国での買収成功体験が少なく、ノウハウをまず蓄えることにした。そのため、第1弾は中規模のオセアニアの企業B社の買収だった。この統合はトップマネジメントがM&Aチームのリーダーを兼務し、統合までをハンズオンで対応して、統合は大成功している。その後、この買収プロジェクトを続けて、欧米の大規模なグローバル企業C社を買収し、欧米への販路と素晴らしい製品ブランドを手に入れた。B社、C社の買収を通じてオセアニア、欧米の先進国市場での足場を獲得することができた。

第2ステップでは、M&Aを活用して利益ある成長を実現するために、統合しながら、買収企業のコストダウンのノウハウや世界に通用する経営管理の仕組み、スケールメリットを享受できるグローバルオペレーティングモデルを構築している。これらを買収したB社とC社の基盤をベースに改良を加えて世界に通用する経営管理や業務の仕組みを作っている。並行して、グローバルに先進国を主とした「幹」となる事業基盤ができたため、成長する市場を持つ新興国の企業の買収もスタートしている。

第3ステップでは、グローバルに構築した先進国を主とした「幹」、複数の新興国の買収により獲得した「枝葉」を通して、ローカルブランドのリージョン、グローバル展開を実現している。この試みの第1弾であった、買収したC社製品の日本市場での展開は大ヒット商品となっている。A社は今後も有望な新興国の有望企業の小

さな買収を数多く行い、さらに事業プラットフォームのリーチと深さを追求している段階にいる。

Q 継続的買収者のM&Aは何が違うのか？

継続的買収者のM&Aの違いを整理する

継続的買収者のM&Aと単体のみの買収者のものとの違いを整理すると、4つほどある。

1つ目は、M&Aに求める価値の変化である。買収の目的が、単体で考えていた場合に比べて、単体での収益改善余地よりも事業・製品、顧客、業務プロセス、人材の獲得などの自社および一連の買収企業とのシナジーや財務以外のより中長期的な成長に目線を置いた価値が大きくなる。そのため、総合的な判断のできるトップマネジメントのコミットがより重要になる。

2つ目は、一連で考えることで、個々の買収案件を成功させるのみでなく、その経験やノウハウを蓄積して次の買収に生かすことが重要になる。

3つ目は、継続的買収者は「選ばれる」ことが重要になるという点だ。一般的に、買収したい相手は引く手あまたの場合が多いからだ。したがって、継続的買収者は買収した企業の統合後の実績を積み、被買収者の経営陣や社員の満足度を上げるように努力して、選ばれる存在となる努力が必要になる。

継続的買収は成功確率が高いのはわかっていても、継続的買収を行うにはM&A人材の不足で、専門スタッフが十分にいる企業は少ないため、スタッフがバーンアウトしてしまう場合が多い。買収は最初から最後までとても大変な仕事だからだ。そのため、継続的買収の4つ目のポイントは、買収の経験を蓄積し、定型化し可能な限り負荷のかからないプロセスにすることである。

M&Aのプロセス

ここで、M&Aの全体プロセスを概観しておきたい。M&Aのステップは、M&Aの「買収戦略立案」「買収実行」「統合」の大きく3つに分けることができる（図3）。第1ステップの買収戦略立案では、事業戦略の立案、ターゲット選定と絞り込み、案件の妥当性検証を行う。第2ステップの買収実行では、ターゲットにアプローチし、DD、事業計画を立案し、価値査定そして交渉を行う。第3ステップの統合では、買収企業を経営改善し、買い手企業とのシナジーを実現していく。

[特集論文—Ⅲ]
継続的に利益ある成長を実現するM&A

図3　M&Aのプロセス

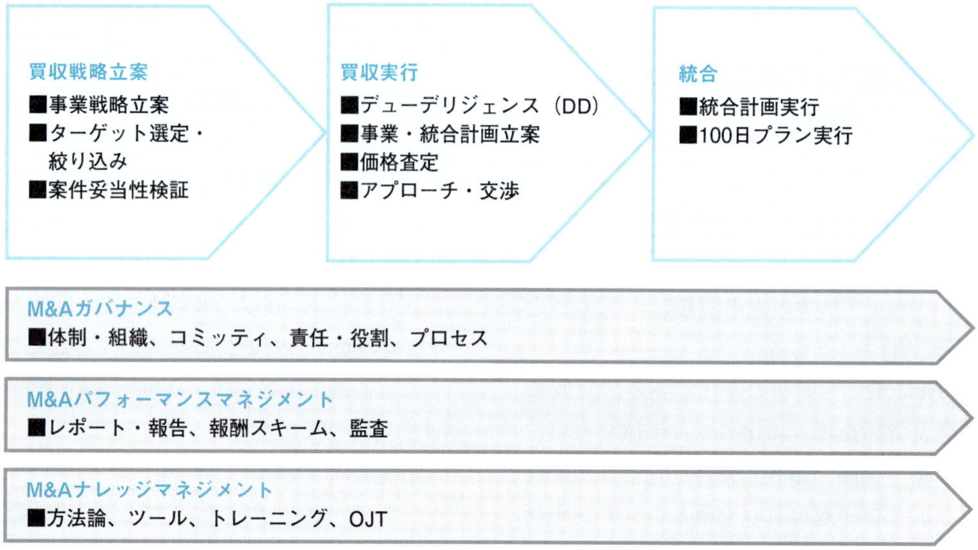

買収戦略立案
- 事業戦略立案
- ターゲット選定・絞り込み
- 案件妥当性検証

買収実行
- デューデリジェンス（DD）
- 事業・統合計画立案
- 価格査定
- アプローチ・交渉

統合
- 統合計画実行
- 100日プラン実行

M&Aガバナンス
- 体制・組織、コミッティ、責任・役割、プロセス

M&Aパフォーマンスマネジメント
- レポート・報告、報酬スキーム、監査

M&Aナレッジマネジメント
- 方法論、ツール、トレーニング、OJT

（出所）アクセンチュア。

全体プロセスを一貫して見る

　継続的買収者はこれらの3つのステップを一貫して見る。3つのステップは通常「専門家」が分かれる場合が多く、分断されやすい。外部の専門家の例でいえば、ステップ1は戦略コンサルタント、ステップ2は投資銀行や証券会社、ステップ3は業務・システムコンサルタントだ。しかし、継続的買収者は3つのステップの全体プロセスを順次処理するのでなく、オーバーラップしたり、逆戻りしたりを柔軟に行えるプロセスで対応している。

　1つ目のメリットは、柔軟なプロセスを持つことにより、買収の実現性に応じて柔軟に戦略を見直すことだ。先に見たように、買収の失敗の多くは、各ステップが分断しているため、それぞれが途中でブレークすることを好まないことも大きな要因だ。こちらからねらいを定めてラブコールを送る買収の場合、受諾の可能性が低いこ

とから、複数の案件を並行して走らせるケースが多い。そのため、戦略は買収可能性の判断に応じ、柔軟に変更する。このような柔軟なプロセスは、価格などが競り上がり、投資基準に合わない場合にも柔軟な破談を可能にする。

　2つ目は、買収の精度を高めるため、最初に最後まで見通す能力を高めている。成功確率の低い企業は支払う対価に見合う価値を算出するときに、シナジーや戦略的価値は概略レベルで議論し、買収をした後に初めてシナジーやリターンを実現するための詳細な計画を立てる場合が多い。しかし、継続的買収者は価値算出のときに詳細計画を立てている。たとえば、エマソンでは買収契約を締結する前に、払う対価に見合うシナジーと業績を実現するための、ステップごと、四半期ごとの詳細な計画を立てている。その計画と効果を案件の責任者にコミットさせている。

　さらに、全体のステップを見ることにより、計画と現

特集
クロスボーダーM&A

実のズレが把握できるため、学習により、次の価格算定の精度を高めることができる。

先を見通すという意味においては、JTがRJRの海外たばこ部門を買収した際には、JTの経営陣は、買収先の経営陣の布陣、経営方針、向こう5年間の工程表などを事前に構想し、それに基づいた施策を想定した上で買収のシナジーを定量化し、買収価格を決定している。

以下では、個別のステップについて継続的M&Aの特徴を見てみたい。

買収戦略立案

買収戦略立案では、事業戦略の立案と候補企業の特定が成果物となる。継続的な買収者は候補者探しは戦略立案と双方向で行う。1つは、通常の流れで、中長期的に成長戦略を立案し、戦略に合致する候補企業をできるだけリストアップする。逆方向として、具体的な会社から成長戦略を調整していく流れもある。この会社と組み合わせると何かシナジーが出そうだ、そこからどういう成長のシナリオが描けるかということを考えていくプロセスだ。

継続的買収者がリストアップする候補企業は多様であり、数も多い。新しい事業に進出する場合もあることから、本業から離れた企業も候補企業となるため種類も多様になるし、こちらから能動的に仕掛ける場合が多く、先方の意向がタイミングもあわせて受託してもらえる可能性は低いため、多くの候補企業が必要になる。したがって、自前で能動的に探すことと投資銀行や証券会社などの外部の紹介も積極的に活用していくことが肝要だ。

「本業から離れる」場合には、異質の企業を取り込むことにより新たな価値を創造するという発想が重要だ。そのため、ターゲットの抽出は単なる情報集めの仕事ではなく、とても創造的なプロセスだ。

本業から離れるというと、日本企業のバブル期の多角化の失敗経験が強く心に刻まれているため、本業と離れることに強い拒否感を持つ場合が多い。確かに、既存事業から大きく離れた事業への参入は知見のある業界と比較すると難しい。エマソンでは、自らの買収の成功と失敗を分析した結果、成長の可能性の高い業界におけるマーケットリーダー企業の買収、地理的に新しい市場に出て行く、あるいはすぐ隣の技術を獲得する買収は成功確率が高いという結果を得ている。しかし、異質であればあるほど、組み合わせの可能性もある。本業から離れた企業を買収する場合は、自社の実力に合った適度な難易度の優良な会社を選択すれば成功確率が高まる。

また、継続的買収者にとって、企業を買収する目的として事業や顧客を買う以外に、オペレーションのプラットフォームやグローバル人材を買うという要素も含めて考えることも必要だ。

買収実行

買収実行では、ターゲットにアプローチし、DD、事業計画を立案し、価値査定そして交渉を行う。

DDは、買収を進めるか、また、進めるのであればどんな価格を提示するかを決めるために、買い手が公開情報に加え、非公開情報を売り手企業からもらい精査するものだ。重要なポイントは、「リスクを見極める」ことと、高値づかみをしないように「適正な価格算定」を行うことの2つだ。

DDでは、買収先のすべての活動を短期間に漏れなく理解することが求められる。提供された財務データの信頼性の評価、事業計画の合理性、ライアビリティー（将来必要な支払い義務）の評価、リスク評価、潜在的な機会の発見、コア技術の評価、人の評価などを短期間で精査する。

売り手に対して、たとえ海外企業であっても、遠慮なくどんどん情報を要求することが重要だ。売り手はDDの範囲や深さをできるだけ限定したいと思い、提供する情報を限定しようとする。一方、買い手は短期間勝負であることから、重要なリスクを見落としがちだ。どこまで情報を要求できるのかの常識を知り、潜んでいるリスクを発見するには、経験に基づく判断能力が必要になる。

[特集論文—Ⅲ]
継続的に利益ある成長を実現するM&A

　DDは専門性が必要だ。リスクを感じるためには数多くの経験の蓄積が重要になる。専門チームを派遣し、しっかりとリスクを把握する。DDの品質に対する責任の取り方を定義することも重要だ。

　次は、価格算定だ。買収価格は論理的には「市場価格」よりも高く、「買収全体の価値」よりも安い価格が設定される。継続的買収において、「組み合わせの付加価値」の部分が大きいため、独立企業ベースとシナジーベースの評価の2通りを明確に分けて考える重要性が高い。前者は単体としてのコスト削減や経営改善によりどの程度の企業価値向上が可能か、後者は自社とのシナジーによりどの程度の企業価値向上が可能かを算出する。

　価格提示は論理的にディシプリンを持って行う。どのような収益改善施策をとり、シナジーを得るかを示した工程表に裏打ちされた詳細な事業計画が準備できれば、買収企業の定める計算式にのっとって価格は論理的に決まる。価格の競り上がりや熱気に負けないように、他の買収候補企業をしっかり選んでおくことも重要だろう。戦略上とても魅力的な企業でも価格が合わなければ、企業価値を毀損することを心に留める必要がある。

　DDや価格算定は専門家任せにせず、トップマネジメントやプロジェクトオーナーが把握しコミットする必要がある。このプロセスで見つかったリスク、事業計画や工程表の数字にトップマネジメントやスポンサー（事業部門のトップ）は納得し、その実現にコミットすることが必要だ。

統合

　これまで紹介した事例のなかで、統合の成功ポイントを説明してきた。統合は統合前が肝心であり、継続的買収者は価格算出と連携した5年程度の詳細な統合計画や事業計画を立案して、それを多頻度でモニターしていることを説明してきた。さらに、コスト削減手法や経営改善手法を保有しており、その導入により早期に効果を創出していることがわかった。また、シェアードサービスやITを使ったグローバルオペレーティングモデルを導入することにより、スケールを享受して継続的に利益を改善するプラットフォームを構築している。

　ここでは、統合がスムーズに進むためのポイントを説明しておく。

　1つ目は、企業価値創出にこだわる。顧客への提供価値や企業価値向上を最大化することを統合の価値観として徹底することで、統合時の内部闘争的な課題を早期に取り除き、両社が組織の枠を超えて、スピーディーでフェアな統合意思決定を行うことや協力体制を作り出すことが可能になる。

　2つ目は、高い目標を設定する。統合過程はプロジェクトメンバーや社員に負荷やストレスがかかる。大きな効果、明るいビジョンが、全社員が改革を前向きに捉えるのには必要だ。統合による規模の拡大によるスケールメリットを拡大するだけでなく、強みを掛け合わせることにより、収益構造を革新的に変革し、真のグローバル企業へと進化するといった夢を目標にする。

　3つ目は、早期効果創出を重視する。変化には初期流動を管理することが重要だ。そのため、統合のモメンタムを加速するためにもできるだけ早く動き、効果創出を実感することが重要だ。特に、最初に「100日プラン」は具体的に提示し、統合が前に進んだ効果も示すことにより改革のモメンタムを加速する。

　4つ目が相互尊敬である。両社のカルチャーの特色を理解し、お互いが尊敬するマインドを醸成する。カルチャーを押しつけるのでなく、グローバル展開を意識して、グローバルに通用する経営理念と行動規範を作成し、新しいカルチャーを作り出す。

M&A能力を高める──経験ノウハウの蓄積

　1回きりのM&Aの場合、個別案件を成功させることで十分であった。しかし、継続的M&Aの場合、1回をうまくやるだけでなく、M&A能力を蓄積し進化させる

特集
クロスボーダーM&A

ことが重要になる。

M&A能力として、図3のように3つ定義している。1つ目は、「ガバナンス」。M&Aの推進体制、コミッティ、役割、統合のプロセスのノウハウを蓄積する。2つ目は、「パフォーマンスマネジメント」。成果が可視化できるレポーティング、報酬スキーム、監査のやり方を構築する。3つ目は、「ナレッジマネジメント」。M&Aの方法論やスケジュール管理や効果管理などのプログラム管理ツールなどを開発する。M&Aの専任組織の設立、トレーニング、買収案件への配属により経験を蓄積する。

10 まとめ ——日本企業にとっての機会

これまで、継続的買収を行うことによりリスクを低減し、継続的に利益ある成長を実現できることを説明してきた。日本企業も実力に応じた難易度の買収を地道に行い、経験を蓄積していけば成功することは可能だ。

一方、日本企業の成長力や収益力の低さの大きな要因として、スケールを利益に転換するグローバルオペレーティングモデルの遅れが挙げられる。先進的なオペレーティングモデルを持つ海外企業を買収し、一気に獲得することも有効な手段だ。

それにより、新しく買収や市場進出時のスピードを高めることも可能だし、買いっ放しで「宝の山」となっている過去に買収したグループ会社の効率性も向上させることが可能になる。 H

西村裕二（にしむら・ゆうじ）
1963年生まれ。86年東京大学工学部機械工学科卒業。90年東京大学大学院工学系研究科修了。三菱レイヨンを経て、90年アクセンチュア入社。製造流通・通信ハイテク業界のクライアントに対するM&A戦略・統合支援およびマーケティング・SCM戦略立案などに従事。2000年エグゼクティブ・パートナーに就任、06年経営コンサルティング本部統括本部長および戦略グループ統括に就任、09年より現職。主な著作：『成功するロジスティクス』（共著、日経BP社）、『アクセンチュア流 逆転のグローバル戦略』（英治出版）。

注

1 PDCAサイクル（Plan-Do-Check-Act Cycle）は、事業活動における管理業務を円滑に進める手法の1つ。Plan（計画）→Do（実行）→Check（評価）→Act（改善）の4段階を繰り返すことによって、業務を継続的に改善する。

参考文献

Anheuser-Busch InBev.
　2011. "Annual Report 2011."
Knight, Charles F., and Davis Dyer.
　2005. *Performance Without Compromise: How Emerson Consistently Achieves Winning Results*. Boston, MA: Harvard Business School Press.
西村裕二
　2009. 『アクセンチュア流 逆転のグローバル戦略——ローエンドから攻め上がれ』英治出版.
Anheuser-Busch InBev（Annual Report 2012）.
　http://www.ab-inbev.com/go/investors/reports_and_publications/annual_and_hy_reports.cfm
アステラス製薬株式会社
　http://www.astellas.com/jp/corporate/news/pdf/100609.pdf（プレスリリース）
Emerson.
　http://www.emerson.com/EN-US/ABOUT/OVERVIEW/Pages/default.aspx（Company Overview）
　http://www.emerson.com/SiteCollectionDocuments/Annual%20Reports/2012-Annual-Report/index.html（2012 Emerson Annual Report）
Google会社情報
　http://www.google.co.jp/intl/ja/about/company/history/（Googleのさらにくわしい歴史）

Cross-Border M&A

[特集論文 — IV]

クロスボーダーM&Aの実務上の留意事項
Practical Considerations For Cross-Border M&A

知野雅彦 KPMG FAS 代表取締役 パートナー
Chino Masahiko

高嶋健一 KPMG税理士法人 パートナー
Takashima Kenichi

岡田 光 KPMG FAS 執行役員 パートナー
Okada Hikaru

日本経済の成熟や少子高齢化を背景として、また、円高という要因もあり、海外に成長を求め積極的にM&Aを展開する日本企業が増えている。海外企業を対象としたクロスボーダーM&Aでは、各種制度の違い、商習慣や文化の相違から、国内企業のM&Aでは考慮する必要のない点まで検討しなければならない。本稿では、クロスボーダーM&A全般に関する実務上の留意事項を述べるとともに、最近増えている新興国M&Aにおける主な論点をまとめた。

特集
クロスボーダーM&A

1 はじめに

　日本企業の成長戦略にとってM&Aは欠かせない重要なツールとなっている。一方でM&A戦略の失敗は企業経営の失敗に直結しかねない。これには、M&Aを実行したが何らかの理由により失敗するケースだけではなく、ある重要なM&A対象企業または事業（以下、総称して「対象企業」という）について競合他社に先を越されて「買収することがかなわない」というケースも含まれる。M&Aの対象となるのは企業体ないし事業であり、それは単なる資産の買収ではなく、ヒト、モノ、カネ、ノウハウ、ネットワークなどが有機的に結合したものであり、この世に2つと同じものがないからである。ゆえにM&A戦略の成功とは、適時に適当なM&A対象物を適正価格で競合他社を制して買い、買収後に事前に計画した事業シナジーを発現し、買値を上回る効果を得ることである。

　ここで、適正な価格で買う、そして買収後にきちんと事業シナジーを出すためには何が重要か。適正な価格で買うためにはM&A対象企業のデューデリジェンス（以下、DD）をきちんと行い、リスクを適正に評価し、それをプライシングモデルに的確に織り込むこと、また、価格に織り込めないコンティンジェント（偶発的）なリスクについては契約条項等で適切に手当てすることである。そして、シナジーを出すためには対象企業と自社事業のシナジーを事前にできるだけ正確に定量化し、契約締結からクロージング、DAY1（M&A後の業務開始日）へと至るM&Aのプロセスのなかで、できるだけ早く、より具体的なシナジー創出のための統合計画を立てて実行に移していくことが肝要となる。

　これらはM&A戦略成功のために最低限必要な項目であるが、国内企業同士のM&A案件に比して、クロスボーダーの案件では追加して考慮すべきポイントが多い。以下では、特にクロスボーダーのM&A案件で考慮すべき実務上のポイントについて概説する。

2 クロスボーダーM&A全般における留意事項

M&Aディールの進め方

　事業環境の変化のスピードが速く、クロスボーダー化しているなかで、世界中の企業がM&Aを中心的な戦略ツールとして活用している。そうした状況下、世界のM&A市場は非常に競争的な状況になっており、先に述べた、競合他社に先を越されて「買収することがかなわない」というリスクも高まっている。特に特定の有望企業（事業）に多数の買収希望者が集まる傾向が見られる。そうした競争的な環境において欧米の企業を相手に戦い、M&A対象企業を手に入れるには、洗練されたM&Aディールの作法を身につける必要がある。特にM&Aの現場で、「日本企業は意思決定が遅くて時間がかかる」「意思決定できるCレベルの経営陣がM&Aの交渉の場に出てこない」といった話がしばしば聞かれる。「買収することがかなわず、競合他社にとられる」リスクを回避するためには、あらかじめ、十分な事前検討を行い、M&Aの意思決定に関する条件を経営陣や役員間でよく話し合い、スピーディーな対応をしていくことが、特にクロスボーダーM&Aの場では重要になる。クロスボーダーM&Aに慣れていない企業は、クロスボーダーM&Aの専門家を雇い、きちんと事前準備をし、社内体制を整えてから「参戦」する必要がある。

バリュエーション

　日本企業によるクロスボーダーM&Aの失敗例で、よ

く指摘されることの1つが「高値づかみ」や「払い過ぎ」など、評価や価格に関する問題である。個々の案件で事情は異なるであろうが、これらの事例には下記のような要素が見受けられる。

①株式市場高騰を反映した高い株価収益率（対象企業側の事情、または買い手側の事情）
②対象企業の業績が大幅に拡大することを前提とした事業計画
③対象企業買収の戦略的重要性の強調（買い手において）
④買い手候補企業間の競争（潜在的な競合買い手も含む）が存在

まず①についてであるが、株式市場が高騰している時期は、通常、株価収益率も上昇する。M&Aの検討にあたり対象企業を評価する際には、類似企業比準方式（対象企業と事業内容や規模が類似する上場企業の株価収益率を用いて対象企業を評価する手法）を用いて企業価値評価を行う場合が多いが、株式市場高騰の影響でこの株価収益率が全般的に高くなっているようであれば要注意である。高い株価収益率が、案件推進に積極的な社内メンバーやアドバイザーの理屈づけに使われる場合もあり、評価を見誤る可能性がある。

株式市場が高騰している時期は、一時的に買収の取り組みをストップし、市場がクールダウンするのを待つ、という企業もある。これは少し極端な対応としても、少なくとも過去にさかのぼって対象企業の属する業界の株価収益率の推移を把握することをお勧めしたい（図1）。

②については、徹底した将来事業計画の検証が不可欠である。通常、売り手側から提出される事業計画は、たとえ対象企業の経営陣が作成したものであっても売り手のバイアスがかかっている。売上高の成長性、コスト管理、研究開発費、設備投資など、事業計画の各主要項目を周密に精査した上で、買い手としての修正事業計画を作成し、それを用いてDCF方式（事業計画に基づく将来キャッシュフローの現在価値によって対象企業を評価する手法）で評価を行うことが必要であろう。

DCF方式は、類似企業比準方式と異なり株式市場高騰の影響に左右される部分が少ない評価手法であるた

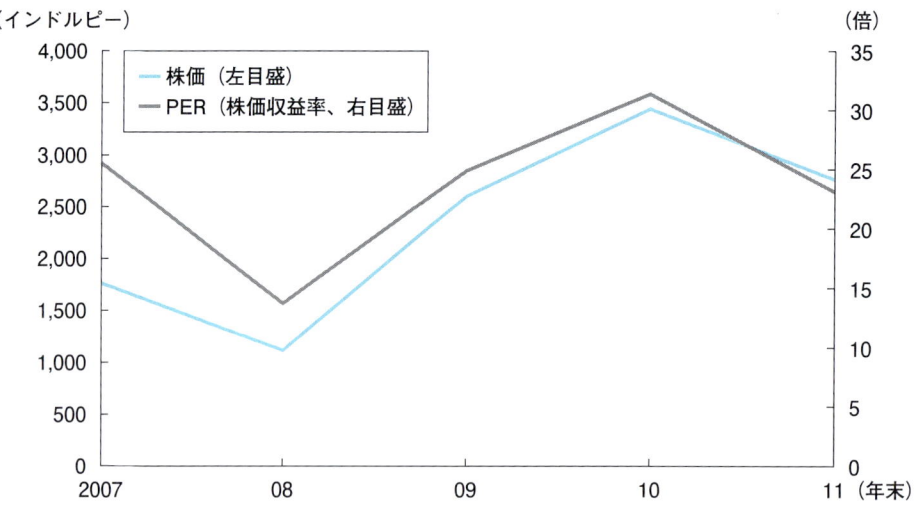

図1　株価指標と株価収益率の推移（インフォシスの株価・PER）

特集
クロスボーダーM&A

め、正しく実施されれば対象企業の本源的価値に関する判断材料を提供する。最近はDCF方式の評価を簡単に済ませてしまう会社もあるが、これを事業計画の精査と組み合わせて実施することによって、より高度な価値判断が可能になるわけである。

③と④は、買収価格にプレミアムを上乗せするかどうかの判断に重要な影響を及ぼす項目である。まず、戦略的に重要な買収においては、通常、相応のシナジー効果が期待される。そして、買収プロセスが競合的（すなわち入札形式）である場合、買い手は他の買い手候補に対抗するために、自らが獲得しようとしているシナジー効果を原資として買収価格に一定のプレミアムを上乗せしなければ対象企業を買収できない状況に置かれてしまう。よって、入札案件においてシナジー効果の評価は入札の勝敗に大きな影響を与える重要な手続きである。

ただし、入札形式の案件では、検討期間は非常に短く、シナジー分析を行うには十分ではないことが多い。また、情報開示の範囲も非常に限定的である。結果として、多くの場合、買い手はシナジー効果の十分な分析を行わず、過去の公開買い付け事例で付されたプレミアム水準を参考に、上乗せするプレミアム幅を決定しているのが現状である。

めぼしいターゲットがあれば、買い手はその企業が売却プロセスにかけられる以前から対象企業を注視し、対象企業と自社との間のシナジー効果について検討を巡らせておく必要があるであろう（日本企業のなかにはすでにそういったことに取り組んでいる会社もある）。

新興国におけるM&Aでは、より多くの難点が存在する。たとえば、類似企業比準方式で評価分析を行う場合、①株式市場が未成熟で類似企業の株価収益率に信頼を置くことができない、②対象企業の成長が急激すぎて現在の業績（利益）水準を基準に評価することができない、といった問題が起きうるのである。こうした論点を踏まえた上で、状況に適した対応を適宜工夫していく必要がある。

投資ストラクチャー

クロスボーダーM&Aの場合にも、対象企業の買収ストラクチャーを検討する必要性は国内M&Aと同様である。対象企業が複数の国の複数の企業にまたがり、かつ当該事業をすでに買収企業も営んでいる場合には、買収後にどのように統合していくかも考慮しながらストラクチャーを検討する必要がある。

買収後にどこに責任と権限を持たせて事業を運営していくかは投資ストラクチャーの初期段階で検討すべき事項である。本社の事業部がグローバルに責任と権限を持つ場合であれば、日本の本社が直接買収し、買収後も経営に直接的に関与するケースが多い。一方で、本社事業部よりも地域性を重視し、地域ごとに責任と権限を持たせることを重視するケースでは、地域統括会社が直接その地域の子会社を買収し、経営権を把握するというストラクチャーが自然であろう。

投資ストラクチャーの検討に際しては、買収後の事業運営の視点に加え、税務的な影響を考慮することが欠かせない。たとえば、資産買収であれば、営業権を資産として認識し、償却を通して費用計上することを会計上のみならず税務上も認めている国がある。このようなケースでは買い手企業にとって株式買収よりも資産買収のほうがメリットは大きい。一方、資産売却益に対する優遇措置がないのに対し、株式譲渡益に対する税負担の軽減を認めている国は多い。このような国では、売り手企業は資産譲渡よりも税務的に有利な株式譲渡を好む。

クロスボーダーM&Aの場合においては、資産買収か株式買収かという投資スキームの検討に加え、どこの国から投資（買収）を行うかも重要な検討事項となる。日本から直接買収するか、第三国を経由して買収するかで、買収後の配当金にかかる税金は異なる。

日本の税制では、2009年以降、保有期間が6カ月以上でかつ25％以上の保有の外国子会社株式からの配当は、

その95％が非課税（外国子会社配当益金不算入制度）となったため、クロスボーダーM&Aの場合、25％以上の株式持分の取得となるか否かが、税引後のキャッシュフローの計算上大きな分かれ目となる。25％未満の株式持分の取得に関しては、適宜（外国）配当非課税制度を持つ国（イギリス、オランダ等のヨーロッパ各国等）に設立した買収特別目的会社（Special Purpose Company、以下、SPC）、またはこれらの国に所在する子会社からの買収を検討することも必要となる。また、この制度の導入により、外国受取配当に係る配当源泉税は、外国税額控除の対象外となり、また損金不算入となったため、外国配当に係る配当源泉税の軽減も重要な課題となっている。そのため、対象企業所在国、買収SPC所在国、日本間の租税条約が、それぞれ配当源泉税を軽減していることも重要である（図2）。

大型M&Aの場合には、買収ファイナンスをどのようにするかも重要な検討事項となる。外部借入により買収資金を調達する場合、買収事業から生じるキャッシュにより買収資金の元本・利子を返済しようとするときは、買収SPCが親会社保証等により外部資金を借り入れ、対象企業株式を取得した後に当該SPCと被買収会社を合併させるなどの工夫が必要になる（デット・プッシュ・ダウン）（図3）。

クロスボーダーM&Aにおいては、日本の法人実効税率（約38％）が比較的高いため、対象企業に買収借入金の元本・利子を負担させるより、日本の親会社が買収借入金の元本・利子を負担することのほうが税効率で良い場合がある。また、買収資金を関連会社から借り入れる場合には、関係国の過少資本税制[1]により、借入金の利子の一部が損金算入されないこともあるため、注意が必要となる。

会計基準

近年、日本の会計基準は、国際財務報告基準（IFRS）やアメリカ会計基準といった主要な国際的会計基準との

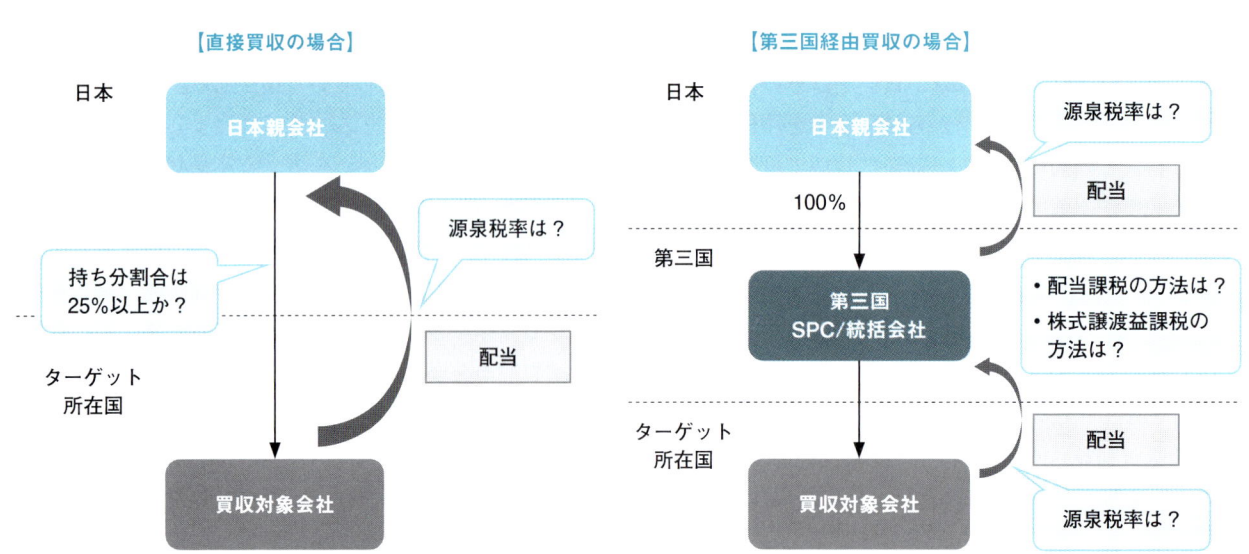

図2　直接買収と第三国経由買収との比較

図3　デット・プッシュ・ダウンのイメージ

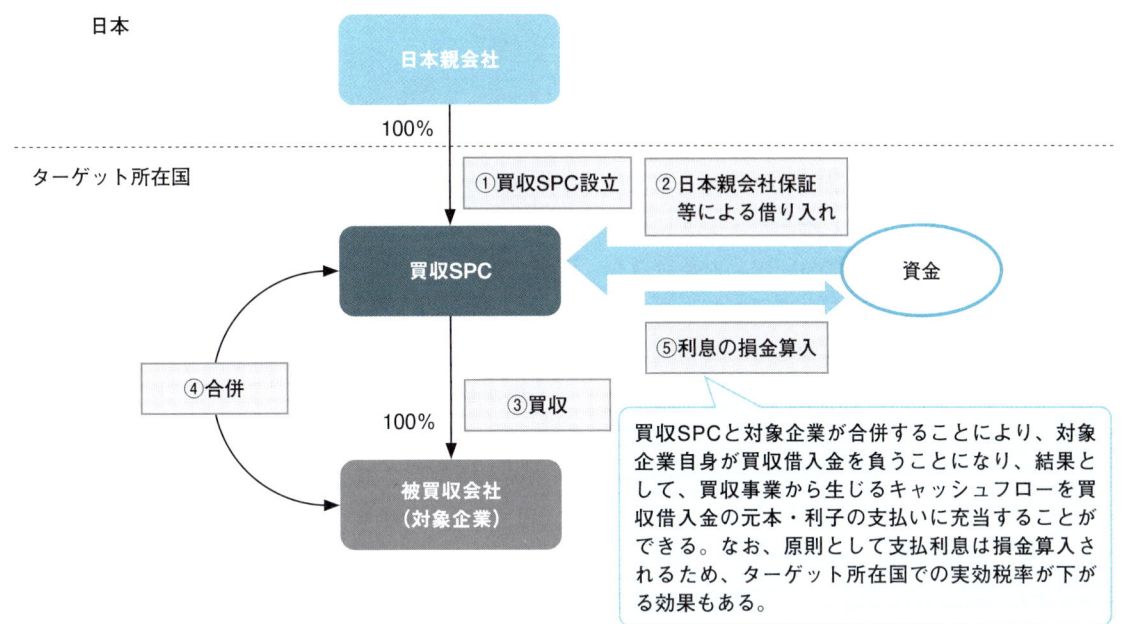

調和を図ってきたものの、差異が完全に解消するには至っていない。M&AのDDにおいては、対象企業の過去数値を把握した上でさまざまな分析がなされるが、クロスボーダーM&Aの場合には、特に過去数値がどのような前提で作成されたかを適切に把握しておく必要がある。

たとえば、IFRSやアメリカ会計基準に準拠して作成された財務諸表として開示されたものであったとしても、内容を検証してみると実はそれらに準拠していない、ということもありうる。また制度上、連結財務諸表の作成が求められているか否かも国によりさまざまであるし、それらが監査済みか否かも対象企業の規模等によりさまざまである。したがって、対象となる外国企業の財務諸表が日本の会計基準に準拠したものとどのように異なるか、異なる部分について金額的なインパクトはどのくらいか、等を確認することが必要である。

また、IFRSやアメリカ会計基準といった日本で認知されている会計基準であれば、それらと日本の会計基準との差異はある程度理解できるであろうが、新興国など、その他の会計基準に基づいて作成された財務諸表の場合には、財務数値がどのように作成されたものであるかを理解することが、買収前のDDのみならず、買収後（ポストディール）の財務・経営管理を想定した上でも重要である。ここで、特に新興国における財務数値の信頼性は一般的に先進国のそれに比して低いという現実を直視せざるをえない。したがって、財務数値やそれのベースとなっている会計基準の確認においては、ある程度の異常点が含まれている前提での批判的視点からの検討が必要となる。

さらに、ポストディールを見据えるという観点では、対象企業の決算体制も把握しておく必要がある。クロスボーダーM&Aを通じて海外の会社を子会社とした場合には、原則として買収を行った親会社の適用する会計基

[特集論文—Ⅳ]
クロスボーダーM&Aの実務上の留意事項

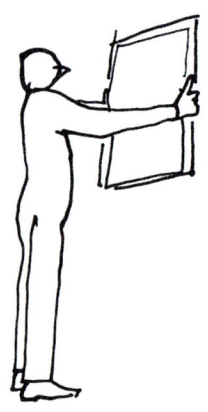

準（日本の会計基準等）への修正が必要となるため、国内のM&Aに比して子会社からのレポーティングに時間を要することが想定される。DDにおいて、対象企業の現状の決算体制や担当者の実務能力を可能な限り把握し、買収後の自社の決算報告体制に照らしてどのように対処すべきかを考えておく必要がある。

税務

国内M&AとクロスボーダーM&Aでは税務DDにおける基本的な留意点は異なることはないが、買収対象が存在する国の税制および税務に対する考え方により、追加的な留意点が発生することがある。

買収対象が上場会社またはその事業を引き継いだ受け皿会社であれば、一定の税務コンプライアンス体制が整っていると考えられるため、税務リスクは限定的であることが多い。ただし、その場合でも、合併、分割等の組織再編取引等の複雑な取引については、税務処理を誤っていることがあるので、十分な調査が必要である。さらに、ブラジル、ロシア、インド、中国といった新興国では、複雑な取引に対して課税当局の明確な見解が表明されていないことがあるため、よりいっそうの注意が必要となる。

オーナー企業の場合には、税務コンプライアンス体制の不備により、会社財産とオーナーの個人資産の混同が生じている場合がある。このような場合、対象企業と関係会社またはオーナーとの取引については、特に詳細な調査が必要となる。新興国のオーナー企業では、不透明で違法な税務処理を行っている場合もあり、このような場合、既存の不透明な処理を引き継がないような形態、たとえば、買収対象事業を新会社に引き継がせる、さらに買収後は不透明な取引を行わないことを買収の条件にすること等、特別な対応が必要となる。

DDにおける調査対象税目としては、まず、法人所得税が挙げられるが、国によっては地方税としても法人所得税を課す場合があるため、国税および地方税における法人所得税の調査は必須となる。消費税、付加価値税（VAT）、売上税、印紙税等の間接税・取引税についても、国（特に新興国）によっては金額的重要度が高いので調査対象税目として選定することがある。さらに特殊な支払いや海外への支払いがある場合、源泉徴収税の徴収漏れが発見されることもあるため、そのような支払い金額の多寡により、これらの税目も調査対象とする必要があろう。

DDの調査対象期間については、国によって徴収権の消滅時効が異なるため、一概には断定できないが、通常は直近3事業年度程度を調査対象とし、発見された非違項目に重要性がある場合には、徴収権が消滅していない事業年度までさかのぼることが多い。また、税務当局の調査が終了した事業年度については、その国の特性にもよるが、税務DDの重点調査対象事業年度としないことが多い。

DDにおける調査項目であるが、組織再編取引があればその影響額は大きいと考えられるので、重点的に調査する。関係会社間取引については、オーナー企業に限らず恣意性が介入しやすく、継続的な取引に問題が発見されれば多額の非違につながるため、注意が必要となる。非経常的な取引も金額的重要性がある場合には特別に調

査する。対象企業が多額の欠損金を抱えている場合、買収により欠損金の引き継ぎが制限されることもあるため、その影響も検討する。さらに、過去の税務調査における指摘事項については、それがその後の事業年度において適切に処理されているか否かも含め、重要な確認項目となる。また、クロスボーダーM&Aでは、海外取引が多い企業を買収対象とする場合が多いと考えられるので、移転価格が適正に設定されているかは特に重要性が高い項目となる。

最後に、クロスボーダーM&Aにおいては、日本特有の事項であるタックスヘイブン対策税制[2]からの検討が必要となる。税務プランニングに積極的な外国企業を買収する場合には、実体のない金融子会社、知財管理会社、卸販売会社を低税率国に設立していることが多いため、タックスヘイブン対策税制に抵触するか否か、抵触する場合には、買収後にそれらの機能を実態にあわせて移転する等の対応策を事前に検討することが必要となる。

現地マネジメントへのインセンティブとガバナンスおよび労働問題

日本企業がクロスボーダーM&Aで直面する問題のなかで重要なものの1つが、M&A後の経営をどうするか、また、ガバナンスをどうするかである。ただ実際問題として、他国の企業を経営することができるような人材に乏しい現状を考えると、多くのケースでM&A対象企業の既存の経営陣やキーパーソンをそのまま最大限に活用した経営にならざるをえない。その場合にそうした人たちにどのようなインセンティブを供与し、M&A後も引き続きモチベーションを保って働いてもらうようによく考えなければならない。また、それとあわせて、どのようにその人たちをモニターし、規律づけするかというガバナンスのやり方についても検討する必要がある。以下がその重要なポイントになる。

- まず会社単位、事業ユニット単位、個人単位のゴールを明確にする。その上で、それを達成するために与えるローカルの権限と、日本における本社の決定事項を明確にする[3]
- 上述のゴール設定については、あらかじめ計画したシナジー効果の発現にリンクさせる
- 上記ゴールの達成に対し、明確な評価基準を設定し、インセンティブ制度を構築する[4]
- 金銭的インセンティブの水準に関しては、対象地域の相場観を十分に勘案する。日本の相場観に左右されないようにする
- 最終的には事業展開を行う各国において同じ評価制度を導入し、人事システムや等級等を統一化する一方で、報酬水準については各国の相場を反映するグローバル人事システムを導入することを念頭に置き、そのためのマイルストーンとなるような評価・インセンティブ制度を導入する
- モニタリングのため、また他の目的のために日本から派遣する人材のスペック、立ち位置、役割についてよく考え、現地マネジメントと十分な事前協議を行う
- これらのポイントをDDの際に考慮しながら調査や検討を進める

買収後に事業を再構築する際に人員削減を伴う場合には、国によって制度が大きく異なるため、事前に関連する制度および慣習等を理解してプランニングすることが不可欠となる。たとえば、ヨーロッパのなかでも、人材の流動化が進み、制度および文化として比較的人員削減を行いやすいイギリスとは対照的に、イタリアやフランスなどでは人員削減の必要性に関して従業員（および労働組合）への説明が要求されることに加え、再雇用に向けたフォローアップ体制の整備、地方政府との交渉なども行いながら、十分に時間をかけて計画を策定していくことが求められる。また、中国のように、人員削減を行う場合には法的に求められている退職者に対して支払う

[特集論文—Ⅳ]
クロスボーダーM&Aの実務上の留意事項

補償金に加え、いわゆる退職時のボーナスに相当する報奨金もプラスすることが一般的な国も存在するため、DD期間中にコスト面についてのシミュレーションも行っておく必要がある。

M&Aを行う場合、労働問題に関して法的な瑕疵があると、関係当局から勧告や命令を受けたり、社会問題に発展したりすることがあるため、当初買収前に想定していた買収後の計画に大きな影響を与える可能性がある。特に、クロスボーダーM&Aの場合には、対象企業のある国固有の労働法・政治事情等を勘案する必要があるため、必要に応じて法務DDと連携して、国内M&Aのときより慎重に人事DDを進める必要があるといえよう。

また法的な問題に加え、対象企業の人材および組織について、経営層の能力・適性・マネジメント行動や、労働組合と経営層との関係、要員構成、経営戦略・経営環境と整合性のとれた人事制度を実施しているか、といったことをDDで調査していくことが重要となる。

外国公務員に対する贈賄

外国公務員に対する賄賂の支払いを禁止する法律としては、アメリカ連邦法のFCPA（The Foreign Corrupt Practices Act of 1977）がそのパイオニア的存在だが、ここ数年日本を含むOECD加盟国もFCPAと同様の海外汚職行為に関する法規制を制定している。これらの法令の多くは国籍を問わずに適用されるため、クロスボーダーM&Aを行う際には、DDにおいて贈収賄のリスクを判断する視点が必要となる。贈収賄のDDを行うにあたっては、次の3つのポイントが重要となる。

- ビジネスを展開する対象国
- ビジネスを展開する業界
- 贈収賄行為を防止するための内部統制

ビジネスを展開する対象国については、トランスペアレンシー・インターナショナル（Transparency International）という非政府組織が毎年公表している腐敗認識指数（Corruption Perceptions Index、以下、CPI）が参考になる。この指標は「公務員と政治家がどの程度腐敗しているか」を指数化して国別にランキングしたものである（表1）。M&A対象企業のCPIスコアが低い、すなわち、腐敗度の高い国でビジネスを行っている場合には特段の留意が必要となる。

ビジネスを展開する業界については、国家的なプロジェクトや公共事業とのかかわりが強い業界、たとえば防衛、航空、石油、建設業界などが一般的にリスクの高い業界といわれる。ただし、いわゆる新興国ではあらゆる業界において賄賂が横行している場合もあるため、これら以外の業界でも慎重な検討が必要となる。贈収賄等の汚職行為は直接公務員に実施されるだけではなく、販売代理店やコンサルタント等の仲介者（エージェント）を通じて行われることもあるため、留意が必要となる。特定の業者に対する使途不明な支払い、多額の支払い、オフショア口座への支払い、仮払金等について特に注意が必要である。

DDにおいては、M&A対象企業の内部統制を贈収賄の観点から調査することも重要である。そうしたインテグリティDDに関する確認ポイントは表2のとおりである。

過去に、対象企業が贈収賄に関連していたとしてM&A後に多額に課徴金の支払いに追い込まれたケースもある。特に新興国における企業を対象とするM&Aにおいては、こうした贈収賄行為がビジネスの重要なキーとなっているケースがある。贈収賄行為は、その程度次第ではM&Aをあきらめざるをえない「ディール・キラー（Deal Killer）」となることもあり、最も重要な論点の1つと認識しておく必要がある。

経営者、存続株主のバックグラウンド／レピュテーション・チェック

M&Aに際し、対象企業の市場における評判や経営者

特集
クロスボーダーM&A

表1 腐敗認識指数（CPI）国別ランキング（2012年）

順位	国	CPI	調査対象数	90%信頼係数
上位（1/3）の例					
1	ニュージーランド	90	7	87 - 94
6	スイス	86	6	81 - 90
13	ドイツ	79	8	75 - 83
14	香港	77	8	74 - 80
17	日本	74	9	70 - 78
17	イギリス	74	8	72 - 77
19	アメリカ	73	9	66 - 79
22	フランス	71	8	67 - 75
27	アラブ首長国連邦	68	7	61 - 75
30	スペイン	65	7	60 - 69
54	マレーシア	49	9	44 - 55
中位（1/3）の例					
64	ガーナ	45	9	39 - 51
66	サウジアラビア	44	5	34 - 55
69	ブラジル	43	8	38 - 49
69	南アフリカ	43	9	39 - 48
72	イタリア	42	7	38 - 46
80	中国	39	9	34 - 43
83	ジャマイカ	38	6	35 - 42
88	タイ	37	8	34 - 40
94	インド	36	10	33 - 40
105	メキシコ	34	9	31 - 37
下位（1/3）の例					
118	ドミニカ共和国	32	6	28 - 37
118	エジプト	32	7	27 - 37
118	インドネシア	32	9	27 - 37
123	ベトナム	31	8	27 - 35
133	イラン	28	6	20 - 35
133	ロシア	28	9	25 - 32
144	ウクライナ	26	8	24 - 29
157	アンゴラ	22	7	20 - 25
165	ベネズエラ	19	7	15 - 22
170	トルクメニスタン	17	3	12 - 22

（出所）Transparency International "Corruptions Perceptions Index 2012."

の経歴といったソフトな面を知ることも、買収に係るリスクを推し量るのに有用である。特に後述する新興国に対するM&Aでは、これらの情報収集が財務、法務、税務的なリスクを推し量る上での前提となる場合も多く、注意が必要である。

対象企業のガバナンス体制や過去の実績といった情報はインターネットの普及により比較的容易に入手できることが広く認知されているが、資産保有情報や裁判歴と

[特集論文―Ⅳ]
クロスボーダーM&Aの実務上の留意事項

表2　贈収賄リスクに関するインテグリティDDの確認ポイント

- ✓ トップマネジメントが贈収賄に対して許容しない姿勢が示されているか。
- ✓ 倫理規則・規定やFCPA等の順守規定が存在していること。また、それらがエージェントを含め、従業員全員に周知されて、日常的に機能していること。
- ✓ 当該企業において贈収賄に関するリスクエリアが特定されていること。
- ✓ FCPA等の贈収賄リスクに関する従業員研修が行われていること。
- ✓ 従業員やエージェントに対する宣誓書の提出への拒絶がないこと。
- ✓ リスクエリアの業務を担当する(担当を予定している)従業員に対してバックグラウンドチェックを実施していること。
- ✓ エージェントに対してバックグラウンドチェックを実施していること。また、その実施記録が残されていること。
- ✓ 外部業者との契約書に汚職防止に関する条項が含まれていること。
- ✓ 国外に駐在している従業員(管理職以上)に対して、異常なボーナスや手当の支払いがないこと。
- ✓ 内部通報ホットラインが有効に機能していること。
- ✓ 不正支出の防止のために実効性のあるモニタリングを実施していること。例として、以下のような観点でモニタリングが実施されているか。
  - エージェントや販売業者への過度な支払い
  - 研修費や交際費等の経費
  - 現金で支払われる経費
  - 会計記録の正確性(記載漏れ、証憑不足、証憑の偽造)

(出所) KPMG FAS フォレンジック部門編(2012) p.353。

いった情報、とりわけ個人情報が入手できることについてはあまり認識されていない。これは日本における個人情報の取り扱いの考え方が海外のそれとは違うのが原因であり、海外、特に欧米では日本では想定されないレベルの個人情報が公表情報として簡単に検索・入手できることが多い。

外部公表情報の収集・分析により業務遂行に必要な情報を提供することをコーポレート・インテリジェンスと呼ぶ。M&Aにおけるコーポレート・インテリジェンスのニーズには、たとえば以下のようなものがある。

- 対象企業がオーナー企業で、企業の実態把握のほかに経営者や株主の素性を把握する必要がある場合(たとえばロシアでは資本関係が複雑で、実質的なオーナーの特定が難しい場合がある)
- 対象企業の関連当事者の特定が必要な場合(たとえばインドではオーナー以外にも地縁、血縁に基づいて事業展開している会社もあり、買収後の企業運営に影響を与える場合がある)
- 対象企業の保有する資産や知的財産の実在性の確認が必要な場合
- 未知や未解決の訴訟、環境破壊、債務超過、汚職、市場における不評といったリスクの特定(特にロシアやインドネシアといった汚職リスクの高い地域では対象企業が過去に贈賄行為を行った可能性があるか検討を要する場合がある)

3　新興国における投資国別留意事項

近年増加している、BRICS諸国をはじめとするいわゆ

特集
クロスボーダーM&A

図4　日本における新興国へのM&Aの状況

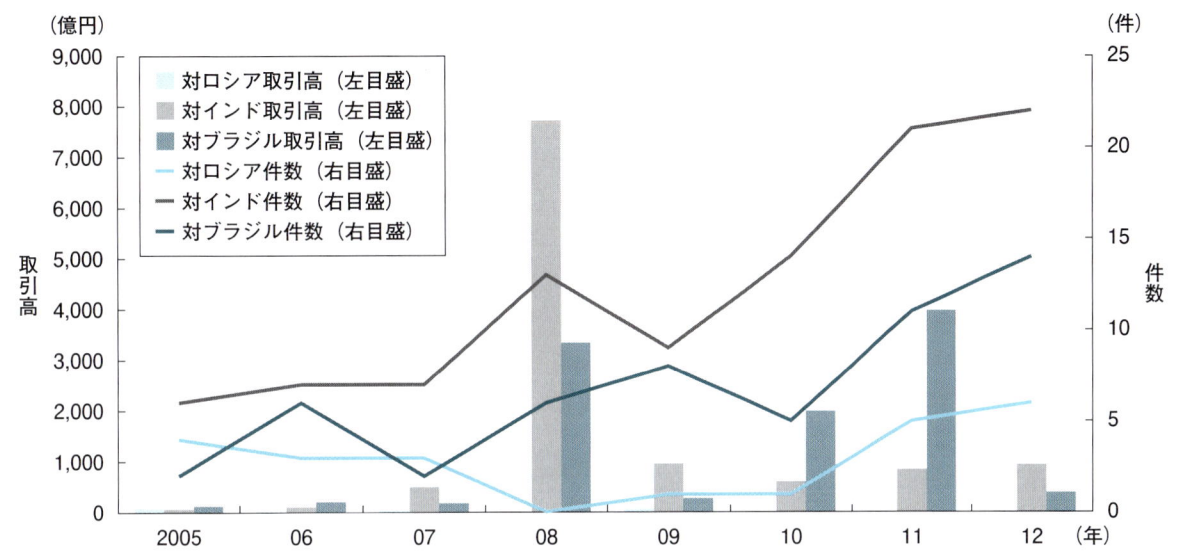

（注）IN-OUT案件のみ。グループ間取引を除く。
（出所）レフコM&Aデータベース。

図5　実質GDP成長率と各国における外国からの直接投資受入額

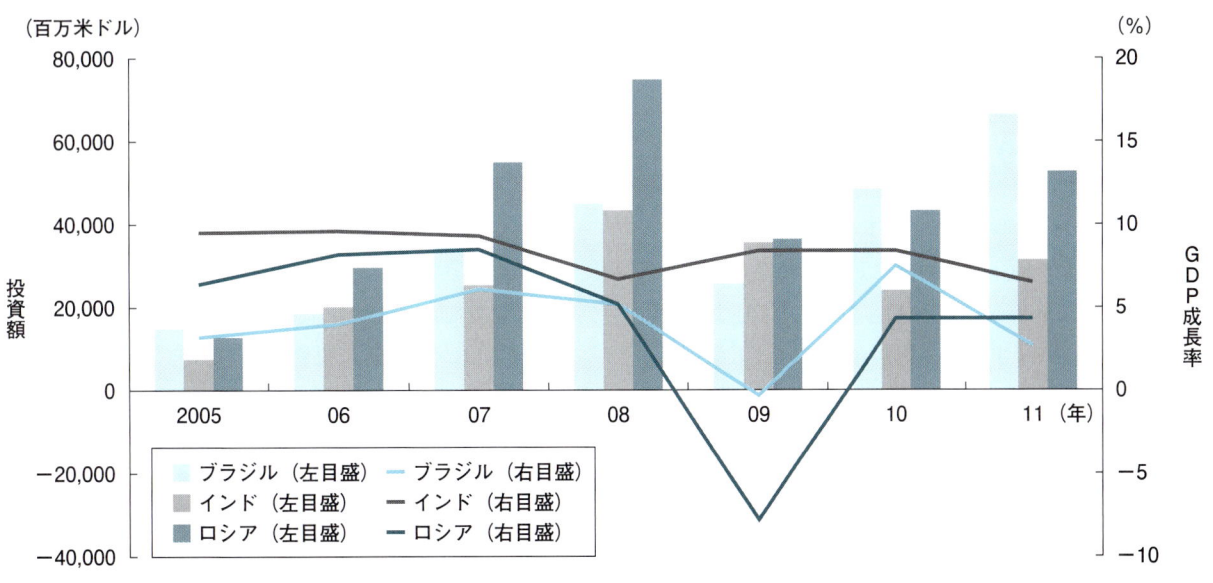

（出所）日本貿易振興機構（ジェトロ）ホームページ、UNCTAD "World Investment Report 2012"。

[特集論文—Ⅳ]
クロスボーダーM&Aの実務上の留意事項

る新興国の企業に係るM&Aにおいては、先進国の企業に係るM&Aにはない問題点がある。それらには、特定の国に特有の問題点もあれば、新興国全般に共通の問題点もある。以下は、代表的な新興国のM&Aにおいてわれわれが最近、実際に直面した問題点を例としてまとめたものである（図4、図5）。

ブラジル

ブラジルは、中国、インド、アメリカ、インドネシアに次ぐ、世界で5番目に人口の多い国である。2014年のサッカーワールドカップと2016年の夏季オリンピックの開催は、インフラへの大型投資を牽引することが予想され高成長の持続が注目されている。

税制の複雑さおよびその頻繁な変更、税務問題を解決するために必要な巨額の税務訴訟費用、複雑かつ労働者保護的な労働規制とそれらにまたがる問題が、ブラジルの対象企業の価値評価や買収交渉を困難にしている。

税制

ブラジルで事業を行う場合、連邦政府、州政府、市から、さまざまな税目の税金がその事業を行う法人に対して課されるという点に注意が必要である。したがって税務DDを行う場合、これらのさまざまな税金を対象企業が適正に処理していたかどうかの確認が必要となる。

ブラジルではわが国の法人税と類似するものとしてIRPJ（連邦法人税）とCSLL（利益に対する社会負担金）、消費税とそのシステムが類似するものとしてPISおよびCOFINS（売上高に対する社会負担金）、IPI（工業製品税）、ICMS（商品流通サービス税）、ISS（サービス税）など複数の税目が存在する。特に、為替取引、信用取引、有価証券取引、保険取引などの金融取引を行った場合に課税されるIOF（金融取引税）という税目については、2012年中に5回以上の改正が行われており、過去の税務処理が適正か否かというだけではなく、買収後も適正な処理を行うことができるように改正の動向および影響を継続的にモニタリングする必要がある税目となっている。

以上、ブラジルではさまざまな税金が課されることになるが、税目の多様性に加えて外国投資家がブラジル企業を買収する際、税務上、以下を留意する必要がある。

- 一般的に租税債務の時効は5年間であるため、税務DDの対象期間は通常5年間となる
- 罰金としては、自己申告による修正の場合には、該当する租税債務の20%相当の罰金、税務調査により指摘を受けた場合には、該当する租税債務の75%相当の罰金が科される
- 同族会社等の中小企業ではアグレッシブな節税行為、脱税行為がなされていることがあり、これらの場合に、最大で租税債務の150%の罰金が科されることもあり、税務リスクが許容できるレベルのものか十分なチェックが必要となると同時に、過去の収益性を検討する際は、一般に公正妥当に認められる会計基準に準拠した場合の影響を考慮する必要がある
- 被買収ブラジル法人がその租税債務（顕在化しているかどうか、記帳されているかどうかは問わずすべての租税債務がその対象となる）をその買収日までに支払っていない場合には、買収した外国人投資家に当該租税債務および延滞税の納税義務（第二次納税義務）が引き継がれ、また、脱税行為の刑罰も承継者である法人またはその役員等に引き継がれることになる。したがって、ブラジル企業の買収にあたっては、買収前に税務DDを行い、租税債務を洗い出し、あわせて、契約書上は表明保証条項において、未納の税金がないこと、租税債務が生じる場合にはそれを売り手等が負担し対応すること等を織り込む必要がある。このため、買収対価をエスクロー口座[5]に振り込み、DD対象期間の各年の租税債務の時効とともに、段階的に対価が売り手に引き渡さ

特集
クロスボーダーM&A

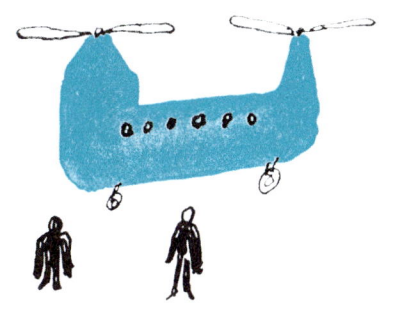

れるようなアレンジもなされることがある

雇用制度

　歴史的にブラジルでは従業員のベネフィットとなるさまざまな雇用制度が存在しており、企業は直接的ないし政府を通じて間接的に、当該ベネフィットに係る費用を負担している。たとえば、13カ月給与と呼ばれる制度により、雇用主は当暦年中の各月給与総額の12分の1に等しい賞与を12月に支払う義務があるほか、繰り越せなくなった有給休暇を通常の2倍の金額で買い取る義務が存在する。また、従業員の退職保障基金への拠出や給与の30％近い社会保険料等の支払いにより間接的に費用を負担しており、労働集約型産業が多く人件費率の高いブラジル企業にとって、労働債務は大きな負担となっている。

　このような複雑かつ労働者保護的な労働規制を持つブラジル企業をターゲットとしてM&Aを検討する際に、労働債務に関しては主に以下の3つの観点から簿外および偶発債務が存在する可能性を検討する必要がある。

　第1に、会計上、上記13カ月給与や有給休暇等の便宜に係る引当金が、過去実績に基づいて十分に計上されているか検討する必要がある。対象企業が小規模企業の場合には、依然として現金主義により会計処理を行っている可能性があるため、当該視点による簿外債務の検討が必要である。

　第2に、訴訟リスクの観点から、提訴されている案件のみならず、将来発生する可能性のある潜在的な訴訟リスクを偶発債務として考慮する必要がある。ブラジルの労働法上、従業員は退職後2年以内であれば最大5年間さかのぼって在籍時の処遇について提訴できるのに加え、敗訴しても訴訟費用を負担する必要がないため、多くの企業が顕在的および潜在的な労働訴訟を抱えている。

　第3に、雇用主が本来従業員との契約を雇用契約として結ぶべきところを、取引契約とすることにより社会保険料等の負担を逃れることがあり、この場合、過去に発生していたと考えられる社会保険料等を支払うリスクが生じる。

　以上のように、会計の観点からこれらの労働債務が適正に財務諸表に反映されているか、法務の観点から労働債務に係る訴訟リスクがあるか等をDDにおいて重点的に確認することになる。またDDの実施においては十分な情報開示が行われないリスクもあることから、買収契約上、表明保証を得るなど契約上の対応をあわせて検討することが重要である。

インド

　急増する中間所得者層、国民の過半が25歳以下という若い人口構成、幅広い製造業基盤と世界トップレベルのIT・医薬産業、民主主義制度による市場開放などの成長政策等、インドの潜在力に対する期待値は大きい。今後も圧倒的な人口を背景として巨大な消費市場として成長することが見込まれる。

その一方で、徐々に開放されてきているものの外資規制は依然残っており、買収価格も高めになる傾向がある上、買収後も労働問題に十分な注意が必要なインド企業の買収に関しては、より慎重な検討が必要となる。

外資規制

近年、インドにおける外資規制は緩和されつつあるが、外資規制がかかる分野は今も残っている。たとえば、単一ブランドの小売業への出資上限は条件つきで100％まで引き上げられており、一方、複数ブランドを販売する総合小売業（スーパーマーケット、百貨店など）への外資規制の緩和についても51％まで認められるようになったが、最終承認が投資を受け入れる各州政府の判断に委ねられることから、実際の導入はいまだ難航している。また、保険業、銀行業、通信事業なども、業種業態ごとに異なる規制（出資比率の上限など）がかけられている。また、対象企業の営む業種は外資規制にかからなくとも、当該対象企業の子会社が営む業種が外資規制にかかることもあるため、投資前に慎重に検討する必要がある。

買収価格

価格交渉は、売り手と買い手の双方の利害が最も対立する点であり、交渉の最終段階までもつれ込むことが頻繁に起こる。成長市場にあるインド企業の買収価格は、成熟国である日本企業の買収価格よりも、EBITDA倍率で比較するとその倍率は高い。たとえば、コクヨが2012年にインドのカムリンを買収したときのEBITDA倍率は27倍、日本企業による最大のインド企業買収案件である第一三共によるランバクシー・ラボラトリーズ買収時（2008年）のEBITDA倍率は30倍であった。[6] この倍率はインドでもかなり高いと考えられるが、EBITDA倍率で10倍以上の買収価格は決して珍しくはない。利益の伸び率が成熟国とはまったく異なるカーブを描くため、ある程度の高倍率は当然ともいえる。

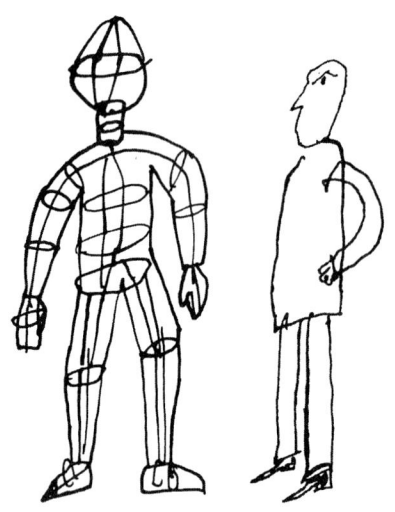

特集 クロスボーダーM&A

労働問題

インドでは労働組合の力が強く、ストライキ等の行動で事業活動を阻害することもしばしば起こる。買収前に対象企業が過去に労働争議を起こしているかを確認することは当然行うべき手続きである。インド進出日系企業の最古参ともいえるスズキですら大規模なストライキに直面した。2012年7月18日に発生したマルチ・スズキのマネサール工場の暴動で、スズキは同工場を7月21日から8月21日までロックアウトした。首謀者グループは逮捕され、暴動に関与した約500人を解雇した。これは、工場の正社員の2割超に上る。

インドで長い実績を誇るスズキですら、ストライキによる被害は避けられないことを見ると、労働争議に対するリスクをゼロと見込むことは難しい。むしろ、労働争議に関する一定のリスクをあらかじめ踏まえて事業を行うことが肝要といえる。労働組合が強いブルーカラーを雇用する会社と、労働組合を結成せず組合問題が生じないホワイトカラーを雇用する会社を分けるといった仕組みの構築を検討する必要もあろう。

株主構成

インド企業はオーナー経営者（プロモーター）とその一族が株主になっているケースが多いことが特徴である。また、地縁、血縁に基づいて事業展開している会社もあるため、少数株主であっても影響力があったり、株主でない血縁者が影響力を持っていたりするケースもある。このようなケースでは、事前にわからなかった権力者が買収後に発覚し、事業運営に一定の影響を及ぼす可能性もあり、DDを通じて買収前に十分な確認をする必要がある。

さらに、インド企業は一般的に内部統制が脆弱といえる。特に、規模の小さい会社ではその傾向が強く、税務対策のために二重帳簿をつけているケースや、関連会社取引を利用した節税行為、脱税行為が散見され、買収リスクの判断が重要となる。

企業買収時における契約書上は表明保証条項において、未納の税金がないこと、租税債務が生じる場合にはそれを売り手等が負担し解決すること等を織り込む必要がある。ただし、補償や損害賠償についての取り扱いが契約に明記されていても、実際にはプロモーターとのやり取りを含め解決までに相当な時間と労力が必要となることも多い。

ロシア

ロシアはソビエト連邦解体後もなお面積で世界一の国土を保有し、世界9位となる約1億4200万人の人口を有している。また、ロシアはヨーロッパ経済との結びつきが非常に強く、多くの欧米企業が進出している。一方で、ロシア国内の法制、税制および会計等の制度面ではロシア固有の問題があり、ロシア企業を対象としたM&Aでは実務面での留意事項が多く存在する。

資本関係の複雑性および不透明性

ロシアにおいては、機能別、事業別および地域別に複数の法人が設立されるなど、事業規模に比して法人数が多い傾向が見られる。また、頻繁な資本関係の変更が見られるほか、名目株主の存在、租税回避地の活用といった点から実質的なオーナーの特定が難しいといった複雑・不透明な点がある。

有限責任の原則を前提とした上で、特定の法人に発生したリスクの遮断・最小化を目的とした法人の設立が見られる。当該リスクには事業に起因する財務リスクのほかに、税務リスクが含まれる。たとえば、課税所得を分散化することにより税務担当官から目立たない存在とし、一度の税務調査でグループ全体に追徴課税がなされるのを回避することが含まれる（税務担当官の裁量の範囲が広く、税務規定に複数の解釈がありうることからの防衛策である）。また、小規模法人用の税制を受ける目的もある。

[特集論文─Ⅳ]
クロスボーダーM&Aの実務上の留意事項

　詳細は後述するが、複数の法人間の取引を活用して、利益の移転を中心とした租税回避を図ることがある。また、租税回避地に法人を設立して、所得の国外移転および源泉税の最小化を図ることもある。

　主として名義株主を活用して、実態とは異なる資本関係を構築することが見られる。政府高官が個人保有する法人につきその実態を隠す目的でなされることもあるが、租税回避行為を実行するにあたり資本関係のない法人との取引という形態を装う目的でなされることがある。また、複数の競合する取引先とのビジネス（代理店ビジネス等）を同時に実行する目的である場合もある。

　上記のような目的のために複雑・不透明な資本関係が構成されることがあるので、実質的なリスクを把握するために、対象企業の資本関係については形式面だけでなく実態面の把握が非常に重要となっている。

コンプライアンスリスク（租税回避目的の取引、汚職・不正等）

　ロシアにおけるコンプライアンスに対する意識は一般的な日本企業と異なるところがあり、法制度の解釈の幅および抜け道を利用したアグレッシブな租税回避行為が存在する。また、一定の範囲での有利な取り扱いを受けることを目的とした贈賄行為も存在しないとはいえない。

　典型的な租税回避取引としては、①SPCを利用して行われる架空仕入取引、②関連当事者間取引を活用した課税所得の同じグループ内のオフショア法人への所得移転が挙げられる。

　名目上の第三者から実態の伴わない仕入取引を実施し、当該取引額につき損金算入を行うとともに、仕入付加価値税（インプットVAT）を認識し、付加価値税（VAT）の還付請求または売上付加価値税（アウトプットVAT）との相殺を図ることがある。加えて、当該取引により第三者に還流した資金を原資としたさらなる租税回避行為または脱税行為（当該第三者から従業員に対する給与の現金支給を行い、社会保障拠出金の不納付および個人所得税の申告を行わない等）といったことが行われる。このような行為については税務当局からの監視が強化される方向にある。

　関連当事者間の取引価格をコントロールして、グループ内の企業の課税所得の水準を意図的に調整すること、また、オフショア法人を介在させて所得を国外に移転し、法人税等の軽減を図ることがある。移転価格のコントロールによる租税回避行為については規制する法律が整備されつつあるが、名義株主を活用した実態の隠蔽（たとえば、議決権行使についての別途の合意が存在する個人株主を活用して、第三者との取引形態を装うこと）などがなされる。

　税務の規定について解釈に幅があることなどを根拠に、有利な取り扱いを受ける目的での税務担当官に対する贈賄行為が現時点においても存在しないとはいえない。また、通関および関税についての便宜を受ける目的での贈賄行為も同様である。近年はこれらの贈賄行為は減少傾向だが、現時点でも存在しないとはいえない。

　日本企業にとって、投資前のリスク把握はもちろんのこと、投資後のコンプライアンス体制の構築・改善およびそのコストの把握のための現状調査が重要となる。特に、過去にアグレッシブな租税回避行為を行っている場合は、これを解消することにより税負担が上昇することがあり、事業計画および企業価値評価に大きな影響を及ぼす可能性がある点に留意が必要である。

財務情報の信頼性の欠如と脆弱な内部統制

　ロシア会計基準に基づき作成される財務情報は、国際的な会計基準および会計慣行に基づき作成される財務情報と異なる可能性がある（例：減損会計の適用等）。加えて、ロシアでは実態よりも形式が重視される傾向があり、財務諸表が形式主義に基づき作成される会計実務が存在する。たとえば、実態は完了している取引であったとしても、当該取引の存在を裏付ける書類が整備されるまで会計処理がなされないことがある。そのため、実態

特 集
クロスボーダーM&A

を反映した財務状況を把握するためには多くの追加費用計上等がなされる必要が生じる場合がある。加えて、原則としてすべての法人につき（一部の小規模法人を除く）会計監査がなされるが、一部の上場企業を除いて監査の質が十分に高いとはいえない状況が見られる。

これらのことから、管理会計情報には記録されるが、制度財務諸表には反映されない取引が存在する場合がある。そのため、一般的には、業績を把握するために管理会計情報が用いられることから、管理会計情報作成前提の正しい理解および制度財務諸表との間の乖離要因について理解をすることが重要となる。また、連結会計が必ずしも十分に浸透しておらず、管理会計情報において簡易の連結決算がなされているのみの場合がある。対象企業は複数の法人を保有していることが多いので、開示される連結財務情報についてはその作成前提の調査・確認が重要である。

なお、一部の上場企業または外国資本の企業を除き、予算および事業計画は作成されていることがあっても詳細な数字の積み上げおよび具体的な施策効果の定量化がなされていないことが多い。短期の資金繰り計画程度しか存在しない傾向があることから、対象企業マネジメントリソースへの依拠程度が高い場合は、事業計画については時間をかけた対象企業との協議が必要となる。

欧米のいわゆる先進国で標準的な内部統制制度が導入されている企業は限定的である。その上で、いわゆる官僚主義、形式主義の側面があることから、部署間の牽制が十分に機能していない場合があり、重要な事象が財務情報に反映されていないことがある。そのため、実態の把握のためのDDが重要となるとともに、投資後の内部統制制度改善のためのプランおよびコストを把握しておく必要がある。

上記のことから、ロシア企業への投資を検討する際には、開示される財務情報に基づく分析のみならず、開示された財務情報の信頼性の確認作業をDDを通じて実施することの重要性が高い点に留意が必要である。

4 おわりに

ここで概説したように、クロスボーダーM&Aにおいては通常のM&Aにおける留意事項以外にさまざまな事項に注意を払わなければならない。対象企業が所在する国によってはその作業は膨大かつ複雑になる。よって企業は適宜、これらの作業や問題に精通した専門家を使いながら、効率的かつ効果的にそのプロセスを進めることが求められる。H

知野雅彦（ちの・まさひこ）
1963年生まれ。KPMGトランザクション&リストラクチャリング部門日本代表として、M&Aおよび事業再生に関するサービスを統括。早稲田大学卒業。公認会計士・税理士。慶應義塾大学大学院特別招聘教授。主な著作：『M&Aによる成長を実現する戦略的デューデリジェンスの実務』（共著、中央経済社）、『企業再生実務ハンドブック』（日本経済新聞社）、『予算管理の進め方』（共著、日本経済新聞出版社）、『不正・不祥事のリスクマネジメント』（監訳、日本経済新聞出版社）、その他雑誌等への寄稿多数。

高嶋健一（たかしま・けんいち）
1956年生まれ。KPMG税務部門においてクロスボーダーM&A、国際税務戦略のアドバイス等を担当。東京外国語大学（ドイツ語）卒業。クイーンズランド大学MBA。オーストラリア公認会計士。OECD諮問会議（本部パリ）日本代表委員（国際租税）。その他政府、経団連等の委員を歴任。租税に関して、法人税調査（東京国税局）、イギリス系慣習法の研究（大学院）、ヨーロッパ大陸法に基づく実務（オランダ法律事務所）等の経験があり、ほぼ全世界の法体系をカバーする。主な著作：『CFOの実務』（共著、東洋経済新報社）、『日系多国籍企業が直面するP／E課税への対応』（日本機械輸出組合）、その他雑誌等への寄稿多数。

岡田光（おかだ・ひかる）
1967年生まれ。KPMGコーポレートファイナンス部門の日本代表として、M&Aアドバイザリー業務、企業価値評価業務、インフラストラクチャーおよびエネルギー・資源関連業務を統括。アメリカ・アンドリュース大学卒業。アメリカ・マサチューセッツ州公認会計士。慶應義塾大学大学院特別招聘准教授。主な著作：『図解でわかる　企業価値評価のすべて』（共著、日本実業出版社）、その他雑誌等への寄稿多数。

[特集論文―Ⅳ]
クロスボーダーM&Aの実務上の留意事項

注

1 現地国企業がその国外支配株主等から資金提供を受ける場合には、資本金としての資金提供を受けることの代わりに、その国外支配株主等から過大な借り入れを行う。これにより、損金算入ができない支払配当額を減少させ、代わりに損金算入が可能な支払利子を増加させ、現地国企業の課税ベースを意図的に減少させようとする対応がタックスプランニングの一環として一般的に生じる。こういった租税回避行為を防止・制限するため、過少資本税制（過大借り入れに対応する支払利子の損金不算入制度）という制度を導入している国が多い。借り入れが過大か（資本が過少か）の判断基準は、国によって異なり、一般的に負債資本比率（デットエクイティレシオ）を用いて判断される。
2 外国子会社については、その法人の租税負担割合が20％以下となる場合、原則として日本の親会社にその所得が合算課税されるが、その法人がその国に所在することにつき、一定の合理性があるものとされる各種要件を満たす場合には、その適用を除外される。
3 M&A後に完全な「ハンズオフ（hands off）」状態で放っておかれて現地が混乱するケースや、逆にルールを超えて細かい介入を本社人員が行い、モチベーションが下がるケースが散見されるので、留意が必要である。
4 インセンティブは必ずしも金銭的なインセンティブのみを意味するわけではなく、トータルインセンティブの概念が重要である。金銭的なインセンティブについては短期と中長期の組み合わせを考慮する。
5 エスクローとは、取引の安全性を保証するため、取引の際に当事者が、取引代金等を直接相手方当事者に交付せず、いったん第三者に預託し、一定の条件を満たした場合に初めて当該第三者が相手方当事者に対し預託された代金等の交付を行う仕組みである。
6 『日経ヴェリタス』（2012）。

参考文献

あずさ監査法人企業成長支援本部編
　2012.『中堅・中小企業のアジア進出ガイドブック』中央経済社.
あずさ監査法人／KPMG編
　2008.『インドの投資・会計・税務ガイドブック　第2版』中央経済社.
Girgenti, Richard H., and Timothy P. Hedley.
　2011. *Managing the Risk of Fraud and Misconduct.* McGraw Hill（リチャード・H・ジジェンティ／ティモシー・P・ヘッドリー『不正・不祥事のリスクマネジメント』知野雅彦監訳, KPMG FASフォレンジック部門訳, 日本経済新聞出版社, 2012年）.
IBFD, KPMG International.
　2012a. "Global Corporate Tax Handbook 2012."
　2012b. "Global Individual Tax Handbook 2012."
KPMG FAS編
　2006.『M&Aによる成長を実現する戦略的デューデリジェンスの実務』中央経済社.
　2012.「クロスボーダーM&Aにおけるマネジメントのリテンション」FAS Group Newsletter Vol.35（Aug.）.
KPMG FAS フォレンジック部門編
　2012.『企業不正の調査実務』中央経済社.
KPMG International.
　2012. "Taxation Cross-Border Mergers and Acquisitions."
マーサージャパン編
　2010.『M&Aを成功に導く人事デューデリジェンスの実務　第2版』中央経済社.
『日本経済新聞』
　2012.「新興国開拓，労働問題の壁，スズキ，インド工場で暴動，海外の収益源に打撃」7月20日, 3面.
『日経産業新聞』
　2012.「スズキ，インド100年の計——暴動の工場きょう再開（News Edge）」8月21日, 20面.
『日経ヴェリタス』
　2012.「大型M&A　適正価格を見抜け」10月28日, 54面.
スズキ
　2012a.「ニュースリリース」7月19日.
　2012b.「ニュースリリース」8月16日.

東洋経済新報社の経営書のご案内

End of "Made in Japan"?
メイド・イン・ジャパンは終わるのか

「奇跡」と「終焉」の先にあるもの

一橋大学イノベーション研究センター准教授 **青島矢一**
京都大学大学院経済学研究科教授 **武石 彰**
マサチューセッツ工科大学スローン経営大学院教授 **マイケル・A・クスマノ**
［編著］

◎定価 3360円（税込）
◎A5判 376ページ
◎ISBN978-4-492-76189-2

一橋大学イノベーション研究センターとマサチューセッツ工科大学スローン経営大学院の共同研究プロジェクト「End of Japan?（日本の終焉？）」の成果を書籍化

自動車とエレクトロニクスの二大産業に焦点を絞って国際競争力を検証し、日本の進むべき選択肢を示す

好評4刷

主要目次

第Ⅰ部　日本の競争力を再考する

第1章　「奇跡」と「終焉」の先に何があるのか
　　　──欧米の論調にみる日本の競争力評価
　　　（D・エレノア・ウェストニー／マイケル・A・クスマノ）

第Ⅱ部　日本を牽引する産業に何が起きたのか

第2章　日本の二大主力産業のこれまで
　　　──エレクトロニクス、自動車の位置づけと成果
　　　（武石彰／青島矢一／軽部大／元橋一之／伊地知寛博）

第3章　性能幻想がもたらす技術進歩の光と影
　　　──デジタルカメラ産業（青島矢一）

第4章　グローバル・プラットフォームへの転換と日本メーカーの蹉跌
　　　──携帯電話産業（ジェフリー・L・ファンク）

第5章　増大する複雑性と苦闘するサイエンス型産業
　　　──半導体産業（中馬宏之）

第6章　進化する「摺り合わせ能力」と戦略提携が導いた復活
　　　──自動車産業（武石彰／藤本隆宏）

第7章　ハード主導の産業創出と新たな事業モデルの誕生
　　　──家庭用ゲーム産業「終わりからの始まり」（米倉誠一郎／生稲史彦）

第Ⅲ部　底流する構造変化にいかに対応するか

第8章　技術進歩が生み出した新たな産業システムの脅威
　　　──「製品プル型」か「デバイスプッシュ型」か（青島矢一／武石彰）

第9章　日本企業に与えられた選択肢（青島矢一／武石彰）

補　章　「ジャパン・プロブレム」の本質（マイケル・A・クスマノ）

東洋経済新報社 http://www.toyokeizai.net/

Cross-Border M&A

[特集論文—V]

クロスボーダーM&Aの法制と実務上の諸論点

Cross-Border M&A-Laws, Regulations and Practical Considerations

棚橋 元 森・濱田松本法律事務所 弁護士・ニューヨーク州弁護士
Tanahashi Hajime

紀平貴之 森・濱田松本法律事務所 弁護士・ニューヨーク州弁護士
Kihira Takayuki

梅津英明 森・濱田松本法律事務所 弁護士・ニューヨーク州弁護士
Umetsu Hideaki

　クロスボーダーM&Aで成功するには、対象会社が所在する国の法令、規則およびその実務を熟知することが重要となる。適用される規律は、M&A対象会社が上場会社と非上場会社とでは異なり、また、M&Aの取引形態によっても異なる。日本企業による非上場会社の買収では、近年、プライベート・エクイティ・ファンドからの株式取得案件が増えており、その実務にも、米英間で異なる潮流が見られる。また、上場会社の買収に関しても、米英間で適用される規律や実務に差異があり、さらに今後も増加が見込まれる新興国におけるM&Aでは、M&Aを規律する法制度自体が未成熟であり、そのため当局の裁量が大きい場合や、先進諸国と比べて厳格な外資規制が存在する場合など、先進諸国におけるM&Aとは異なる留意点が多く存在する。クロスボーダーのM&Aにあたっては、買収対象のローカルな法律や実務にあわせた買収方法を考えると同時に、買収者として主張・堅持すべき点を明確に意識し、両者のバランスを取ることが重要となる。

特集
クロスボーダーM&A

1 はじめに

　M&Aは法律のるつぼである。一口にM&A法制といっても、たとえばわが国では会社法、金融商品取引法を中心に多数の法令がかかわり、上場会社であれば証券取引所の規則も重要となる。これがクロスボーダーM&Aとなると、対象となる国ごとに、関連する法令、規則等を見ていく必要がある。一般にM&A法制が複雑であるのは、対象となる会社または取引形態によって適用される規律が異なるからである。買収対象が上場会社であるのか、それとも非上場会社であるのか、対象会社の全部の取得・買い付けとなるのか、それとも部分の取得・買い付けなのか、取引の形式が株式譲渡か合併かそれとも事業譲渡なのか等により、いずれの国においても適用される規律は異なり、実際の案件に臨んではその差異を熟知する必要がある。

　ここ1～2年、日本企業による海外企業の買収の案件数の伸びには顕著なものがある。その規模もきわめて大きなものから、中小に至るまでさまざまである。また、買収対象となる会社の所在国もアメリカ、ヨーロッパといった先進国にとどまるものではなく、東南アジアから南米といった新興国も含めて広範にわたる。こうした日本企業が行うすべてのクロスボーダーの案件に関連する各国の法制度・実務を網羅的に論じることはもとより不可能である。

　そこで、本稿ではまず、対象会社が上場会社であるか非上場会社であるかにより、相当程度異なる規律が適用され、また実務が異なることに着目し、非上場会社の買収と上場会社の買収法制について順に論じることとする。非上場会社の買収の場合、対象会社の所在国を問わず、株式譲渡契約を締結して買収を行うことが多くなるが、最近日本企業がかかわる非上場会社の買収の大型案件にはプライベート・エクイティ・ファンド（以下、PEファンド）からの株式取得案件が増えていることに鑑み、海外PEファンドからの株式取得案件に焦点を絞って論ずることとする。他方、上場会社の買収法制については、国ごとに異なる規律・実務が存することになるが、日本企業が買収対象とする上場会社が所在することが多いと思われる、アメリカ、イギリスに絞って、日本の上場会社の買収法制と比較をして論ずる。

　次に、日本企業によるクロスボーダーのM&A案件について、新興国における買収案件は今後も増加していくことが見込まれるところであるが、新興国におけるM&Aでは、米英等での買収案件とは異なった留意点がある。そこで、本稿では、その概要を東南アジアとブラジルを例として取り上げることにする。

2 非上場会社の買収

海外PEファンドからの株式取得案件

　わが国企業がかかわるクロスボーダーのM&A案件、特に欧米の案件で最近多く見られるのが、非上場会社の株式全部を譲り受ける株式譲渡の案件である。とりわけ、2008年9月のいわゆるリーマンショック以前に数多くの投資をしたPEファンドがエグジットを探る時期を迎えていることもあり、日本企業が海外のPEファンドから非上場会社の株式を取得する案件が多くなっている。[1]

　一般に、非上場会社の株式譲渡案件には、公開買い付け規制など各国ごとに独自の法規制が存する上場会社買収法制の適用がないことから、売り主となる対象会社の既存株主と、買い主となる買収者との間で、比較的自由に契約条項を定めることができるという特徴がある。他方で、国ごとの法規制の適用を全面的に受けるものではないからこそ、M&Aの先進国である米英のM&A実務に

おいて確立されてきた、表明保証（Representations and Warranties）などの条項を含む国際的な標準といえる株式譲渡契約書（Stock Purchase Agreement、以下、SPA）が、地域を問わず定着してきている面もある。

売り主である既存株主と買い主である買収者との間で締結されるSPAの全体の構成は、案件ごとに若干の相違点はあるものの、米英で定着したM&A実務をもとに、おおむね表1に記したようなものとなることが多い。特徴的な条項としては、「表明保証」（その詳細は後述する）、「誓約」（SPA締結後、クロージングの前後にわたる契約当事者の義務を規定する）、「クロージングの前提条件」（一定の事由［前提条件］が充足されていない場合には、当該M&A案件において契約当事者が取引を実行［クロージング］する義務が生じないことを規定する）、「補償」（一方の契約当事者に表明保証違反、SPA上の義務違反などがあった場合における相手方当事者の損害等を補償することを規定する）などが挙げられる。

以下では、SPAの基本的な内容の解説は割愛し、紙幅の制約による限界はあるものの、海外のPEファンドを売り主とする米英のM&A実務において見受けられる近時の潮流を中心に、いくつかの興味深い論点を紹介する。[2]

譲渡価額の調整メカニズム

クロージング後における価額調整条項（Completion Accounts）

M&A取引における対象会社の株式の譲渡価額の決め方はさまざまであるが、一般的な手法としては、周知のとおり、DCF法などの価値評価手法を用いて対象会社の事業価値（エンタープライズ・バリュー）を算定した上で、純有利子負債を控除して算出されることが多い（このように算定される価値は、対象会社がスタンドアローンで事業を営んでいることを前提とするスタンドアローン価値であるため、買収者が買収により何らかのシナジー効果を見いだしている場合には、当該シナジー効果を合算することもある）。

表1　SPAの一般的な構成（例）

第1章　総則（Definitions and Interpretation）
　第1.1　定義（Definitions）
　第1.2　解釈（Interpretation）
第2章　株式譲渡（Sale and Purchase）
　第2.1　株式譲渡の合意（Sale and Purchase of Shares）
　第2.2　譲渡価額（Purchase Price）
　第2.3　価額調整（Purchase Price Adjustment）
第3章　取引の実行（クロージング）（Closing）
第4章　クロージングの前提条件（Conditions Precedent）
　第4.1　売り主の義務に係る前提条件（Conditions Precedent to Seller's Obligation to Close）
　第4.2　買い主の義務に係る前提条件（Conditions Precedent to Buyer's Obligation to Close）
第5章　表明保証（Representations and Warranties）
　第5.1　売り主の表明保証（Seller's Representations and Warranties）
　第5.2　買い主の表明保証（Buyer's Representations and Warranties）
第6章　誓約（Covenants）
第7章　補償（Indemnification）
第8章　解除（Termination）
第9章　一般条項（General Provisions）

そして、このように決められる譲渡価額に関しては、クロージング後における価額調整条項（アメリカにおいては、Completion Accountsと呼ばれる）が定められることが多い（表2）。これは、SPAの締結時に交渉の前提とされた各種財務数値の基準時点（たとえば、SPA締結前の直近事業年度末）とクロージング日まで相当程度の期間がある場合に、その期間中の価値変動を加味して譲渡価額を調整するものである。具体的には、対象会社の運転資本残高に着目した手法が用いられることが多いが、純資産高や純有利子負債残高に基づいた調整が行われることもある。[3] このようなクロージング後における価額調整条項は、アメリカ、あるいは主としてアメリカの実務をもとに発展してきたわが国の実務において一般的なものといえる。

ロックド・ボックス（Locked Box）

これに対し、近年、イギリスの実務においては、PEファンドが売り手となるオークション案件を中心に、いわゆるロックド・ボックス・メカニズムと呼ばれる手法を用いるM&A案件が増えている。

ロックド・ボックス・メカニズムとは、譲渡対象となる会社の株式が、SPA締結日以前のある特定の基準日（Locked Box Date）をもって買い主に移転したと考えて、譲渡価額を、当該基準日における対象会社の財務数値によって確定させてしまう手法をいう。その上で、売り主は、SPA上、当該基準日以降クロージング日までの間、対象会社の企業価値を毀損するような流出（Leakageと呼ばれる。具体的には、配当等の会社財産の払い戻し、経営陣その他会社関係者に対する金銭の支払いなどが含まれる）がないことを確約し、かかる確約に反して流出があった場合には、流出額を買収者に補償することとなる（ただし、「流出」の概念についてはSPA上の定め方が若干異なりうるほか、買収者による補償の請求には一定の時間的期限が設けられる。なお、売り主が免責される下限額は定められないのが一般的であるが、補償の上限額

表2　価額調整条項に従った手続きの概要（例）

> 1　買い主は、クロージング日から〇日以内に、対象会社のクロージング時貸借対照表を作成の上、売り主に提示する。
> 2　売り主は、買い主が提示したクロージング時貸借対照表を承認しない場合には、買い主からクロージング時貸借対照表を受領後〇日以内に、不同意である事項を買い主に書面で通知する。
> 3　売り主および買い主は、両者の相違点を解消するため誠実に交渉するが、売り主による不同意の通知後〇日以内に合意できなかった場合には、売り主および買い主のいずれも、〇〇会計事務所に対し、売り主が不同意であった事項に限り、その確定を求めることができる。〇〇会計事務所は、売り主および買い主のそれぞれに対しその考えを説明する合理的な機会を与える。
> 4　〇〇会計事務所による当該事項に関する判断は、計算間違い等の明確な誤りがない限り、最終的なものとして売り主および買い主を拘束する。

については個別案件における交渉次第とされる）。

このようなロックド・ボックス・メカニズムの手法が用いられるようになった背景としては、一般に、前述したクロージング後における価額調整条項を用いる場合、クロージング後において運転資本残高などの調整項目の変動額について売り主と買い主の間で見解の相違が生じて紛争となることも多いのに対し、この手法による場合、譲渡価額は、SPA締結日以前の基準日における対象会社の財務数値によって確定するので、クロージング後において事後調整を行う場合のような契約当事者間の見解の相違が生じにくい点が挙げられる（表3）。[4]

なお、ロックド・ボックス・メカニズムを用いる場合、売り主が実際に譲渡価額を受領できるのはクロージング時となることから、譲渡価額には、基準日からクロージング日までの期間について、一定の利率による金利相当額、あるいは、日々の一定のキャッシュフロー額を合算した合計額の上乗せが行われることが多い。

このようなロックド・ボックス・メカニズムは、譲渡価額の算定手法としては一定の合理性があるといいうる

[特集論文—Ⅴ]
クロスボーダーM&Aの法制と実務上の諸論点

表3　価額調整条項とロックド・ボックスの比較

価額調整条項（Completion Accounts）	ロックド・ボックス（Locked Box）
日米案件における標準的な手法	特にイギリス案件で見られる手法
SPA締結時に前提とされた対象会社の各種財務数値の基準日と、クロージング日との期間中の価値変動を加味して、クロージング後に譲渡価額を調整する手法	譲渡価額をSPA締結日以前のある特定の基準日における対象会社の財務数値によって確定し、クロージング後の調整を行わない手法
クロージング後、運転資本残高などの調整項目の変動額について売り主と買い主の間で見解の相違が生じることも多い	クロージング後の事後調整を行わないため、契約当事者間の見解の相違が生じにくい
中立的（またはバイヤー・フレンドリー）	セラー・フレンドリー

ものの、一般には、セラー・フレンドリーな手法と評価されている。[5] その理由としては、売り主は、最終的に受領できる譲渡価額を早期に確定できるのに対し（つまり、クロージング後の事後調整において買収者から譲渡価額を争われるリスクを遮断できる）、買い主においては、上記の基準日以降クロージング日までの対象会社の事業損益にかかわらず譲渡価額が調整されないため、当該基準日以降の経済的なリスクを買い主が負担することになっていることなどが挙げられる。

このような事情もあってか、筆者らの認識している限り、これまでのところロックド・ボックス・メカニズムはあくまでイギリスを中心に発展しているようであり、日米のM&A案件ではまだ普及していないものといえるが、今後の実務の動向が注目されるところである。

表明保証の主体・基準時・機能

表明保証の「リスク分担機能」

先に述べたとおり、SPAにおいては、通常、一定の「表明保証」が規定される。表明保証とは、一般に、ある契約当事者が一定の時点における当該契約当事者自身あるいは対象会社に関する一定の事項等が「真実かつ正確であること」について相手方当事者に対して表明し、その表明内容を保証することをいう。表明保証のなかでも、売り主による対象会社の事業に関する表明保証は、財務諸表、潜在債務、後発事象、公租公課、法令順守、各種の資産（不動産、動産、知的財産権）、契約、内部者間取引、紛争、環境問題など多岐にわたることが多く、これらの表明保証に違反があった場合には売り主が買い主に対して補償責任を負うことになることから、SPAの契約当事者間において最も激しく交渉される項目の1つである。

かかる表明保証は、英米法において発展したものであり日本法固有の概念ではないが、わが国でも一般に契約当事者間における一定のリスク分担機能を有するものとして認識されている。すなわち、表明保証条項は、売り主および買い主がSPAを締結して当該M&A取引を遂行する決定を行う前提となるものであり、仮にかかる前提に相違があることが契約締結後に判明した場合には、その相違の程度に応じて、取引の中止（具体的には、クロージングの前提条件の不充足、SPAの解除など）や、補償請求による経済的な救済の手段が講じられることにより、売り主・買い主間においてリスクの分担がなされることとなる。

特に、上記のような売り主による対象会社の事業に関する表明保証は、対象会社の企業価値の変動を調整する機能を有することから重要といえ、日米のM&A実務においては、SPAの締結日とクロージング日のそれぞれを基準時点として行われることが一般的である。

特集
クロスボーダーM&A

イギリスのM&A案件で見られる特徴

　上記のような日米における表明保証の実務に対し、イギリスにおけるM&A案件では、PEファンドが売り主となる場合において、表明保証の主体、基準時等を異なるものとして位置づける案件が見受けられる。具体的には、売り主となるPEファンドの責任を限定する観点から、当該PEファンドによる対象会社に関する表明保証の内容を、売り主が対象会社の株式を瑕疵なく保有しているといった程度にとどめ、対象会社の企業価値評価の前提となっている対象会社の事業に関する表明保証をまったく行わない（あるいは、きわめて限定的な範囲でのみ行う）というアプローチが採られることがある。

　このようなアプローチを採る根拠・合理性としては、まず表明保証の主たる機能を「リスク分担」とは捉えず、むしろ、対象会社の企業価値を算定するための前提となる適切な「情報の開示」を促す手段として位置づける考え方がある。このような考え方を重視すると、表明保証の基準時についても、契約当事者が譲渡価額を含む当該M&A案件の条件を合意するSPAの締結時点に限定し、クロージング時点では表明保証を行わないという帰結が導かれやすいといえる。

　また、表明保証の主体については、PEファンドにおいては、あくまで対象会社の事業を遂行しているのは対象会社の経営陣であるというスタンスのもと、売り主となるPEファンド自身は対象会社の事業に関する表明保証を行わず、むしろ対象会社の経営陣に表明保証をさせるという提案がなされることがある。すなわち、PEファンドは対象会社の買収後経営陣にストックオプション等のエクイティによるインセンティブを与えることが多く、PEファンドがエグジットする際には、これらの経営陣も自ら売り主となって一定の対価を得ることになるので、PEファンドは、このように対象会社の経営陣が当該M&A案件において売り主となることを利用して、自らに代わって経営陣に表明保証をさせるのである（表4）。

　もっとも、このような表明保証の位置づけについては、買収者となる日本企業において戸惑うことが多い。まず経済的には、対象会社の経営陣が表明保証するといっても、そもそも経営陣のような個人には補償責任が発生した場合における資力に当然ながら限界がある。また、表明保証違反があった場合の売り主の補償責任については、一定の上限額（具体的には、当該売り主が受領する対価に対する一定のパーセンテージとなることが多い）を設ける合意をすることが通常であるところ、そもそも経営陣がストックオプション等により保有するエクイティの持分割合は、対象会社の持分全体から見るとわずかであり（数パーセント足らずの場合が多い）、そのようなわずかな持分割合相当額の範囲内でさらに上限額が付されることから、買い主が補償責任を追及して実際に回収できる可能性のある金額は、そもそもきわめて限定的とならざるをえない。また、日本企業が海外の企業を買収する場合、対象会社の経営陣が少なくとも買収後一定期間、引き続き対象会社の経営に携わることを希望し、彼

表4　表明保証の主体・基準時・主たる機能

	日米案件における標準的な実務	イギリスPEファンド特有の実務
表明保証の主体	売り主である既存株主	対象会社の経営陣（主要株主であるPEファンドは一部のみ）
表明保証の基準時	SPA締結日およびクロージング日	SPA締結日のみ
表明保証の主たる機能	契約当事者間における一定のリスク分担機能	対象会社の企業価値を算定する前提となる適切な情報の開示を促す機能

らに買収者側の役職員として重要な役割を担わせることが多く、このような対象会社の経営陣に対して、クロージング後に表明保証違反が判明した場合において補償責任を追及することが現実的な選択肢といえるかは、かなり疑問がある。

　以上のように考えると、表明保証が適切な情報開示を促す手段としての機能を有すること自体は日米の実務においても認識されているところではあるものの、イギリスのM&A案件においてPEファンドが展開する上記のロジックは、買い主となる日本企業にとってそのまま受け入れることは容易でなく、日本企業は交渉上難しい判断を迫られる場面も想定される。

デューディリジェンス（DD）で開示された情報に関する責任分担

　表明保証の対象とされた事項と相反する点がSPA締結時にすでに判明している場合には、SPA上、それを別紙（いわゆるDisclosure Schedule）に除外事項として記載して表明保証から除外することによって、表明保証を行う一方の契約当事者と、他方の契約当事者との間でリスク分担機能のバランスが取られることになる。

　とりわけ、アメリカのM&A実務においては、表明保証のリスク分担機能を徹底する観点から、表明保証の違反として補償責任の対象となる範囲については、DDにおいて売り主から買い主に対して開示された情報に含まれているか否かにかかわらず、契約であるSPAの別紙において表明保証の除外事項として記載されているか否かにより判断するものとされることが多い。また、各除外事項は、その内容を特定した上で、表明保証のうちいずれの個別項目に対する例外であるかを明記することが求められ、当該個別項目に係る表明保証との関係においてのみ例外として取り扱われることも多い。

　これに対し、イギリスでは、SPAとは別に売り主によりディスクロージャー・レター（Disclosure Letter）が作成され、その内容は、アメリカのような個別項目の除外事項（Specific Disclosures）に限らず、包括的な除外事項（General Disclosures）の記載がなされることが多い。具体的には、公開資料から入手可能な情報を包括的に除外したり、DDのために設置されたデータルームにおいて開示されている情報を包括的に除外するといったことが行われる。また、個々の除外事項も、アメリカのように特定の個別項目との関係において例外とされるのみでなく、表明保証全体に対する例外として位置づけられることが多い。

　このような表明保証に対する考え方の相違は、わが国のM&A実務においてはアメリカの実務をベースとする考え方が採られていることが多いことから、日本企業にとって、イギリス企業を買収するような案件では留意すべき事項の1つといえる。

クロージングの前提条件・SPA解除の可能性

　これまで述べたとおり、イギリスでは、アメリカにおけるM&Aの実務と比較して、売り主となるPEファンドの表明保証責任を追及しにくい契約内容となることがしばしば見受けられるが、さらに売り主側から、SPAの締結後にM&A取引が完了（クロージング）しない可能性をできる限り低減させるような内容を求められることが多い。すなわち、SPAにおいては、クロージングの前提条件、解除権の行使等の契約条項を通じて、いったん当事者が合意してSPAを締結したM&A取引であっても、その後クロージングまでに発生または判明する事情によっては当該M&A取引を完了しないことがありうる仕組みが設けられるが、イギリスのM&A実務では、アメリカと比較して、クロージングの前提条件や買収者によるSPAの解除権を限定的に定めることが多いようである。

　一般に、いったん合意したM&A取引を完了しないということは、売り主・買い主双方にとってレピュテーションを含めたリスクが大きいこともあり、クロージングの前提条件や解除権といった条項は、SPAの交渉におい

特集
クロスボーダーM&A

ても当事者が最もセンシティブになる条項の1つといえる。

典型的に論点となるのが、いわゆるMAC（Material Adverse Change）条項であり、これは、その内容の定め方にもよるものの、通常、SPAの締結後、対象会社に一定の重大な事象が発生した場合には、買収者側がクロージングする義務を負うための前提条件が充足されないとするものである。

周知のとおり、アメリカのM&A実務では、「Material Adverse Change」の範囲をめぐって当事者間で厳しい交渉が行われ、その内容がSPAにおいて詳細に定められることが多い。わが国においても、特にリーマンショック、東日本大震災、タイの洪水等、買い主においてSPA締結後であってもクロージングを回避したいような事態の発生が現実感を持って認識されたこともあり、案件によってはかなり詳細なMAC条項が設けられることもある。

これに対して、イギリスでは、そもそもMAC条項を規定するか否か（つまり、SPA締結後に発生する事象によりクロージングをしない余地を認めるか否か）、また、規定するとしてもどの程度詳細な内容を規定するかという点で、全般的に売り主側に寛容な実務があるとされる。このようなイギリスにおける実務の背景は必ずしも明らかではないが、MAC条項のコンセプトに対する相対的な抵抗感や、上場会社買収に関する自主規制機関であるテークオーバー・パネルがMAC条項に対して取ってきた厳しい姿勢を指摘する論者もある。[6]

また、MAC条項を許容しないことにとどまらず、筆者らの経験では、PEファンドが、当該M&A案件の実行に必要とされる法令上の許認可（たとえば、各国における独占禁止法上のクリアランス）が取得されない場合を除き、クロージングの前提条件や買収者の解除権を一切認めないという立場を取ることもある。このようなアプローチは、SPAの締結後に、SPA締結時点における表明保証の違反が判明したり、あるいは、売り主がSPA上規定された義務に違反した場合であっても、それにより買収者が被る損害が補償条項により一定の範囲で経済的に救済されるだけであり、当該M&A取引を実行しないという選択肢は認めないというものであり、日米のM&A実務では一般的ではない。

しかし、このようなセラー・フレンドリーな条件にPEファンド側が固執する事例も見受けられるため、買収者となる日本企業としては、契約交渉に際して日米のM&A実務とは異なる実務慣行として念頭に置く必要がある。

小括

以上のとおり、非上場会社の株式譲渡案件では、米英のM&A実務において確立されてきたある程度国際的に標準といえるSPAがあるものの、その具体的な内容・実務は、米英間でも数多くの相違点が存するところであり、

一橋ビジネスレビュー　2013 SPR.　89

[特集論文—Ⅴ]
クロスボーダーM&Aの法制と実務上の諸論点

個々のM&A案件に応じて、これらの相違点に留意しつつ協議・交渉を行う必要がある。

3 上場会社の買収法制（米英における法制との比較を中心に）

上場会社の買収手法の概要

上場会社を買収するには、不特定多数の株主から株式を取得する必要があるため、非上場会社の買収のように相対で売り主と買い主との間で直接株式譲渡契約の条件を交渉し確定していくということができない。そのため、あらかじめ法規制で定められた手法によって買収を行うことが求められ、かかる法規制が、売り主と買い主や、大株主と少数株主といった関係者等の利害関係を調整する役割を果たしている。

上場会社の買収手法には、各国の法規制によってさまざまな方法が考えられるところであるが、大きく分けて、一段階の取引で買収を行う方法（ここでは「一段階型買収」と呼ぶ）と、二段階に分けて買収を行う方法（ここでは「二段階型買収」と呼ぶ）が挙げられる。一段階型買収の主な方法としては、たとえば、日本やアメリカにおいては、合併（三角合併）等の手法を利用した買収方法（日本においては組織再編行為と呼ばれる手法）が挙げられる。また、イギリスにおいては、後述するScheme of Arrangement（以下、SOA）と呼ばれる手法があるが、これも一段階型買収の手法として利用される（ただし、後述のとおり、二段階型買収の二段階目で利用される場合もある）。他方、二段階型買収では、一段階目の取引として、公開買い付け等により買い付け者が買収対象となる上場会社の一定の議決権数を確保した後に、二段階目の取引として、残存する少数株主を排除し対象会社の100％の株式を取得するための完全子会社化取引（スクイーズアウト取引）を行うという手法が一般的である

（具体的な手法は後述する）。以上は対象会社のすべてを買収する場合であるが、対象会社の株式の過半数を取得するなど部分的な買収の場合には、公開買い付けにより一定割合の株式のみを取得する方法（部分買い付け）や、第三者割当増資等により対象会社に新たに出資を行うことにより一定割合の株式を取得する方法等も考えられる。

以下では、主に対象会社の全部を取得する場合を念頭に、日本と米英における上場会社の買収法制とを比較することにより、その主要な特徴・差異を明らかにする。

一段階型買収の買収手法

上記のとおり、日本やアメリカにおいては、一段階型買収の場合には合併等が用いられる。この場合、対象会社において株主総会決議を経ることにより実行される。したがって、対象会社の株主全員の同意ではなく、適用される法律により要求される一定数の賛成があれば買収を実行できる。[7] 合併等の対価は、買収会社の株式にとどまらず、現金、買収会社の社債等の場合もあり、またその組み合わせも可能である。なお、買収対価一般に共通する点であるが、クロスボーダーの案件で株式を買収対価とする場合には、①現地の証券法規制を順守することが必要となる可能性があること、②株式（株券）の交付の実務上の手続きが煩雑となる可能性があること、また実態として、③対象会社の株主、特に一般株主が他の国の会社の株式を取得することをその後の流動性等を勘案して望まない事例も多いと思われることなどから、現金対価とは異なるハードルがある。[8]

これに対し、イギリスにおけるSOAは、裁判所が手続きに関与する点に特徴があり、裁判所の認可や対象会社の株主総会での承認（対象会社の株主総会における出席株主の頭数の過半数および総議決権の4分の3以上の賛成等）、その他一定の条件を満たした場合に、買収会社が、一段階の取引により、対象会社の100％株式を取得することができる方法である。

二段階型買収の買収手法

二段階型買収の場合、上記のとおり、公開買い付けを行った後、少数株主を排除するためのスクイーズアウト取引を行うことになる。二段階型買収は、日米英いずれの国でも用いられる手法であるが、公開買い付け規制の内容は各国によってそれぞれ異なり、必ずしも日本の公開買い付け制度と同様のものではない。また、スクイーズアウト取引においてもそれぞれ異なる手法が用いられる。

公開買い付け

公開買い付けとは、おおむね、不特定多数の株主に対して公告等の方法により取引所市場外にて株式の取得等の申し込みの勧誘を行い、それに応募した株主から株式を取得することを意味する。各国において、公開買い付け規制の対象となる取引の範囲、公開買い付けを行う際の期間・価格等その他の規制はさまざまであり、その主要な差異は表5のとおりであるが、以下では、①公開買い付けが強制されるか否か、②部分的な公開買い付けを行うことができるか否かの2点に絞って日米英の制度における差異を論ずる。

表5 日米英の公開買い付け制度の主な比較

	日本	アメリカ	イギリス
監督当局	金融庁（各地方財務局）	アメリカ証券取引委員会（SEC）	テークオーバー・パネル（自主規制機関）
公開買い付けの強制	一定の要件下において強制されることがある	一定の場合に公開買い付けが強制されるような規制はない	一定の要件下において強制されることがある
部分買い付けの可否（全部買い付け義務）	部分買い付けは可能（ただし、公開買い付け後の株券等所有割合が3分の2以上となる場合には全部買い付け義務あり）	部分買い付けは可能	原則として、部分買い付けは不可能
公開買い付け期間	20〜60営業日	20営業日以上	21〜81日
対象会社による意見表明	公開買い付け開始日から10営業日以内に表明	公開買い付け開始日から10営業日以内に表明	オファー書類の株主への発送日から14日以内に表明
公開買い付け価格	価格の均一性が要求される	公開買い付けに応募したいずれかの株主に対して交付される最高価格と同額で全株主から買い付ける必要がある（最高価格ルール）	公開買い付け開始前の一定期間や公開買い付け期間中に対象会社の株式を取得した場合には、その最高価格以上を公開買い付け価格とする必要がある
別途買い付け	原則禁止	原則禁止	許容（ただし、上記のとおり、公開買い付け価格を、別途買い付けた際の最高価格以上とする必要がある）
スクイーズアウトの手法	全部取得条項付き種類株式の利用	・合併等（特に公開買い付けの結果90％以上を取得した場合にはショートフォームマージャーによる） ・トップアップオプションも増加	・バイアウトを利用したスクイーズアウト ・Scheme of Arrangementを利用する場合もある

（注）本表は、あくまで主要な差異を示したものであり、実際には詳細な例外規定や免除規定等が置かれている場合も多いことに留意されたい。

①公開買い付けが強制されるか否か

　日本においては、公開買い付けは一定の要件を満たす取引の場合に強制されるものとして規定されており、周知のとおり、市場外における株券等の買い付けであって、当該買い付け後の株券等所有割合が3分の1を超えるような場合には公開買い付けが強制される（1人の大株主から市場外において相対で3分の1を超える株式を取得することは許されず、他の株主に対しても買い付けを申し込まなければならない）。

　これに対し、アメリカにおいては、[9]日本や後述するイギリスにおける規制のように一定の株式割合を取得する場合等に公開買い付けが強制されるといった規制は存しない。また、どのような場合に公開買い付けに関する規制（開示規制と取引規制が中心となる）が適用されるかは解釈に委ねられている。すなわち、これまでの裁判例等により、一般株主に対する活発で広範な勧誘であるか、発行者の株式の相当部分に対する買い付けであるかといった8つの基準（Eight Factor Test）が示されており、[10]これらの基準を事案ごとに総合的に勘案しながら、個別案件における公開買い付け規制の適用の要否が検討されることとなる。

　イギリスにおいては、概要、対象会社の30％以上の議決権に係る株式を取得した場合、または30％以上50％以下の議決権に係る株式を所有している者が株式を追加的に取得した場合（市場内での買い付けや新株発行による取得も含む）には、その後、すべての株主に対してオファーを行い、当該オファーに応募したすべての株式を取得しなければならない。日本の制度では、3分の1超の株式を保有することになる取引自体が公開買い付け規制の対象とされ、公開買い付けを行わずに当該取引を実施することはできないが、イギリスでは、30％以上の株式を保有することになる取引自体は許容され、当該取引後に残りの株主に対してオファーを行わなければならないという規制になっている。なお、イギリスにおいては、上記の要件に該当したことにより強制的に行う必要のある公開買い付け（Mandatory Offer）のほかに、任意的に公開買い付け（Voluntary Offer）を実施することも可能であり、任意的に行った公開買い付けの結果、上記の議決権を取得することとなった場合には、事後的な公開買い付けは強制されない。強制的な公開買い付けは、任意的な公開買い付けと比較し、買い付け条件・買い付け対価等の面でより厳しい制約が課されるため、実務上は、強制的な公開買い付けの適用を回避すべく、当初より任意的な公開買い付けを行うという行動様式が採られるものとされる。[11]

②部分的な公開買い付けを行うことができるか否か

　日本では、部分買い付けは原則許容されている。すなわち、一定の株式割合を買い付け上限数として定め、かかる上限数を超える部分に関しては買い付けを行わないとすることが可能である（ただし、公開買い付け後の株券等所有割合が3分の2以上となる場合には、応募された株式のすべてを買い取る義務［全部買い付け義務］が課される）。アメリカでもかかる全部買い付け義務は存在せず、部分的な買い付けも可能である。他方で、イギリスでは、上記のとおり、一定割合の株式を取得した場合には、その後、すべての株主に対してオファーを行い、当該オファーに応募したすべての株式を取得しなければならないとされているため、原則として部分買い付けは認められない（テークオーバー・パネルが承認した場合には可能となる）。

スクイーズアウト取引

　二段階型買収の場合には、上記のとおり公開買い付け後にスクイーズアウト取引を行うこととなるが、このスクイーズアウト取引の手法も日米英で異なる。

　日本では、全部取得条項付き種類株式を用いて、残存する株主に金銭を交付することによりスクイーズアウト取引を行うことが実務上一般的である。法制度上は、た

特集
クロスボーダーM&A

とえば、買い付け者と対象会社との間で金銭を対価とする組織再編行為（現金交付合併等）を行うことにより、残存する株主に金銭を交付し、完全子会社化を達成することが可能であるが、税務上の理由により、全部取得条項付き種類株式を用いることが一般的となっている。なお、今般の会社法制の見直しによる改正により、総株主の議決権の90％以上を保有する株主（特別支配株主）は、残存株主に対して株式を売り渡すことを請求できる制度が導入される見込みであり、改正法の成立・施行後は当該制度が用いられる可能性がある。

これに対し、アメリカでは、現金交付合併（キャッシュアウトマージャー）の手法を利用してスクイーズアウト取引を行うことが多い。特に一段階目での公開買い付けにおいて90％以上の議決権を獲得した場合には、デラウェア州法においては、対象会社の株主総会の決議を要することなしに短期間にスクイーズアウトを完了することができるため（略式合併＝ショートフォームマージャー）、かかる手法が用いられる場合も多い。このため、公開買い付けの結果、90％の株式が取得できなかった場合に備え、90％に相当程度近い割合まで公開買い付けで取得できた場合には、買い付け者が対象会社に対して、90％に到達するための新株を発行することを求めることができる権利（トップアップオプションと呼ばれる）が事前に付される場合も多くなっている。

また、イギリスでは、一定の要件を満たす公開買い付けの結果、90％以上の株式および議決権を取得した場合（なお、厳密には、90％を計算する上で一定の要件が存在するため留意が必要である）[12]には、残存する株主から株式を強制的に取得することができる制度（バイアウトと呼ばれる）が存在する（そのため、当該バイアウトを確実に実行できるようにするため、買い付け数の下限を90％に設定することが多い）。また、仮に、公開買い付けの結果、上記の90％の要件を満たさない場合でも、上記のSOAに必要となる要件を満たすことができる場合には、SOAを用いたスクイーズアウトが行われる場合もある。

一段階型買収と二段階型買収の選択

上記のように、上場会社の買収の手法は大きく一段階型買収と二段階型買収に分けられるが、日本企業がアメリカやイギリスにおいて上場会社の買収を検討する際には、各案件の個別事情を勘案しながら、どの手段を利用するのが最適であるかを検討することとなる。

まずアメリカでは、従来、一段階型買収が主流であったが、現在は二段階型買収の利用も拡大しているといわれる。[13] この点、アメリカにおける一段階型買収と二段階型買収を比較するにあたっては、スケジュール上の差異を考慮する必要がある。一段階型買収の場合、対象会社の株主に対して交付される委任状説明書（Proxy Statement）に関して、アメリカ証券取引委員会（SEC）から事前の承認を得る必要があり、これに要する期間が流動的になる点が、スケジュール上の大きな障害となりうる。これに対し、現金を対価とする公開買い付けの場合には、こうしたSECのレビューを受ける必要がないため、迅速に手続きを進めることが可能である（たとえば、公開買い付けにおいて90％以上の株式を取得し、上記のショートフォームマージャーを利用できる場合には、買収契約の締結から5～7週間程度で完了することも可能といわれる）。しかしながら、仮に、競争法上の審査やその他の理由によりいずれにしても買収の完了までに長期間を要するような場合には、一段階型買収を利用し、対象会社の株主総会の承認決議を先に得ておくことにより、競合する第三者からの介入を防ぐことのほうが有益であると考えられる場合もある。また、一段階型買収は、対象会社において株主総会の開催手続きを行う必要があるなど、対象会社の協力が必要となるため、敵対的買収の場合には利用できない点も異なる点となる（この点は、イギリスでも同様である）。

イギリスでは、上場会社の買収においては、SOA（一段階型買収）のほうが多く用いられる傾向にある。その

[特集論文—V]
クロスボーダーM&Aの法制と実務上の諸論点

大きな理由の1つは、印紙税の賦課の有無である。二段階型買収の場合には、譲渡対価の0.5％の割合で印紙税が課されるが、SOAの場合にはかかる税金が課せられない。また、上記のように二段階型買収の場合には、バイアウトを確実に実行するためにイギリスの実務では買い付け数の下限を90％に設定することが多いが、これに対して、SOAの場合には株主総会の決議要件は75％であるため、SOAのほうが取引を容易に実行できるという面もある。他方で、仮に、完全子会社化よりも、ひとまず一定の支配権を獲得することを優先したい場合には、二段階型買収のほうが、一段階目の公開買い付けが完了した時点で、(100％ではないにしても)一定割合の支配権が獲得できることとなるため、公開買い付けの下限の設定次第ではあるがこうした意向にかなうことになる。

4 新興国におけるM&Aの留意点（東南アジアやブラジルを例に）

新興国におけるM&A

新興国におけるM&Aでは、M&Aを規律する法制度自体が未成熟であり、そのため当局の裁量が大きい場合も多く、また、先進諸国と比べて厳格な外資規制が存在している場合が多いなど、先進諸国におけるM&Aとは異なる留意点が存在する。以下では、東南アジア新興諸国（シンガポールや香港等を除く）やブラジルを例にしながら、新興国におけるM&Aでの実務上の留意点や法制の差異等を論じる。

外資規制

新興国におけるM&Aにおいて、特に留意しなければならない点の1つに外資規制がある。新興国においては、産業保護政策的な見地から、さまざまな業種において先進諸国には存在しないような外資規制が存在することがある。先進諸国においても、一般に国防産業や公益性の高い産業等においては、一定の外資規制が存在する場合が多いが、新興国ではそれに限られない場合が多い。その場合、たとえば、対象会社の株式の100％を取得しようにも、外資規制上認められないこともあり、結果として現地企業との合弁形態を採用せざるをえない場合も珍しくない。

外資規制の内容は各国の産業の成熟度や主要とする産業等によって異なるものの、一般には製造業の外資規制は緩く、100％の株式取得が認められる場合も多いが、サービス業に関しては厳しい外資規制が存在している場合が多い。たとえば、タイにおいては、サービス業を中心に外国企業が原則として営むことができない業種が定められており、一般的なサービス業（飲食業、流通・運送業、広告業等）に関しては、外国企業が100％の株式を取得できず、株式の過半数をタイ側のパートナーに保有させて合弁形態とすることが通常となる。また、インドにおいても総合小売業に外資規制が課されており、巨大な市場にもかかわらず外資の百貨店やコンビニエンスストアが参入できない状態が続いていた（ただし、2012

特集

クロスボーダーM&A

年9月になって、一定の条件下による進出が認められることとなり、今後の動向が注目を集めている）。さらに、マレーシアにおいては、マレー系住民を優遇するために「ブミプトラ」政策が採られており、ブミプトラ（マレー系住民）による一定の出資が要求されている業種があり、留意が必要となる（ただし、ブミプトラに関する規制は現在までに大幅に緩和されてきている）。ブラジルに関しては、一定の限定的な業種（航空輸送、ジャーナリズム、医療、金融・保険等）を除き外資規制は基本的に存在しないが、近年の外国企業による投資の活発化に伴い国内産業保護の姿勢を打ち出してきており、たとえば、鉱山事業や石油・天然ガス事業等において、新たな外資規制が課される動きもある。

このように、新興国では外資規制の内容が複雑かつ厳格であり、M&Aのスキームに大きく影響する場合も多い。そのため、M&A検討の初期段階から外資規制の検討を行うことが重要である。[14]

当局対応・スケジューリング

新興国では、M&Aに関する法制度が未成熟であることもあり、その解釈・運用において当局の裁量が非常に大きい場合が多い。法制度自体は一定程度整備されている場合であっても、その制定が比較的新しく、現地の法律家においてもその解釈が確立しておらず、当局と逐一折衝をしながら案件を進める場合も多い。

たとえば、外資規制に関しては、インドネシアであれば、一般に、BKPM（Badan Koordinasi Penanaman Modal）と呼ばれる投資調整庁との間での折衝が必要となることが多い。ベトナムでも、M&Aに際して、投資局等の担当官庁から投資許可証（Investment Certificate）を取得する必要があり、やはり当局との折衝が必要となる。他の新興国においても、当局との折衝が必要になる場面は多いが、日本企業としては、現地当局の裁量の大きさに戸惑う場面も多い。日本のように緻密な条文が制定されておらず、解釈・実務も確立していない新興諸国においては、当局の各担当者間で条文の解釈が一致せず、その対応に振り回されてしまうようなことも多い。そのため、事前に現地当局のなるべく高い役職の担当者と折衝することが重要になることはもちろん、一定の事項については書面回答等の手段で現地当局との間で確認をしておくことも考えられる。

この点、スケジューリングには注意が必要である。日本や他の先進諸国においては、一定の法定処理期間等が定められている場合、政府当局が当該期間を順守することを前提としたスケジューリングを組むことが通常であるが、新興国の場合、政府当局によって当該法定の処理期間が順守されないことも決して珍しいことではない。上記のように書面確認等を求める場合には、さらに時間を要する場合もある。この結果、法定の処理期間を前提に取締役会の日程、その他重要な日程を組んでいる場合、日程の大幅な組み直しを余儀なくされるといったケースも発生している。そのため、新興国におけるM&A案件では、法定処理期間を必ずしも前提とせず、一定程度余裕を見たスケジューリングを行うことが必要となりうる。

ガバナンス構造

先進諸国におけるM&Aにおいても、現地法制下におけるガバナンス構造は、M&A完了後の会社運営に大きく影響するため留意が必要であるが、新興国では、先進国と比較して特殊な要件が課されている場合もあるため、さらに注意が必要である。たとえば、マレーシアでは、上記のとおりブミプトラ政策が採られている関係で、取締役の一定数にブミプトラを選任しなければならないといった要件が適用される場合がある。決議要件に関しても、ベトナムにおいては株主総会の普通決議の要件が65％と定められている点や、多くの国においていわゆる特別決議の要件が75％（日本は3分の2）とされている点（ブラジルもSociedade Limitada［有限会社］の形式の

[特集論文—V]
クロスボーダーM&Aの法制と実務上の諸論点

場合は75％となる）等、日本企業の常識からすると見逃してしまう可能性の高い点も存在する。また、取締役や監査役等の役員に関して、一定の居住要件等が課される場合もある点にも留意が必要である。たとえば、インドネシアでは代表取締役はインドネシアに居住する必要があり、ブラジルでも、執行役員はブラジルに居住する必要がある（なお、ブラジルでは、執行役員とそれを監督する取締役という2層構造が採られており、このうち、取締役には居住要件は課されない）。先進諸国におけるM&Aでも居住要件の問題は生じるが、新興諸国のM&Aは、先進諸国における大型のM&A案件等と比較して規模が小さいことから、日本企業として、常勤の役員ではなく非常勤の役員として派遣することを検討している場合も比較的多く、居住要件がより問題となりやすい。

買収方法

新興国におけるM&Aでは、先進諸国と比較し、資本市場が未成熟な国も多いため、公開買い付け等を利用するような上場会社の買収が行われることは、現時点では必ずしも多くない。そのため、買収手法としては、売り主との間の相対の交渉に基づく株式譲渡契約によることが多い。また、上記のとおり、外資規制等により100％の買収を行うことが認められない場合には、現地企業との間のジョイントベンチャー契約や株主間契約等の契約があわせて交渉されることも多い。

なお、今後、資本市場の発達等に伴い、新興国における上場会社の買収案件が増加することも考えられ、実際に日本企業による上場会社買収の案件も増え始めている。[15]

汚職・腐敗

新興国におけるM&Aで、最も対応の難しい問題の1つが汚職・腐敗である。Transparency International（世界各国の腐敗防止を目的に活動する非政府組織）が発行する腐敗認識指数[16]によっても、アジア新興諸国は総じて腐敗度が高く、ブラジルに関しても（アジア新興諸国よりは良い状態にあるものの）やはり腐敗度は低くはない。

この点、対象会社や売り主においては、贈賄等は現地の一般的な慣行であるとして問題意識が希薄な場合も少なくないが、グローバルに展開する日本企業としては、日本の不正競争防止法のみならず、アメリカのForeign Corrupt Practices Act（FCPA）や、イギリスのBribery Act等の適用も受ける可能性があり、[17]対象会社における贈賄等は深刻な問題となりうる。

そのため、まず、新興国のM&Aにおいては、腐敗が存在する可能性が高いことを前提にDDを行う必要がある。法律・会計・税務その他のチームが共同して、不透明な支出等がないか、不適切な取引関係等が存在しないか、文書の確認のみならず、インタビューにおいても念頭に置いておくことが必要である。また、対象会社における腐敗防止のための社内ルール等の有無・その内容をDDの過程で確認することも必要となる。現地企業の腐敗防止のための社内ルールが、日本企業の基準からすると不十分である（または、社内ルール自体が存在しない）ことも多く、その場合、クロージングの条件として、対象会社において適切な腐敗防止ルールを策定することを要求することも考えられる。

実際にDDの過程で何らかの汚職・腐敗が発見された場合には、たとえそれが現地の実務上の慣行であると思われたとしても、日本企業としては、これを軽視せず治癒する方法を検討し、対象会社および売り主において具体的な治癒策を実施・完了することを、クロージングの条件として求めることも考えられる。ただし、一定の治癒策を採っても、対象会社が過去に行った汚職等に関するリスクを完全には排除できないため、かかるリスクを回避すべく、新会社を設立して当該新会社へ必要な事業を移転するといった対応策を検討する場合もある。また、

特集
クロスボーダーM&A

このような対応策により腐敗の治癒をするとしても、贈収賄等を止めることにより買収の前提である売り上げや利益が達成できなくなるような場合には、M&A自体の中止の検討を迫られることになる。

5 最後に

以上述べてきたとおり、対象会社、対象国によりさまざまに異なる規律・実務が存する。M&Aという企業行動自体は、現在の企業活動において普遍的なグローバルなものであろうが、適用されるルール・プラクティスは買収対象会社の所在国ごとに異なるというローカルな側面を持つ。「郷に入っては郷に従え」という言葉があるように、買収対象にあわせて買収の仕組みを構築し実行することは不可避であるが、他方、相手方のルール・プラクティスをそのまま受け入れてよいかは吟味する必要がある。グローバルの舞台でM&Aを実行し成功させるためには、こうした規律や実務を熟知した上で、買収者として主張・堅持すべき要素は何かを常に明確に意識した上で、そのバランスを取っていくことが国内のM&Aにも増して重要となろう。 H

棚橋元（たなはし・はじめ）
1966年生まれ。90年東京大学法学部卒業。96年ハーバード大学ロースクール（LL.M.）卒業。アメリカ法律事務所Davis Polk & WardwellのNYオフィス、Wilson Sonsini Goodrich & Rosatiのパロ・アルトオフィスでの執務を経て、森・濱田松本法律事務所パートナー。京都大学法科大学院非常勤講師、早稲田大学法科大学院非常勤講師。主要業務は、国内外のM&A、プライベート・エクイティ、ベンチャーキャピタル、その他企業取引全般。主な著作：「上場国内会社の株式を対価とする外国会社の買収——上場国内会社による米国での三角合併」『商事法務』1922号、『ベンチャー企業の法務・財務戦略』（共著、商事法務）、「M&A判例の分析と展開」『別冊金融・商事判例』（共著、経済法令研究会）。

紀平貴之（きひら・たかゆき）
1974年生まれ。2000年一橋大学法学部卒業。コーネル大学ロースクール（LL.M.）卒業。アメリカ法律事務所Shearman & Sterling LLPのNYオフィスでの執務を経て、森・濱田松本法律事務所パートナー。中央大学法科大学院兼任講師（現任）。主要業務は、国内外のM&A、その他会社法務全般。主な著作：*Corporations and Partnerships in Japan*（共著、Wolters Kluwer）、「上場会社による第三者割当増資に関する近時の規制」『企業会計』2010年6月号。

梅津英明（うめつ・ひであき）
1979年生まれ。2003年東京大学法学部卒業。09年シカゴ大学ロースクール（LL.M.）卒業。04年に森・濱田松本法律事務所入所後、06～07年に経済産業省産業組織課に出向しMBOに関する指針の策定等を担当。09～10年にアメリカ法律事務所Davis Polk & Wardwellにて執務。主要業務は、国内外のM&A・会社取引等であり、特にアジア等の新興国の案件を数多く手がける。主な著作：『アジア新興国の上場会社買収法制』（編著、商事法務）、「ブラジル進出時・進出後の法務ポイント」『ビジネス法務』2012年12月号。

注

1 2012年の公表事例を見ても、丸紅によるアメリカ穀物取引大手ガビロンの買収、ダイキン工業によるアメリカ空調機器大手グッドマン・グローバルの買収、グローリーによるイギリス貨幣処理機大手タラリス・トプコの買収等はいずれも海外PEファンドからの株式取得である。
2 米英のM&A実務における近時のトレンド全般については、Innes and Hertz（2012）等が参考になる。
3 プライスウォーターハウスクーパースほか編（2010）p.269など参照。
4 ロックド・ボックス・メカニズムとクロージング後における価格調整条項の比較については、O'Sullivan et al.（2012）等がくわしい。
5 Yates and Hinchliffe（2010）など参照。
6 Sonnenblick and Cohn（2010）。なお、近時はヨーロッパにおいてもMAC条項が定められるケースが増加しているとの指摘もある。
7 たとえばアメリカ・デラウェア州（アメリカのほとんどの上場会社の設立準拠法であるといわれる）の会社法では、合併の決議要件は当該合併議案に関する議決権のある発行済み株式数の過半数とされている。
8 わが国の会社が自社の株式を対価として外国会社を買収した事案として、DeNAによるアメリカngmocoの買収がある（2010年）。棚橋元（2011）「上場国内会社の株式を対価とする外国会社の買収——上場国内会社による米国での三角合併」『商事法務』1922号、p.29参照。
9 なお、以下、アメリカにおいては、連邦法のみならず各州法の規定も検討する必要があるが、紙幅の関係上、本稿では連邦法に関して

検討を行う。

10　Wellman v. Dickinson, 475 F. Supp. 783（S.D.N.Y. 1979）参照。8つの要素基準は、①一般株主に対する活発で広範な勧誘、②発行者の株式の相当の部分に関する勧誘、③流布している市場価格を超えるプレミアムの支払い、④買い付けの条件が、交渉可能ではなく確定的であること、⑤最低買い付け株数の条件があること（また、買い付け株数の上限があること）、⑥申し込み可能期間が限定されていること、⑦被勧誘者に対して株式の売却をするよう圧力がかけられていること、⑧株式の買い集めに先立ち、または同時に、買い取りの計画が公表されていることである。ただし、これらは確定的な基準を示すものではなく、あくまでケース・バイ・ケースの判断となる。

11　詳細は、財団法人日本証券経済研究所（2009）p.3参照。

12　日本語の文献としては、戸倉圭太（2012）「キャッシュ・アウトに係る英国の法制と日本における制度設計への示唆（上・下）」『商事法務』1969号、1970号などがくわしい。

13　その1つの理由としては、公開買い付けに関する最高価格ルールの改正が挙げられる。最高価格ルールは、いずれかの株主に対して提案した最高価格と同額で全株主から買い付けを行うことを義務づけるものであるが、従前は、対象会社の取締役や従業員であり、かつ株主でもある者に対して、公開買い付け価格に加えて取締役・従業員としてのインセンティブを付与する場合に、インセンティブとしての対価が、実質上、公開買い付け価格の一部を構成すると考えられ、株主間で公開買い付け価格に差異があるとして当該最高価格ルールに違反するのではないかが問題になり、裁判所においても見解が分かれたため、公開買い付けを利用せず、一段階型買収を利用するという傾向があった。この点につき、2006年に法改正が行われ、一定の要件を満たす場合には、最高価格ルールに反しないことが明記された。

14　なお、各国の外資規制により出資が制限されるとしても、日本が各国との間で投資協定を締結している場合は、投資協定上の内国民待遇に関する規定を根拠に当該外資規制の適用を免れることができる可能性もあるため、投資協定を意識した検討を行う必要がある。詳細は、武川丈士（2012）「［海外法律実務便り／シンガポール］シンガポールを拠点とした投資協定の活用」『ジュリスト』1444号を参照。

15　たとえば、2012年の公表事例としても、日立製作所によるマレーシア上場会社eBworx Berhadの公開買い付けによる買収や、王子製紙によるタイ上場会社S. Pack & Printの公開買い付けによる株式追加取得等が挙げられる。なお、アジア新興諸国の公開買い付け法制の詳細およびその比較は、森・濱田松本法律事務所アジアプラクティスグループ編（2012）『アジア新興国の上場会社買収法制』商事法務にくわしいので、参照されたい。

16　http://cpi.transparency.org/cpi2012/results/

17　アメリカFCPAは、日本企業がアメリカにおいて登録された証券を発行している場合や、禁止行為の一部がアメリカ国内で行われたような場合に適用されうる。また、イギリスBribery Actも、日本企業がイギリス国内で事業を遂行している場合には適用されうる。

参考文献

Clifford Chance US LLP.
　2010．"A Guide to Takeovers in the United States."
Innes, David, and Stephen R. Hertz.
　2012．"Olympic Update: The U.S. and the UK Battle for the Gold on Choice of Law." *Debevoise & Plimpton Private Equity Report* 12(3).
Kutner, Jeremy, and Simon J. Little.
　2012．*Multi-Jurisdictional Guide 2012/13, Merger and Acquisitions, UK（England and Wales）*, Practical Law Company.
Lebrun, Kenneth J., and Eliza W. Swann.
　2012．*Multi-Jurisdictional Guide 2012/13, Merger and Acquisitions, United States*, Practical Law Company.
三井秀範
　2010．「我が国の公開買付制度と欧州制度との比較」『金融法務事情』1909号，pp.54-59.
財団法人日本証券経済研究所
　2009．「英国M&A制度研究会報告書」．
O'Sullivan, Ronan, Ross McNaughton, and James Doe.
　2012．"Pricing Mechanisms: Locked Box vs. Completion Accounts." *Practical Law Publishing Limited*.
プライスウォーターハウスクーパース株式会社・あらた監査法人・税理士法人プライスウォーターハウスクーパース編
　2010．『M&Aナレッジブック』中央経済社，pp.266-271.
Slaughter and May.
　2011．"A Guide to Takeovers in the United Kingdom."
Sonnenblick, Scott I., and Andrew Cohn.
　2010．"Contrast in MAC Clauses: Practice in the United States and Key European Jurisdictions." *New York Law Journal*, Oct. 25.
Yates, Geoff, and Mike Hinchliffe.
　2010．*A Practical Guide to Private Equity Transactions*. Cambridge University Press, pp.71-73.

東洋経済 話題の書籍

明日のための「余談の多い」経営学

新しい市場のつくりかた

三宅秀道 [著] 東海大学政治経済学部専任講師

技術競争・価格競争はもうやめよう！

「ヒト・モノ・カネ」がなくても
ヒットを生み出すヒントが凝縮！

前提知識なしに一気に読める面白さ！

新進気鋭の経営学者が豊富な取材に基づく
企業事例と古今東西の蘊蓄で語り出す
これからのビジネスでの戦い方

話題騒然
続々重版！

2,100円（税込）
978-4-492-52205-9
四六判、365ページ

藤本隆宏氏 東京大学大学院経済学研究科教授 **推薦！**

「本書は要注意の本だ。
一見軽そうに見えて論理は重厚。
類書がありそうでない。
イノベーションの王道を行かんとの
志を持つ人々に本書を勧める」

各メディアで激賞！
『読売新聞』／『毎日新聞』／『プレジデント』／
『エコノミスト』／『週刊ダイヤモンド』／『R25』／
『週刊東洋経済』／『ウェッジ』ほか

東洋経済新報社
http://toyokeizai.net

ホームページ「東洋経済オンライン」では、弊社刊行物の情報がご覧になれます。
〒103-8345 東京都中央区日本橋本石町1-2-1　☎03(5605)7021

[特集論文—VI]

Cross-Border M&A

検証：日本企業はクロスボーダーM&Aが本当に不得意なのか？

Are Japanese Firms Really Not Good at Cross-Border Acquisitions?:
An Empirical Study

井上光太郎 東京工業大学大学院社会理工学研究科教授
Inoue Kotaro

奈良沙織 東京工業大学大学院社会理工学研究科助教
Nara Saori

山﨑尚志 神戸大学大学院経営学研究科准教授
Yamasaki Takashi

最近のマスコミ報道を見ると、日本企業による海外企業の買収は、大半が失敗しているという。本当にそうなのだろうか？ 筆者らの最新の実証研究の結果では、日本企業のクロスボーダーM&Aは製造業の大手企業が中心に行っているが、買収の決断は株式市場の支持を受けており、買収後も株主価値を有意には下げていない。日本企業による国内企業の買収、または英米企業によるM&Aのいずれと比較しても、パフォーマンスが劣るということはない。むしろ、M&Aの経験の少ないなかで、日本企業はクロスボーダーM&Aにおいて健闘しているというべきだ。国内経済の成熟化のなかで、クロスボーダーM&Aは経済のグローバル化に対応する合理的な手段となっている。

特集
クロスボーダーM&A

1 はじめに

　2012年10月にトムソン・ロイターは、日本企業が海外企業の買収に投じた金額が、国内企業の買収に投じた金額を超えたと報じている。この数カ月間でも、日本企業による海外企業の大型買収のニュースが続いている。同年5月には丸紅が約2880億円でアメリカ穀物取引大手のガビロン・グループ買収を発表し、10月にもソフトバンクが約1兆6000億円を投じてアメリカ通信大手のスプリント・ネクステルを買収すると発表した。日本国内市場の成熟、激しい競争の一方で、新興国市場の急激な成長を踏まえれば、海外での生産体制と市場アクセスを早期に構築するために、海外企業を買収することは合理的な企業活動に思える。

　一方で、新聞や雑誌などでは、クロスボーダーM&Aの成功確率は3割、または半数以上が失敗しているといった記事が目につく。[1] 日本企業が海外企業買収後の経営に苦しんだ事例として、「世界ナンバーワンの板ガラスメーカー」をめざしている日本板硝子は、売上高が自社の倍近いピルキントン（イギリス）を2006年に買収したが、ヨーロッパ事業の不調などから2012年3月期に続き2013年3月期も赤字決算の見込みだ。また、製薬大手の第一三共はインドの後発医薬メーカーのランバクシー・ラボラトリーズを2008年に買収したが、その直後に、ランバクシーが品質問題などからアメリカ当局によりインドの2工場について対アメリカ輸出禁止を命じられた。第一三共は、約5000億円の買収金額に対し、3000億円を超える巨額の償却を買収年度に行う事態になっている。こうした状況を見ると、海外企業の買収を日本企業が成功させるのは難しいという主張も一理ある。

　しかし、M&Aというものは、失敗時にはのれんの償却などの会計処理が行われるのでニュースとしても取り上げられやすいが、そこそこの成果のM&Aはニュースにならないため、結果としてバイアスがかかった情報が提供されやすい。さらに、日本ではM&Aそのものが比較的新しい経営手法のため、経営者の間にも抵抗感があり、海外企業の買収を懐疑的に見る向きも多いようだ。

　日本企業による海外企業の買収は、失敗する確率が高いにもかかわらず繰り返される非効率な投資行動なのだろうか？　海外企業の買収に巨額な資金を投じる代わりに、むしろ国内企業のM&Aや、配当など株主還元に回すほうが株主の利益に沿うのだろうか？　この問題は、日本企業にとって経営戦略と資本政策を決定する上できわめて重要である。巨額の資金が必要となる海外企業のM&Aは、ひとたび実行すれば、後戻りは難しいからだ。

　海外企業の買収には、ベネフィットとコストが共存する。日本企業にとっては、海外のユニークな経営資源を獲得できるというベネフィットがある。代表的なものとして、海外の生産拠点、販売網、現地政府や地域社会とのコネクションなどが挙げられる。一方でユニークなコストも伴っており、その代表的なものとして欧米市場の買収で不可避となる高い支配プレミアム（買収直前の市場株価に対する価格の上乗せ）、企業文化の差、相手企業や現地市場に対する情報不足などが挙げられる。このように海外企業の買収は固有のベネフィットとコストを併せ持つため、買収が実際に企業価値の増加に結びつくかは実証的な問題である。そこで、この問題に対する1つの分析結果を、筆者らの研究グループがファイナンス研究の視点から行っている実証研究（Inoue et al., 2013）を引用しながら、紹介していきたい。

2 クロスボーダーM&Aの経済性の研究

　ファイナンス分野におけるM&Aの経済性に関する主な分析手法としては、取引発表時の株式市場の評価、買

[特集論文—Ⅵ]
検証：日本企業はクロスボーダーM&Aが本当に不得意なのか？

い手企業の発表後数年間の株式市場におけるパフォーマンス、買い手企業のM&A前後の業績推移（総資産利益率、売上高利益率など）の３つが挙げられる。これらの手法は、数多くの取引をサンプルとして、客観的な株価データや財務データを用いて統計的な検証が可能というメリットがある。一方で、M&Aが平均して成果を上げているかどうかの問いに対する答えは提供するものの、個々の取引の成功や失敗の要因についてはほとんど情報を提供してくれない。そこで本稿では、最初に日本企業のクロスボーダーM&Aの成果を、発表時の株価の反応、発表後の長期の株価パフォーマンス、M&A前後の業績推移の３点の検証結果から紹介する。その上で、そこで示される成果の背景を、個別取引のケーススタディーによりスポットライトを当てることにしたい。

最初に、M&Aの成果に関して上記で挙げた３つの分析手法による海外の研究結果を紹介しよう。クロスボーダーM&Aのみに関するものではないが、Andrade et al.（2001）は、1970年代から1990年代のアメリカ企業のM&Aを上述の３つの手法で分析している。アメリカは、世界のなかでも最もM&Aが盛んで、企業や株式市場のM&Aに対する経験値も高い国であることから、その分析結果はM&Aの経済性を示すものとして信頼がおける。

第１に、彼らは、M&Aが特定の時期に特定の業種に集中する傾向を発見し、それぞれの企業が属する業種に固有のショック、具体的には業界における規制緩和や原料価格の大幅な変化などに対する企業の合理的対応として、M&Aが行われていることを示した。このことは重要な意味を持つ。M&Aは、経営手法として好ましいか否かという経営哲学の問題を超えて、事業環境の変化に対する企業の合理的行動であることを意味するからだ。企業は、市場環境の変化とともに自社で行うオペレーションの範囲を取引コストが最小になるように調整するという、有名なCoase（1937）の企業理論を裏付けるものである。

第２に、M&A発表時の株式市場の反応（当日の株式市場の動きを調整した超過リターン）については、買い手企業は−0.7％、ターゲット企業は＋13.5％で、買い手企業とターゲット企業をあわせても＋1.8％であり、M&Aは株主価値の増大につながっていると報告している。M&A発表後３年間の買い手企業の株価の超過リターンは−5.0％で、統計上も有意なマイナスであることを示している。ただし、この長期のマイナスのリターンは、M&Aの買収対価が、買い手企業の株式で支払われた取引においてのみ確認できることから、M&Aの失敗

ではなく、株式発行に付随する下落の可能性が高いと解釈している。したがって、M&Aに対する株式市場の評価としては、発表後はプラス・マイナスのいずれの評価も確認できないが、発表時にはプラスの評価がなされていることから、M&Aは株主価値に貢献する取引であると結論を述べている。M&A後3年間の売上高・営業利益率についても、買収前より改善しており、株式市場のプラスの評価と一致している。これらの結果から、Andrade et al.（2001）は、アメリカ企業のM&Aは、企業の合理的行動で、業績改善に貢献し、株主価値にもプラスであると結論を示している。

それでは、クロスボーダーM&Aに関しての分析結果はどうなっているだろうか。アメリカ企業による国内M&AとクロスボーダーM&Aの発表に対する株式市場の反応を調査したMoeller and Schlingemann（2005）は、国内企業または海外企業の買収のいずれにも株式市場は、統計上は有意な反応を示していないが、国内M&Aのほうがポジティブな反応であること、特に地域と業種の両方の多角化を伴う買収（他国の異業種企業を買収）に対する株式市場の評価が相対的に低くなっていることを発見した。彼らは、買収前後5年間の業績（総資産利益率）への影響も調査し、発表時の株式市場の評価と同様に海外企業の買収のほうが業績への効果が悪いことを示している。また、発表時の株式市場の反応と、買収後の業績の間にポジティブな相関を見出し、発表時の株式市場の反応には妥当性があると報告している。

Ellis et al.（2011）は、1990～2007年の世界中の国内M&A・クロスボーダーM&Aを研究対象として、取引発表日前後の株式市場の反応を調査している。彼らが分析対象とした3万7000件のM&Aのうち、8000件がクロスボーダーM&Aだった。彼らは、国内・クロスボーダーいずれのM&Aでも、買い手企業の株価はプラスの超過リターンであることを発見した。ただし、その超過リターンは2％弱であり、大きなものではない。また、M&Aの買い手企業の株価の反応は、国内M&Aとクロスボーダー M&Aで基本的には差がないことが報告されている。彼らの重要な発見は、コーポレートガバナンスの水準の低い国の企業を買収するケースにおいて、買い手企業の株価のリターンが相対的に高いことだ。彼らは、買い手企業によってターゲット企業でガバナンスが強化されることが、クロスボーダーM&Aにおける価値創出の背景にあると解釈している。彼らのサンプルは、世界中の国の企業を含んでいるが、英米の2カ国でサンプルの7割を占めていることから、おおむね英米企業のM&Aに対する評価ということもできる。

英米企業のM&Aに関する分析結果をまとめると、M&Aは買い手企業の株主価値に対してどちらかといえばプラスの効果を持つが、海外企業の買収のほうが国内企業の買収より大きな経済効果を持つとはいえないということになる。これは、海外企業の買収に伴うユニークなメリットが、コストにより相殺されていることを示唆する。

それでは、日本企業のM&Aについても、英米企業に関する結果と同じようなことがいえるだろうか？ クロスボーダーM&Aにおいて、日本企業は言語の壁や企業文化の壁など、英米企業以上のハードルに直面する可能性がある。M&Aそのものに対する経験値も、英米企業ほどは蓄積されていない。このため、日本企業によるM&Aのパフォーマンスは、英米企業とは異なる結果となる可能性がある。

3　クロスボーダーM&Aは企業価値増大に結びついているか？

分析目的

本節と次節は、Inoue et al.（2013）の分析内容と結果の紹介になる。本稿のテーマにかかわる分析結果についてのみ、要点を絞って紹介する。ここで紹介する実証分

[特集論文—Ⅵ]
検証：日本企業はクロスボーダーM&Aが本当に不得意なのか？

析の目的は、クロスボーダーM&Aは実際の成果を上げているか否かを明らかにすることである。海外企業の買収の評価では、買収を実行することが効率的といえるのか否かという視点と、企業にとって代替的な投資選択肢ともいえる国内企業の買収に比較して相対的にパフォーマンスが良好なのかという視点の2つが必要である。そこで、M&Aが企業価値の増大に結びついているか否かの検証とともに、国内M&Aとのパフォーマンス比較の検証結果も紹介する。

分析手法

先行研究の紹介で挙げたように、M&Aのパフォーマンス評価については、①買収発表時における買い手企業の株価の反応、②買収発表後の長期間の買い手企業の株価パフォーマンス、③買収前後の買い手企業の業績の変化の3つの手法により分析する。以下に、3つの分析手法について簡潔に説明する。

①は、効率的市場仮説に基づく評価方法である。株式市場が効率的であれば、新しい情報（ここではM&Aの発表）は、発表時に速やかに株価に反映される。これまでの研究で、ニュースは発表日前後の2～3日の短期間で株価に反映されることがわかっている。このときの株価の反応は、分析期間中の株式市場全体の動きを調整した超過リターンにより計測されるのが一般的である。そこで、本稿はM&Aの発表日前後3日間の超過リターンについても検証している。[2]

②の買収発表後の長期間の買い手企業の株価パフォーマンスに関しては、BHAR（Buy and Hold Abnormal Return）とCTP（Calendar Time Portfolio）という2つの手法を用いる。[3] BHARでは、買収発表後12カ月、24カ月、36カ月の期間において、買い手企業がベンチマーク（市場平均）に対して超過リターンを上げているか否かを検証している。ベンチマークには、企業規模（時価総額）と株式の簿価時価比率でソーティングした25分位のリファレンス・ポートフォリオを使用する。CTPでは、M&Aを行った企業のポートフォリオを構築し、その超過リターンを検証する方法である。[4] たとえば、検証期間を3年間とした場合、過去3年（36カ月）以内にイベントを行った企業のリターンを含むように、毎月リバランスしていくポートフォリオを構築し、そのパフォーマンスを計測する。[5] BHAR、CTPのいずれの手法でも統計上有意な超過リターンが検出できる場合は、M&Aが発表後の株価に影響を与えているといえる。なお、効率的市場仮説では、株価はニュースを発表時点で速やかに反映するため、株価はランダムウォークすることが予測されており、M&A後の長期の超過リターンの存在は想定されていない。

③の買収前後の買い手企業の業績パフォーマンスの分析では、買収発表が行われた前後7年間（買収年度をはさんで買収前3期～買収後3期）の財務パフォーマンスを検証する。財務パフォーマンスの指標には以下に示す総資本営業キャッシュフロー比率（OCFR: Operating Cash Flow Returns）を用いる。[6]

分析では、業種と時期の影響を調整するため、買い手企業のOCFRから、所属する業種（日経業種中分類で一致）の当該年度のOCFR中央値を差し引いた数値で示している。

サンプル

分析の対象はトムソン・ワン・バンカーのM&Aデータから、2003年4月～2010年12月に買収の発表を行い、実際に買収を完了した企業をサンプルとしている。[7] 分析に用いたサンプルは国内M&Aが667件、クロスボーダーM&Aが81件である。サンプルの抽出にあたっては、海外の研究を参考に、買い手企業にとって重要性の高いM&Aを抽出するために以下の基準を採用した。
①買収金額が10億円を超える取引完了した買収
②買収金額が買い手の総資産の3％以上を超える買収

特集
クロスボーダーM&A

③当該取引における株式取得比率が10％以上で、取得後保有比率が20％以上の買収
④金融とREITは除外

国内M&AとクロスボーダーM&Aの特徴

そもそも、国内M&AとクロスボーダーM&Aの間には、実施する企業や取引の性格で違いがあるのだろうか？ 分析対象となった企業ならびに取引内容に関する基本統計は、表1のとおりである。

パネルAには、取引の分布を示している。パネルAで第1に注目すべきは、買い手企業とターゲット企業の所属する業種である。買い手企業とターゲット企業が同業種であるM&Aの比率を見ると、国内M&Aは45％、クロスボーダーM&Aは60％であり、クロスボーダーM&Aでは同業種によるM&Aが多くなっている。クロスボーダーM&Aは、買い手企業が本業における海外事業の成長と強化を目的に実施していることがわかる。

第2に注目すべきは、買い手企業の業種である。製造業の比率は国内M&Aが33％に対し、クロスボーダーM&Aは67％となっている。さらに、製造業および情報通信業によるM&Aの比率は、国内M&Aでは56％、クロスボーダーM&Aでは84％に上る。このことより、M&Aは全体として製造業の比率が高いが、特に大型のクロスボーダーM&Aは製造業と情報通信業が中心になっていることがわかる。日本企業のなかでも、特に国境を越えて競争が激化している業種で生き残りをかけた海外企業の買収が行われていると解釈できる。

このように業種が集中していることは、クロスボーダーM&Aが、事業環境の変化に対する合理的な対応のなかで行われていることを示す。海外企業の買収は、企業文化の違いがあり融合が難しいとか、海外企業の経営は難しいなどと悠長なことをいっていられない現実がそこにはあるのだろう。

パネルBには、買い手企業と取引内容に関する詳細な情報を示している。買い手企業の設立後年数は、中央値で国内M&Aが36年、クロスボーダーM&Aが58年であり、クロスボーダーM&Aのほうが企業年齢は高い。相対的に成熟した企業が成長機会を求めて海外へ進出していると考えられる。ただし、企業の成長性を示す指標の1つであるトービンのQ（企業の市場価値の簿価に対する比率：相対的な株価水準を示す）については有意な差は見られなかった。

買収企業の売上高および買収規模については、クロスボーダーM&Aのほうが大きいが、ターゲット企業の売上高については差がない。

買収前の株式の保有比率は、平均値は国内M&Aが8.7％、クロスボーダーM&Aが3.0％で国内M&Aのほうが高い。ただし、中央値はともに0.0％であることから、情報の少ない海外企業の買収でも、事前に株式保有をする段階的買収は一般的ではないようだ。買収後の株式保有比率は、国内M&A・クロスボーダーM&Aともに平均は約90％であり、この研究では100％株式を買収するM&Aが主になっている。ただし、これは前節で説明したサンプルの抽出基準の影響も受けていると考えられる。

支配プレミアム（事前の市場株価に対して、買収価格

[特集論文—Ⅵ]
検証：日本企業はクロスボーダーM&Aが本当に不得意なのか？

表1　基本統計

パネルA：取引の分布

	国内M&A（667件）		海外M&A（81件）	
	該当件数	構成比（％）	該当件数	構成比（％）
ターゲット企業が公開企業である比率	247	37	22	27
同業種同士のM&Aの比率	302	45	49	60
買い手が製造業によるM&Aの比率	221	33	54	67
買い手が情報通信業によるM&Aの比率	151	23	14	17
年別内訳				
2003年	54	8	4	5
2004年	98	15	6	7
2005年	124	19	17	21
2006年	114	17	13	16
2007年	107	16	11	14
2008年	64	10	11	14
2009年	57	9	8	10
2010年	49	7	11	14

パネルB：当事者企業と取引性格

	国内M&A（667件）		海外M&A（81件）		国内−海外	
	平均	中央値	平均	中央値	差	検定
企業設立後年数	38	36	50	58	−11	***
トービンのQ	2.09	1.26	3.11	1.41	−1.01	
（単位：百万ドル）						
買い手企業の売上高	1,989	464	4,572	1,291	−2,583	***
ターゲット企業の売上高	665	144	650	163	15	
買収金額	236	49	504	185	−268	***
（％）						
M&A前の株式保有比率	8.7	0.0	3.0	0.0	5.7	***
M&Aにおける株式取得比率	79.7	99.4	87.1	100.0	−7.4	***
M&A後の株式保有比率	88.3	100.0	90.1	100.0	−1.7	
支配プレミアム	25.6	18.0	42.1	34.0	−16.4	**
買い手：内部留保/株主資本	24.6	46.9	27.0	57.4	−2.3	
買い手：ROA	7.2	4.0	8.1	5.0	−0.9	
買い手：M&A前の欧米売上高比率	3.5	0.0	14.7	1.3	−11.3	***
買い手：外国人株主比率	11.9	8.0	18.7	18.0	−6.8	***

（注）***、**は、それぞれ統計上1％、5％水準で有意（両側t検定）を示す。

特集
クロスボーダーM&A

で何％の価格上乗せをしているか）は、平均値でクロスボーダーM&Aが42.1％であり、国内M&Aよりも大幅に高い。海外企業の買収で、日本企業は買収価格を支払い過ぎだという批判は、ここから来ているのだろう。海外の企業、特に欧米企業は、買収を受け入れるにあたって株主利益の最大化を図ること、ならびにM&A市場の競争も激しいことが、高い支配プレミアムの原因と見られる。なお、支配プレミアムの買い手企業のパフォーマンスに対する影響は後述する。

M&A前の欧米売上高比率および外国人株主比率は、クロスボーダーM&Aのほうが有意に高い。株主資本に対する内部留保の比率、買い手企業のROA（総資産利益率）などは、国内M&Aとクロスボーダーに有意な差は見られなかった。

まとめると、クロスボーダーM&Aには、以下の3点の特徴がある。第1に、クロスボーダーM&Aは、主として製造業および情報通信業の企業による海外の同業企業の買収という性格を持つ。第2に、クロスボーダーM&Aを行う企業は、もともと海外売上高比率が高く、成熟した大企業が中心となっている。海外市場における経験が乏しい企業が、いきなり海外企業を傘下に置こうとしているわけではない。つまり、大半のクロスボーダーM&Aは、海外市場で経験豊富な日本を代表する大企業が本業強化のために行っているといえる。第3に、クロスボーダーM&Aでは、M&A前にターゲット企業の株式を保有することは一般的でないが、買収後はほぼ100％株式を買収しており、結果的に大きな支配プレミアムを支払うことを強いられる。クロスボーダーM&Aは、国内M&Aに比較すると、事前情報の少ないなかで、相対的に大きなコストを伴うリスクの高い投資なのは確かである。

4　M&Aのパフォーマンス

表2は、M&Aに対する株式市場の評価を示している。国内M&A、クロスボーダーM&Aのそれぞれについて、買収発表前後3日間の買い手企業の株価の反応、買い手企業の長期株価パフォーマンス（BHARによる買収発表後12カ月、24カ月、36カ月の超過リターン）を検証し、さらにその差についても検証を行っている。

買収発表時の株式市場の評価は、M&A全体、国内M&A、クロスボーダーM&Aのいずれのサンプルでもプラスである。すなわち、日本企業によるM&Aは、株式市場からは株主価値に貢献する行動としてポジティブな評価を受けている。クロスボーダーM&Aのほうが国内M&Aよりも株式市場から高い評価を受けているが、その差は統計上有意でない。少なくとも、株式市場がクロスボーダーM&Aを、国内M&Aに劣らず支持してい

表2　買い手企業の株価パフォーマンス

	国内M&A（667件）		海外M&A（81件）		国内－海外	
	平均（％）	検定	平均（％）	検定	差（％）	検定
発表前後3日間の超過リターン	1.53	***	2.15	**	−0.62	
BHAR 12カ月	2.24		−3.35		5.59	
BHAR 24カ月	0.41		−5.12		5.53	
BHAR 36カ月	−3.49		−17.69	***	14.19	**

（注）表1と同じ。

[特集論文—Ⅵ]
検証：日本企業はクロスボーダーM&Aが本当に不得意なのか？

ることは、海外企業の買収を経営の重要な選択肢と位置づけている企業の経営者にとって心強い。

一方、M&A発表後の長期の株価パフォーマンスを見ると、M&A発表後24カ月までは統計上有意な超過リターンはいずれのサンプルでも確認できない。M&A発表後36カ月では、クロスボーダーM&Aにおいてのみ、マイナスの超過リターンとなっており、国内M&Aに比較しても低いリターンとなっている。

さらに、長期の株価のパフォーマンスについてはCTPでも分析を行っている。結果は表には示していないが、国内M&A、クロスボーダーM&Aのいずれについても、12カ月、24カ月、36カ月のいずれの期間でも、統計上有意な超過リターンは確認できなかった。これは、発表後36カ月間のBHARで検出できたクロスボーダーM&Aにおけるマイナスの超過リターンという結果が、統計上は頑健な結果とはいえないことを意味する。

M&Aの買い手企業の株価パフォーマンスをまとめると、発表時には国内M&Aも、クロスボーダーM&Aも、買い手企業はポジティブな評価を受けており、クロスボーダーM&Aでは、平均で約2％のプラスの超過リターンとなっている。発表後の長期間の株価パフォーマンスを見ても、発表時のプラスの評価を覆す頑健な証拠は確認できない。これは、効率的市場仮説に基づく予測どおりであり、合理的な結果といえる。総合して見れば、日本企業のクロスボーダーM&Aは、発表時には株主価値を増大しており、ポジティブに評価できよう。

表3のパネルAは、M&A前後のOCFRの推移を示している。ここで示しているOCFRは、すべて同じ年の業種中央値に対する超過OCFR（業種調整済みOCFR）である。この数値がプラス（マイナス）なら、業種中央値より高い（低い）OCFRであることを意味する。

国内M&A、クロスボーダーM&Aとも、買収前のほ

表3　買い手企業の業績推移

パネルA：買い手企業の業種調整済みOCFRの推移

	国内M&A（460件）		海外M&A（64件）		国内−海外	
	平均（%）	検定	平均（%）	検定	差（%）	検定
業種調整済みOCFR 買収3年前	2.82	***	−0.46		3.28	
業種調整済みOCFR 買収2年前	4.66	***	3.27		1.39	
業種調整済みOCFR 買収1年前	3.93	***	4.38	***	−0.45	
業種調整済みOCFR 買収年	1.83	***	2.23		−0.40	
業種調整済みOCFR 買収1年後	1.34	***	2.69		−1.35	
業種調整済みOCFR 買収2年後	1.08	***	0.29		0.79	
業種調整済みOCFR 買収3年後	0.86		−1.54		2.40	

パネルB：買収前後の業種調整済みOCFRの変化

	国内M&A		海外M&A		国内−海外	
	平均（%）	検定	平均（%）	検定	差（%）	検定
OCFR買収前後の差	−2.61	***	−1.41		−1.21	

（注）表1と同じ。

うがOCFRは高い。特に買収前年は高いOCFRとなっている。これは、業績の相対的に良好な企業がM&Aに乗り出す傾向があることを示唆している。逆に、買収後にはOCFRは次第に低下する傾向がある。買収前と買収後のいずれの時期も、クロスボーダーM&Aと国内M&Aの間に、OCFRの統計上有意な差は確認できない。パネルBには、買収前3期と買収後3期のそれぞれのOCFRの平均の差を検証した結果を示している。これによると、国内M&Aでは、買収前に比較して買収後のOCFRは統計上有意に悪化している。一方、クロスボーダーM&Aでは、買収後のOCFRの悪化幅が小さく、統計上有意な悪化は確認できない。

M&Aの買い手企業の業績への影響をまとめると、M&A後にはOCFRは悪化する傾向を持つ。ただし、この悪化傾向はクロスボーダーM&Aでは統計上は確認できない。少なくとも、クロスボーダーM&Aが、国内M&Aに比較して、買収後の買い手企業の業績を悪化させているとはいえない。

なお、買収発表時の株価の反応、買収発表後の長期のBHAR、買収前後のOCFRの変化の間の相関を見ると、買収発表時の株価の反応と、買収発表後12カ月および24カ月のBHARの間には正の相関があり、また買収発表後12カ月、24カ月、36カ月のBHARと、買収前後のOCFRの変化の間に正の相関が確認できた。これは、M&A発表時の株式市場の評価が、M&A後のパフォーマンスと整合的であることを意味し、発表時の株価の反応に妥当性のあることを示す。また、支配プレミアムは、発表時の株価の反応、発表後の長期の株価パフォーマンス、M&A前後のOCFRの変化のいずれに対しても有意な相関は認められなかった。クロスボーダーM&Aにおいて、買収価格の過大な支払いが話題になることが多いが、支配プレミアムの大きさのみで、買収価格が過剰な支払いとはいえないようである。

ここまでの実証分析の結果をまとめよう。主たる結果として、クロスボーダーM&Aは株主価値を発表時に増大しており、発表後の3年間に株価パフォーマンスが大幅に悪化するという頑健な結果は得られない。また、業績が買収後に大幅に悪化するということも確認できない。加えて、発表時の株価の反応、発表後の長期の株価パフォーマンス、買収前後の業績変化のどれをとっても、国内M&Aとの差は確認できない。したがって、海外企業の買収が、買い手の日本企業の価値を破壊しているということも、国内M&Aよりもパフォーマンスが悪いということもいえない。

日本企業によるM&Aの株価に与える影響は、Andrade et al.（2001）がアメリカ企業のM&Aに関して報告した結果やEllis et al.（2011）が英米を中心とする世界中の企業のクロスボーダーM&Aに関して報告した結果と、おおむね類似した結果になっている。したがって日本企業のM&Aのパフォーマンスが、英米企業のM&Aのパフォーマンスに比較して、特に見劣りするということはない。

5 ケーススタディー

前節で紹介したM&Aのパフォーマンスに関する実証研究では、日本企業による海外企業の買収が、株主価値に貢献していることを示した。しかし、その結果からは、日本企業がクロスボーダーM&Aで実際に企業価値を創出する背景や、成果が上げられず株価下落を招く原因が何かまでは、明らかにされない。[8] 前節で紹介した分析のサンプルのなかから、買い手の日本企業にとってのターゲット企業の規模が相対的に大きく、新聞などのメディアでも注目されている取引として、日本板硝子によるイギリスのピルキントンの買収（2006年）と、第一三共によるインドのランバクシー・ラボラトリーズの買収（2008年）を事例に、M&Aの成果を分ける要因を

[特集論文—Ⅵ]
検証：日本企業はクロスボーダーM&Aが本当に不得意なのか？

探ってみよう。

日本板硝子のピルキントン買収

　買収前に世界シェア4％（第4位）だった日本板硝子は2006年に、同10％（第3位）のピルキントンを約6000億円かけて買収した。いわゆる小が大をのむ買収である。日本板硝子は、この買収で旭硝子、サンゴバンに続く世界の板ガラス市場第3位の地位を確保した。日本板硝子は、すでに買収前の時点で板ガラス市場では国内第2位（第1位の旭硝子とあわせて市場シェアの約70％を占める寡占状態）だったが、海外での生産体制は整っていなかった。主要顧客である日本の自動車メーカーが海外生産シフトを強めるなかで、海外での板ガラスの供給体制の整備が課題だった。しかし、板ガラス産業は装置産業であり、海外での供給体制を短期間で整備することは困難だった。このため、日本板硝子は24カ国に37工場を有するピルキントンの買収に踏み切った。日本板硝子は、買収にあたり約40％以上の買収プレミアムを支払って、ピルキントンの100％株式を買収している。リスクの高い買収なのだから、株式を段階的に買い増せばよかったのではという意見もあるだろうが、イギリスでは公開企業の買収にあたり、30％以上の株式を取得する場合には全株式に対して買い付け提案をしなければいけないというルール（全部買い付け義務）があり、そうした段階的な買収は選択肢になかった。

　この買収の最初の発表時の株価の超過リターンは約2％のプラスである。これは、表2に示したクロスボーダーM&Aに対する株価の反応の平均と一致している。買収発表後24カ月の株価の超過リターン（BHAR）は約20％のプラスだが、発表後36カ月ではマイナス（BHARで－8％）に転じる。業種調整済みOCFRを見ると、買収前年度の数値を、買収後2年目までは上回っていたが、3年目に下回っている。この株価と業績の、買収3年目における悪化傾向は、表2と表3のクロスボーダーM&Aのパフォーマンス推移の傾向に一致している。図1に、日本板硝子の株価とROA（総資産利益率）の推移を示している。

　日本板硝子のケースでは、買収後3年目のパフォーマンスの悪化の背景には、リーマンショックの影響で、アメリカとヨーロッパにおける収益が急激に悪化したことがある。日本板硝子の海外売上高比率は買収前の20％から75％に上昇しており、欧米市場の経済悪化の影響を他の日本企業よりも強く受けた。つまり、買収時の経済環境が継続している間は買収の成果は上がっていたが、経済環境の大きな変化によりシナリオが狂ったようだ。ヨーロッパの景気後退の影響を受け、日本板硝子は2013年3月期決算も最終赤字を見込んでいる。

第一三共のランバクシー・ラボラトリーズ買収

　第一三共によるランバクシーの買収は、新興国における営業網と後発医薬品事業の獲得を目的に5000億円近い投資額で実施された。第一三共の庄田隆社長（当時）は、この買収について「グローバル企業をめざす戦略に沿った決定。ランバクシーは後発薬で世界的に大きな存在感を持ち、インド以外の事業も大きい。長期で良好な関係を築ける相手だと思った。今回の合意で得られる成長機会を大いに生かしたい」とコメントしている。[9)] 第一三共は、買収報道時点の株式の超過リターンは約6％のプラスであり、株式市場は高い評価を下していた。しかし、買収直後にランバクシーの生産管理・品質管理に問題があるとして、アメリカの規制当局からインドの2工場について対アメリカ輸出の禁止を命じられる。この結果、第一三共は、買収後の最初の決算にあたる2009年3月期決算において約3000億円の評価損を計上し赤字決算となった。このネガティブなニュースに反応し、第一三共の株価は大幅に低下している。このため、買収発表後12カ月、24カ月、36カ月のいずれの期間の株価リターン（BHAR）もマイナスとなっている。買収実施後の

特 集
クロスボーダーM&A

図1　日本板硝子の株価とROAの推移

株価の推移

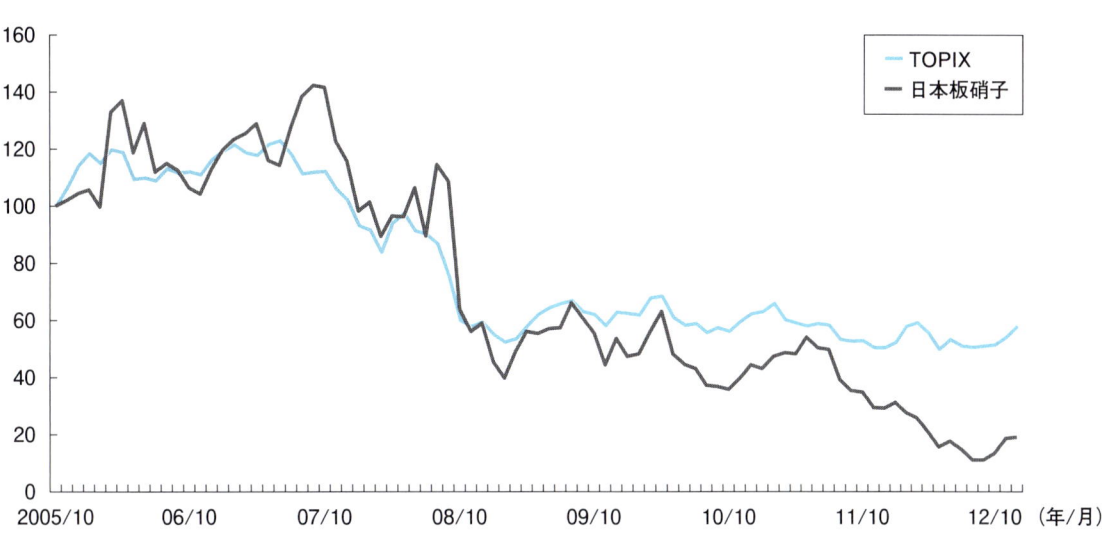

（注）買収発表の前月末の2005年10月末の株価を100とする。

ROAの推移

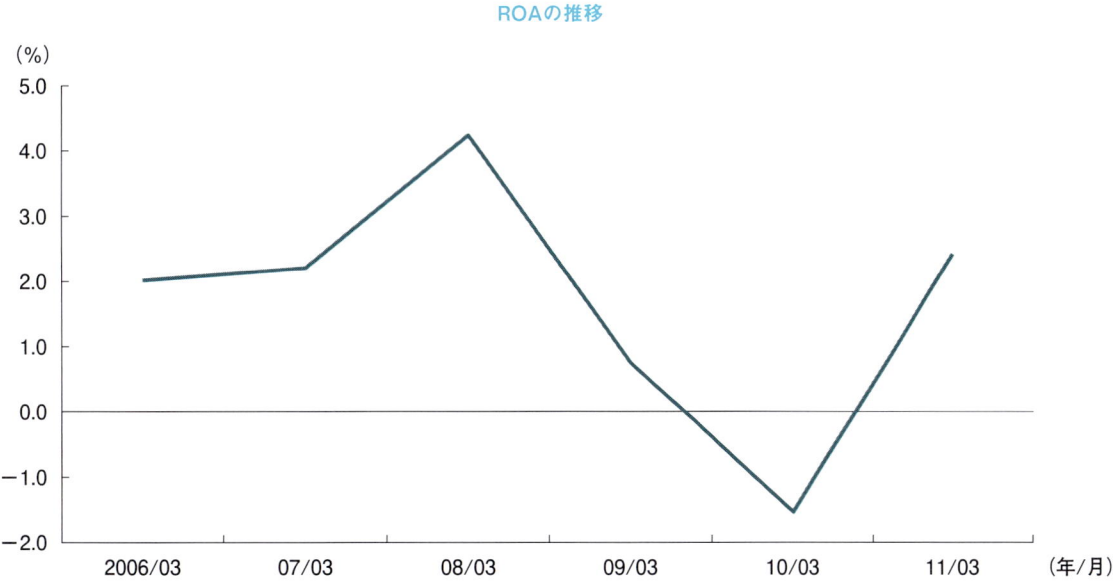

（注）買収反映は2007年3月期以降。数値は会社ホームページでの公表数値。

ROAも買収前年度にあたる2008年3月期の数値を下回って推移している（図2）。

日本板硝子、第一三共の事例は、いずれも買収先の主要市場の経済環境の悪化や、買収ターゲットとなった企業における経営管理上のリスクの顕在化など、おそらく買収検討時に想定していなかった事象の発生が、買収後のパフォーマンス悪化の直接の原因となっている。よくいわれることだが、海外企業の買収にあたっては、買収先の市場の事業環境に加えてマクロ経済環境や、買収先企業の企業統治や生産管理の体制、法令順守の状況などを、慎重に調査することが重要である。しかし、何よりも重要なことは、こうした想定外の問題が発生したとしても、買収により獲得した経営資源を、最終的に自社の経営に活かし、コストを上回るベネフィットを獲得することができるかであろう。

クロスボーダーM&Aは長期戦：
ブリヂストンの事例

日本板硝子、第一三共のケースは、近年の日本企業によるクロスボーダーM&Aのなかでも、発表時に大きな注目を浴びながら、買収後には計画どおりの成果を上げていない代表例である。しかし、これらの2つの買収が失敗だったという結論を出すのは、まだ早いだろう。日本板硝子については、ピルキントンを買収した2006年以降も、国内需要の縮小に伴って国内売り上げは伸びておらず、今後の成長のカギは、海外市場の業績回復にあることは買収前と変わりはない。第一三共についても、ランバクシーの業績回復に伴い、その高い成長力と利益率が、本年度の決算に好影響を与えている。

クロスボーダーM&Aは大きなリスクを伴い、買収後の2年や3年の期間では、リスクの顕在化により株価や業績の悪化を伴うこともある。しかし、長期的には、日本企業の成長率を高める潜在性を持つ。日本板硝子によるピルキントン買収と、類似性の高い海外企業の買収としては、四半世紀も前に行われたブリヂストンによるファイアストン買収がある。現在、世界でタイヤ売上高第1位のメーカーとなっているブリヂストンは、1988年にアメリカのファイアストンを買収したことが現在の地位に結びついている。買収当時、ブリヂストンとファイアストンは、世界シェア第3位・第4位を競っており、ブリヂストンにとっては、日本板硝子のケースと同じように、世界市場でのミシュラン、グッドイヤーと並ぶリーダー企業の地位を確保するための大きな賭けだった。

「日系自動車メーカーの北米進出に伴う国内新車用タイヤ需要の減少など、当社内でも北米への本格的な進出を望む声が高まっていました。しかし、当社はアメリカ系自動車メーカーへの新車用タイヤの納入実績はなく、アメリカでの市販用タイヤ販売は好調でも、新設工場を採算ラインに乗せるだけの販売力は持っていませんでした。持ち込まれた買収や提携案件のなかで、興味を持てたのはファイアストンだけでした。ファイアストンは北米、中南米、ヨーロッパで多くの生産設備を持っており、当社とあわせると無駄のない生産拠点網が実現できると考えられました」[10]

しかし、ファイアストンの買収をめぐっては、イタリアのピレリと買収合戦になったため、ピレリによる買収提案前の1株約40ドルの株価に対し、80ドルと約2倍（支配プレミアムでは100％に相当）の買収価格を支払うことになった。それでも、ブリヂストンによる買収の発表前後3日間のブリヂストンの株価の反応は、1.6％のプラスとなっている。この結果は、時代や経営環境は現在と大きく異なるものの、表2で紹介した結果と一致している。

ブリヂストンは、ピレリを抑えてファイアストンの買収に成功したものの、同社の生産体制・販売体制は混乱し、問題を抱えていた。そのため、ブリヂストンがファイアストンの経営・生産・販売体制を全面的に立て直し、黒字化するのは、買収5年後の1993年決算にずれ込んだ。このため、発表後36カ月間の株価パフォーマンス（BHAR）は−34％と大きなマイナスとなっている。ま

特集
クロスボーダーM&A

図2　第一三共の株価とROAの推移

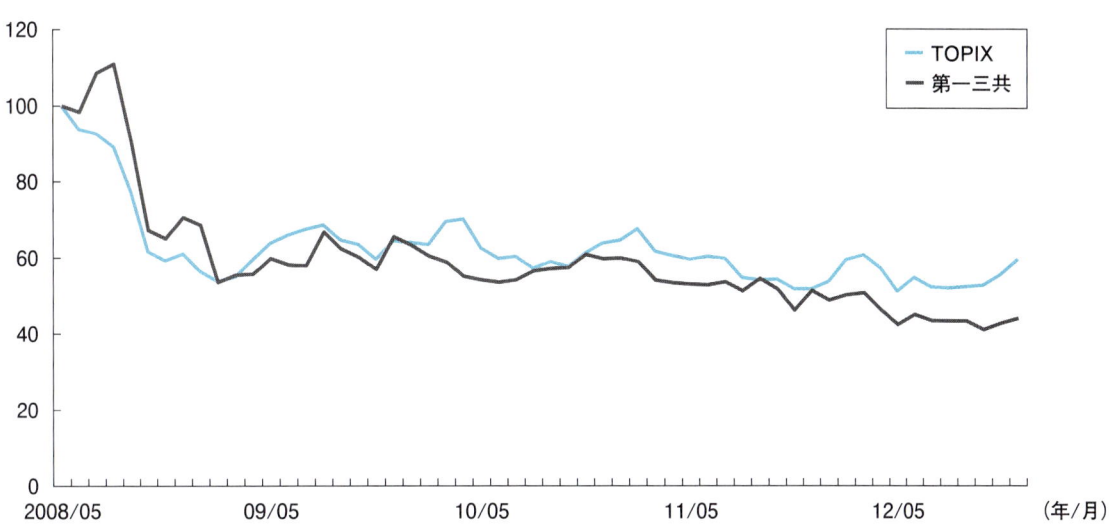

（注）買収発表の前月末の2008年5月末の株価を100とする。

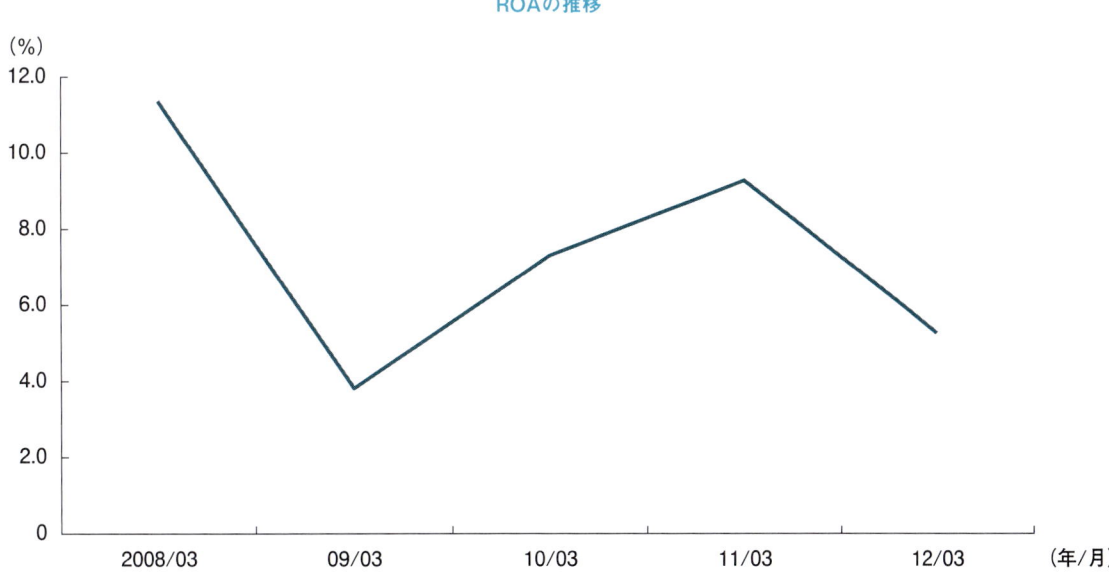

（注）買収反映は2009年3月期以降。利益はEBITベース。

[特集論文—Ⅵ]
検証：日本企業はクロスボーダーM&Aが本当に不得意なのか？

図3　ブリヂストンの株価とROAの推移

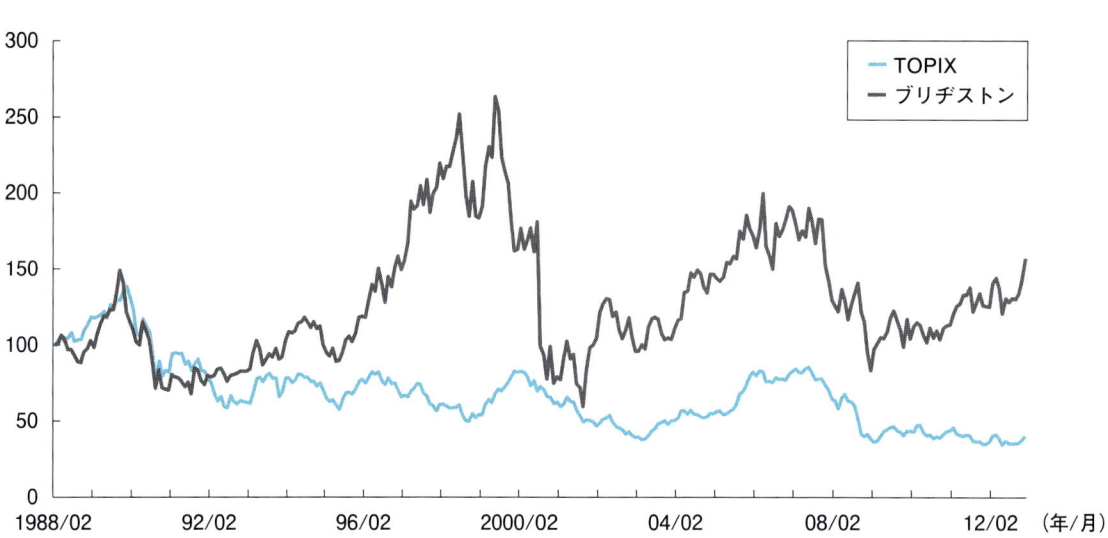

(注) 買収発表の前月末の1988年2月末の株価を100とする。

(注) 買収反映は1988年12月期以降。営業利益ベース。

た、ROAも買収後1992年にかけて低下している（図3）。

ブリヂストンがファイアストンの経営を再建して1993年に買収後初めて黒字化した後も、ファイアストンの経営は困難の連続だった。2000年には、フォードのエクスプローラーの事故から、タイヤの安全性が問題になり、1440万本のタイヤを自主回収することを発表している。このリコール問題は、ブリヂストンの業績を悪化させ、株価も大幅に低下した。しかし、リコール問題も乗り越え、2005年には、ミシュラン、グッドイヤーを抑えてタイヤ売上高で世界第1位の地位についている。このように買収後に次々と起きる問題を乗り越えることで、買収後24年間で株価も市場平均を上回るパフォーマンスを上げている。

ブリヂストンによるファイアストン買収の事例は、日本企業が世界市場でリーダーの地位を獲得するために、クロスボーダーM&Aが有力な手段の1つであることを示している。一方、M&A市場で売りに出てくる大企業は、内部にさまざまな問題を抱えている可能性も高く、その立て直しには多大な労力とコストがかかることを教えてくれる。Inoue et al.（2013）では、最近のM&Aを分析対象にしているというデータ上の制約もあり、買収発表後3年間の株価、または買収実施後3年間の業績を分析対象としているが、その結果が個々のM&Aの最終的なパフォーマンスでないことは、ブリヂストンのケースが示すとおりである。日本板硝子、第一三共にとっても、それぞれの買収先企業を今後どのように自社の成長戦略のなかで活かしていくか、長期的な挑戦が待っている。

6 おわりに

本稿では、株価や財務数値を用いて、日本企業のクロスボーダーM&Aは成功しているのかについての検証結果を紹介し、さらに3社のケーススタディーから、株価や業績に表れるパフォーマンスの背景を明らかにすることを試みている。

日本企業のクロスボーダーM&Aは、発表直後は株式市場で支持を受けており、買収後の長期間のパフォーマンスもブレークイーブンだった。ブレークイーブンとは、財務的に解釈すれば、株主の要求する資本コストを満たす投資を行っているということであり、配当に回したほうがよいという指摘はあたらない。新聞や雑誌で見る「日本企業のクロスボーダーM&Aは大半が失敗している」という論調に反する結果となっている。さらに、国内企業の買収に比較して、パフォーマンスが悪いという事実もないし、英米企業のパフォーマンスと比較しても、大きな違いはない。あえていえば、M&Aの経験の少ない日本企業にしては、高い支配プレミアムを支払わされながら、なかなかよくやっていると評価できるのではないか。

ブリヂストンのケーススタディーが示すように、大型の海外企業の買収の最終的な成果が、2年や3年ではっきりわかるわけではない。発表後2～3年の株価や業績のパフォーマンス分析の結果でわかることは、日本企業による海外企業買収が、少なくとも過剰なリスクテークや非効率な投資ではないということである。だからこそ、株式市場は買い手企業を案件発表日にポジティブに評価しているのだろう。その意味で、さまざまな障害の存在を知っていながら、海外企業の買収を通してグローバル化する経済に対応しようという日本企業の試みを大いに応援したい。日本企業はクロスボーダーM&Aは不得意であるなどと、いたずらに警戒心を持ち過ぎないことが肝要である。

[特集論文—Ⅵ]
検証:日本企業はクロスボーダーM&Aが本当に不得意なのか?

井上光太郎(いのうえ・こうたろう)
1966年生まれ。筑波大学大学院博士課程修了、博士(経営学)。KPMGのM&A部門ディレクター、名古屋市立大学大学院経済学研究科助教授、慶應義塾大学ビジネススクール准教授を経て、2012年4月より現職。主な著作:『M&Aと株価』(共著、東洋経済新報社、第1回M&Aフォーラム賞・正賞)。

奈良沙織(なら・さおり)
1978年生まれ。筑波大学大学院博士課程修了、博士(経営学)。2012年5月より現職。主な著作:「業績予想開示の柔軟化とアナリスト予想」『証券アナリストジャーナル』51(2)(共著)、「ディスクロージャー優良企業における経営者予想——予測誤差と業績修正行動を中心に」『現代ディスクロージャー研究』第11号(共著)。

山﨑尚志(やまさき・たかし)
1978年生まれ。2005年神戸大学大学院博士課程後期課程修了、博士(経営学)。主な著作:『野球人の錯覚』(共著、東洋経済新報社)。

注

1 例として2010年11月14日の『日経ヴェリタス』は、日本企業のM&A勝率は2割6分であり、そのなかでも海外企業の買収の失敗が目につくと報じている。
2 本稿では、株式市場全体の動きの調整には、Fama and Frenchの3ファクターモデルを使用している。
3 長期の株価パフォーマンスは、発表時の数日間の株価の反応と異なり、個別企業の固有のリスクが株価に影響を与えるため、M&Aの効果を確認するのが非常に難しい。このため、本分析ではBHARとCTPという2つの手法を用いる。
4 具体的には、毎月構築されたCTPの平均月次リターンを用いて、以下の回帰モデルを推定する。
$R_{pt} - R_{ft} = a_p + \beta_i (R_{mt} - R_{ft}) + s_p SMB_t + h_p HML_t + \varepsilon_{pt}$
ここで、説明変数はFama and Frenchの3ファクターであり、統計上有意なa_pがあるか否かを検証する。
5 これは、サンプルとなる企業の超過リターン間の相関問題(cross-sectional dependence)を回避することが可能な方法とされている。
6 具体的には、$OCFR_{i,t} = CF_{i,t}/A_{i,t}$で表すことができる。ただし、$CF$は営業利益に減価償却とのれんの償却を足したもの、$A$は負債合計に資本合計を足した値であり、資本合計は簿価を用いた結果について示す。なお、添え字iは企業iを、tは買収年に対する相対年を示し、-5,…,0,…,5と変化する。
7 分析に必要な財務データ等については日経Financial Questより、株価データはポートフォリオマスターより取得している。
8 第3節と第4節で紹介した実証分析は、Inoue et al. (2013)の結果の一部をまとめたものである。同論文では、コーポレートガバナンス上の仮説に基づき、回帰分析により、買い手企業のパフォーマンスに影響を持つ要因(ガバナンス体制、買収対価の支払い手段、多角化)を分析している。しかし、ここではその仮説や結果の紹介ではなく、ケーススタディーから紹介した実証結果の背景への理解を高めることを試みる。
9 「第一三共、ランバクシー買収」『日経産業新聞』2008年6月12日。
10 ブリヂストンのホームページ「ブリヂストン物語　第8章」より。

参考文献

Andrade, Gregor, Mark Mitchell, and Erik Stafford.
　2001. "New Evidence and Perspectives on Mergers." *Journal of Economic Perspectives* 15(2): 103-120.
Coase, Ronald H.
　1937. "The Nature of the Firm." *Economica* 4(16): 386-405.
Ellis, Jesse, Sara B. Moeller, Frederik P. Schlingemann, and René M. Stulz.
　2011. "Globalization, Governance, and the Returns to Cross-border Acquisitions." NBER Working Paper No. 16676.
Inoue, Kotaro, Saori Nara, and Takashi Yamasaki.
　2013. "Are Acquisitions by Japanese Firms Efficient Investment?" RIETI Discussion Paper. (2013年春に収録予定)
Moeller, Sara B., and Frederik P. Schlingemann.
　2005. "Global Diversification and Bidder Gains: A Comparison Between Cross-border and Domestic Acquisitions." *Journal of Banking and Finance* 29(3): 533-564.

私のこの一冊
From My Bookshelf

開かれた社会の追求は日本企業復活に通じる
山岸俊男『信頼の構造』

野間幹晴
Noma Mikiharu
一橋大学大学院国際企業戦略研究科准教授

毎年、文化の日に日経・経済図書文化賞（以下、日経賞）が発表される。日経賞は、日本経済新聞社と日本経済研究センターの共催により、経済あるいは経営に関する優れた図書に対して贈られる。私が大学院の修士課程だった1998年に、本書は日経賞を受賞した。思索の浅かった私は、一見すると、経済あるいは経営とは関連のない信頼というテーマを議論の俎上に載せた本書に日経賞が贈られたことを疑問に思った。こうした疑念を解き明かすために本書をひもといたが、それは直ちに氷解した。

本書の根底には、集団主義社会は安心を生み出すが信頼を破壊する、というメッセージがある。同時に、いくつかのパラドックスを指摘している。第1のパラドックスは、信頼が最も必要とされるのは、信頼が最も生まれにくい社会的不確実性の大きな状況においてであり、また信頼が最も育成されやすい安定した関係では、信頼そのものが必要とされない、というものである。

このことは直観的には反するように思われるが、2つの前提を組み合わせることで成り立つ。1つは、信頼は社会的不確実性の高い状況における社会関係の形成を促進するという前提である。いま1つは、信頼は社会的不確実性の低い関係において生み出されるという前提である。たとえば、インターネット・ショッピングで売り手を信頼できなければ、買い手には商品の購入に至るまでに膨大なコストがかかる。その結果、売り手と買い手の双方にとって、望ましくない状況に陥る。買い手が売り手を信頼できれば、こうした事態は回避される。

■ 山岸俊男 著
■ 東京大学出版会
■ 定価 3360円（税込）

さらに後者の前提から、アメリカ社会と比べて安定した関係のネットワーク社会が隅々まで張り巡らされ、集団主義的な安定した社会関係が大きな役割を果たしている日本のほうが、他者一般に対する信頼の水準がアメリカ社会よりも低い水準にとどまっている、という第2のパラドックスを主張している。

ここから、日本の企業や社会に対して豊かなインプリケーションを導き出すことが可能である。競争力を回復するために、「M&A」「グローバル化」「オープン・イノベーション」などに取り組むことが日本企業の喫緊の課題である。これら3つは、安心していられるという意味で安定的であると同時に閉鎖的であった日本企業が「開かれた企業」に転換する必要があるという点で共通している。本書は、「開かれた企業・社会」へ転換するためには、人々の間に特定の集団や関係の枠を超えた一般的信頼を醸成することが重要であると主張している。「開かれた企業・社会」への変革を試みながらも、必ずしも成功していない日本の論点を考えるにあたって、本書から得られる示唆は大きい。 H

野間幹晴（のま・みきはる）
1974年生まれ。2002年3月一橋大学大学院商学研究科博士課程修了。博士（商学）。02年4月横浜市立大学商学部専任講師。04年10月より現職。主な著作：『コーポレート・ファイナンス入門——企業価値向上の仕組み』（共著、共立出版）、『日本企業のバリュエーション——資本市場における経営行動分析』（共著、中央経済社）、「日本企業の競争力はなぜ回復しないのか——配当行動と投資行動をめぐる2つの通説への反駁」『一橋ビジネスレビュー』58(2)。

Cross-Border M&A

成功企業に学ぶ
経営トップの役割とは

本特集の締めくくりとして、大型のクロスボーダーM&Aを成功させた2つの代表的企業の経営トップに、M&Aにおいて経営トップが果たすべき役割についてお話をお聞きした。1999年にRJRI、2007年にギャラハーを買収した日本たばこ産業の木村宏会長と、06年にOYLインダストリーズ、12年にグッドマン・グローバルを買収したダイキン工業の井上礼之会長である。彼らはなぜクロスボーダーM&Aに踏み切ったのか、買収後のシナジーを高めるには何が必要なのか。当事者ならではの実践的M&A論を語る。

[インタビュアー]
佐山展生
Sayama Nobuo

日本たばこ産業株式会社
取締役会長
木村 宏
Kimura Hiroshi

ダイキン工業株式会社
代表取締役会長兼CEO
井上礼之
Inoue Noriyuki

特集
クロスボーダーM&A

[特別インタビューⅠ]

M&Aは買収後のシナジー形成に成功してこそ実がある

[ゲスト]
木村 宏 日本たばこ産業株式会社 取締役会長
Kimura Hiroshi

1 生き残りのためにM&Aを志向する

上場を機に海外展開を視野に入れる

佐山 日本企業が行うクロスボーダーM&Aはだいぶ増えていますが、M&Aをその後の事業に結びつけて成功している事例はまだ多くないと思います。
　そのなかで御社は、大変うまく成果を挙げていますが、クロスボーダーM&Aを意識されたのはいつ頃からでしょうか。

木村 法的にM&Aが可能になったのは、1985年に日本専売公社から日本たばこ産業（JT）になってからですが、実質的にはJTが上場した1994年以降、1996年頃からではないかと思います。
　ただし、それ以前から国内市場の停滞は予測されていました。年齢階層別の人口を見れば、国内のたばこ事業はピークアウトすることは確実で、必然的に海外展開が志向されました。
　最初は、日本でつくった製品を海外に輸出する、輸出モデルでやっていましたが、やがて頭打ちになったので、われわれがマーケットインしていこうということになりました。
　しかし、たばこ産業はすでに各国で広告宣伝規制などがとられていましたから、ゼロからブランドを育てるのは非現実的でした。そこでわれわれは、確立されたブランドをどうやって取得していこうかと考えるようになったわけです。

佐山 なるほど。上場したことで「成長を続けなければならない」というテーマが明確になり、そこから海外展開、そしてクロスボーダーM&Aが志向されたということですね。

木村 さらに内部的な要因として、バランスシートの問題がありました。当時、キャッシュがかなり積み上がり始めていましたので、上場企業として「キャッシュに安住している」という批判には敏感になっていました。金利はきわめて低いので、より投資リターンが高いものに投資しなければいけないという、内在的な圧力がありました。

M&Aの背景に世界のたばこ産業再編成の波

佐山 一般的にM&Aというのは、売り手から売り情報が出てきて動くケースと、買い手が積極的にマーケットを調べ、ターゲットにあたって意向を打診するケースと、あるいはその両方ということになりますが、1996年ぐらいからターゲットに関する研究を始めていたということでしょうか。

木村 そうです。スクリーニングの作業というか、買収をするとすればどこに行くかという検討をその頃から始めていました。
　しかし、マーケットにどういう形で出ていくかがはっきりしていたわけではありません。
　実際、われわれが行った最初の大型クロスボーダーM&Aである、RJRナビスコの海外たばこ事業（RJRイ

一橋ビジネスレビュー 2013 SPR. **119**

[特別インタビューⅠ]
M&Aは買収後のシナジー形成に成功してこそ実がある

ンターナショナル、以下、RJRI）はオークションという形でした。そして、2回目のギャラハーの場合は、相対の取引で、こちらが主体的に買収を進めました。

この2回のM&Aの背景には、世界のたばこ業界が百年ぶりに大再編の時代に入っていたということがありました。それ以前は、多くの国が専売システムでやっていたのですが、その頃から民営化が進んで合併や買収が起きました。純粋民営の企業も国営企業も、世界的な再編成の波のなかにありました。

ですから、われわれは世界のたばこ産業大再編の波のなかで、生き残りを懸けてこのM&Aを行ったということです。

2 クロスボーダーM&Aの雛形を形成したRJRI買収

中長期的視点でRJRI買収を成功に導く

佐山 それでは、1回目のRJRIからうかがいます。

木村 RJRIの買収は、先ほど申し上げたようにオークションでした。われわれの情報では、財務力があるコンペティターも出てきていました。

当時、RJRIは日本国内でも2％ぐらいのシェアを持っていました。これがコンペティターの手に落ちてしまったら、彼らは日本国内でも急速にシェアを伸ばしてくるのではないかという危惧もありました。われわれは防衛シナジーといっていましたが、そういった面も含めてコールしました。

オークションですから、どうしても手に入れたい参加者が2人以上いると、値段は青天井に高くなります。当時のRJRIはかなり収益力が弱っていましたが、このディールは、それからするとかなり高いところまで跳ね上がってしまいました。

佐山 それで、マスコミなどから「高く買い過ぎた」というような声が上がりました。

木村 いや、マスコミに限らず、当時はすべてのアナリスト、投資銀行から「JTは高買いした。国内でしかビジネスをやったことのない元専売公社がグローバルビジネスをマネジメントできるわけがない」といった、強い批判を受けました。

佐山 M&Aが発表されたときに、それについて「高い、安い」ということが言われますが、その中身を知らなかったり、買収後のシナジーが読めていなかったり、その買収をやったケースとやらなかったケースの比較をしていないところでの発言が多いように思います。

御社としては、その3つともしっかり捉えた結果、決して高くないということで買収し、実際にそのとおりの成果を挙げたということですね。

木村 そうです。RJRIを立て直せば、そこから生み出せるシナジーで十分採算がとれるという計算がありました。

ところが、買収した後の2000年頃までは、経済危機のあおりで、われわれが見積もったプランより業績が下振れしました。このときがいちばん、プレッシャーを感じました。

ただ、そのときに、買収当時副社長で後に社長になる本田勝彦がリーダーシップを発揮して、われわれは2つのことを行うことができました。

1つは、こうした逆境のなかでも「品質への追加投資」をしっかり行ったこと。要するにR&Dや工場に設備投資をして、品質を良くすることに取り組んだのです。それともう1つ、買収のときにコミットした「プロモーション費用を毎年1億ドル増やす」という考えを緩めなかったことです。たばこ産業というのは多額のプロモーション費用が必要です。この2点について買収前のRJRIは明らかに過少投資でした。

2001年あたりまで歯を食いしばってがまんしてきたことがマーケットで功を奏し、それからは確実にシェア・売り上げを回復していきました。

実は、買収された側としては、日本企業に買収されるということに対して多少の不安があったと思います。しかし、経済危機のなかでもコミットした投資を継続したことで、「JTは本気で中期的・長期的視点で考えている。事業を理解している親会社だ」ということを彼らにわかってもらえた。これが良かったですね。

ロジックのあるコミュニケーションを

佐山 シナジー形成のためにインターナショナルなチームを動かしていく上で、どのようなことを重視されたのでしょう。

木村 ある程度、想定はしていましたが、最初は妙なことがいろいろ起きるものです。真面目な日本人が、かえってよくやる間違い、というやつですが。

たとえば、過剰介入をする。ディテールを知らないことに不安を抱き、責任をとらないのに細かい情報まで知りたがったり、アドバイスをしたりするわけです。

それから、ロジックの欠如した命令が来たりする。たとえば、「海外現地法人でも取引銀行はすべて邦銀に変えなさい」というようなレターが理由説明抜きでいきなり届くということがありました。「以心伝心」は日本人のなかでしか通じないので、私は「コミュニケーションは、まずロジックで語れ」とこの類は全部突き返しました。

というのは、RJRIを吸収したJTI（Japan Tobacco International、JTの海外事業部門）には、当時から100カ国ぐらいの国籍の人が働いていました。役員クラスだけでも、十数カ国です。そういう多様性のなかでのマネジメント・ランゲージは英語であり、英語はロジカル・ランゲージですから、ロジックがない命令では現場を混乱させるだけです。

そういう意味では、私は彼らの防波堤になる必要があると思っていました。

そうした交通整理に1年ぐらいかかりましたが、本田以下、東京サイドに理解してくれる人々がいたので、1年経ったときには、まったくそういうことはなくなりました。

M&Aの教科書は間違っている!?

佐山 それから、人事について、「現地人を大切に」ということをいつも言われていますが、その点について具体的にお話しいただけますか。

木村　M&Aの教科書には、買収直後はCEOのポジション、CFOのポジション、その他主要なオペレーションのポストは買収した側が占めるべきであると書いてありますね。

　これは教科書が間違っていると思います。それに、JTの日本人人材だけでは、M&Aの成功は百年経ってもおぼつかなかったと思います。基本的にドメスティックに経営していたわけですから。

　RJRIにしても、経営者が無能であったわけではなく、彼らは投資したくても、それまでの大株主である投資会社がLBO（レバレッジド・バイアウト）後の借入金返済のため、ほとんど配当で吸い上げてしまうので、やらせてもらえなかったというのが実情です。

　RJRIの経営陣は、もともとわれわれもよく知っている人たちでしたし、素晴らしい能力があることはわかっていました。私はJTの意思決定時から「Day 1より彼らはJTグループの貴重な人材なので、一緒にやっていく」と言っていました。そういう考えだったので、東京の本社が当初JTIに送り込んだ日本人は私を含めて8人だけでした。

佐山　大事なのは、買収した会社の人間をいかにやる気にさせるかだと思いますが、その意味でいちばん効率的なのは、チームのヘッドをやる気にさせることだ、と。そうすれば、やる気になったヘッドが、その下をやる気にさせるという連鎖ができるわけですね。

木村　任せるべきは任せて、ただし経営の透明性は担保するという考え方です。JTIで何が起きているかは、事前承認が必要な案件は当然として、それ以外の情報も事後的には東京サイドで速やかにわかるようにしていました。

　もちろん全部任せたわけではなくて、東京が留保している権限は何であるかを明確にしていました。東京の取締役会承認が必要なものは何だとか、全部「オペレーション・ガイドライン」というルールブックに決めていました。

　それからKPI（Key Performance Indicator）についてもシンプルにしました。1つは営業利益ということにしました。それからもう1つは、われわれが投資を対象として絞ったグローバル・フラッグシップ・ブランドの純売上高の2点です。

　こういうことを簡潔かつ明確にしたことがすべて成功につながったと思います。

3　用意周到に行った　ギャラハー買収

スピードと社内コミュニケーションを重視

佐山　大型のクロスボーダーM&Aとしては2件目になるギャラハー買収についてうかがいたいと思いますが、このときにはRJRIの経験をされているわけで、どのような違いがあったのでしょうか。

木村　RJRIの学習効果が相当ありました。RJRIは、トータルとしてはうまくいきましたが、後で考えると反省点もありました。その1つは、統合プランをつくるのに時間をかけ過ぎたことです。

　RJRIの買収は1999年5月にクロージング（最終契約締結・代金決済終了）しましたが、12月までに統合プランをつくるというスケジュールを組んだので、その間にいろいろな人心不安が起きたと思います。もしかしたら統合で自分は要らなくなるのではないかと思っているわけですから、将来に不安を感じる人もいます。

　これは良くないと思い、その後、他社事例をかなり研究しました。成功した事例と失敗した事例を比べて、大きく違っていたのが統合プランにかけるスピードでした。

　それと、コミュニケーションの軸をどこに置くかということ。失敗した事例では資本市場に対する情報提供を重視していましたが、成功した事例ではむしろ社内コミュニケーションをより重視していました。

佐山 ということは、ギャラハー買収ではスピードと社内コミュニケーションが統合を成功させたカギとなったということでしょうか。

木村 そうです。ギャラハー買収発表後の2007年1月に、JTIにおいて「統合の10原則」（表1）を公表して方向性を明確にしましたが、そのなかにもあるように、約100日間（3カ月）で統合プランを策定しました。

それに貢献したのが、「迅速な意思決定——80／20ルール」という項目です。100％の情報をとらなくても80％ならば意思決定しよう、ということをルール化したのです。JTIのCEOにも、この間は普段よりも大幅な金額的な授権をして、100日を待たずに決め、決まったことからどんどんやっていこうという、きわめてスピード感を重視して動いてもらいました。

それから、フェアな人事をするということ。これは、買収された側の人たちが、買収によってどうなるかは人事を見ればわかるわけです。つまり、人事が重要なメッセージになるということでフェアを期しました。

実際に、2007年4月にクロージングしましたが、その年の年末には「元ギャラハー」とか「元JTI」という言葉そのものが社内から消滅していました。私自身、いくつかの、特に旧ギャラハーの主要マーケットに行きましたけど、そういう垣根がまったく感じられなかったことがうれしかったですね。

4 M&Aは自ら主体的に行うべき

買収すべきかどうかは自分たちで判断する

佐山 話が前後しますが、最後に買収そのものを成功させるポイントについても確認しておきたいと思います。

M&Aを行うときの評価の基準についてはどのように

表1　統合の10原則

1	シングルカンパニー・シングルマネージメント
2	出自にかかわらず全社員に対して公正で公平な扱い
3	迅速な意思決定——80／20ルール
4	できるだけ簡潔に
5	事業計画の達成を最優先
6	現状ビジネスの混乱を最小限に
7	シナジー効果を体系的に捉える
8	独立した統合管理体制——結果責任はExcomメンバーに
9	社内のみで統合をやり遂げる
10	統合計画決定は100日間以内に

お考えですか。

木村 対象の会社の経営がどうなっていて、それに対して利益がどういう状態になっているかは見ます。それと重要なのは、その会社単独の価値に加えて買収後のシナジーです。これは外部の投資銀行には任せず、自分たちで弾き出します。いくらで買収すべきかなどということは自分たちで得心したものでないと使えませんから。

また、自分たちのバリュエーションは投資銀行にも開示しません。金額についてはフェアネス・オピニオンを除いて外部からのアドバイスはいただかないし、こちら側からもお教えしない。というのは、時として自分のアドバイザーと利害が対立することがあるからです。成功報酬ということで任せると、後のPMI（Post Merger Integration）などは考えずに値段だけがつり上がり、苦労するのは買った側ということが起こりうるわけです。

佐山 そういう場合、私が推奨しているのは、買収のターゲットになっている金額から値切った分の何パーセントかを報酬のボーナスにするという方法です。そうしたほうが効果的なはずですが、案外そうなっていませんね。

木村　確かにそうですね。JTが現実にどうしたかは、守秘義務があるのでつぶさにご説明できませんが、おおむね佐山さんと同様の考えで進めています。

佐山　ファイナンシャル・アドバイザー（FA）の役割については、どのようなことを期待していますか。

木村　FAに期待したいことは2つあります。
　1つはM&Aの規制当局に対するネットワークです。RJRIはニューヨーク法、ギャラハーはイギリス法による規制がありました。M&Aを進めていくなかで、思いもよらない規制が出てくることがありますが、このときFA、それも個人が当局から信頼を得ているかどうかで、だいぶ動きが違います。
　もう1つは、ブリッジローンです。買収資金をファイナンスするために、事前に多くのプレーヤーを巻き込んだシンジケーションを組むと必ず情報がリークします。それを1社でやってくれればリークのリスクをミニマイズすることができます。

トップのリーダーシップが重要

佐山　それから、買収交渉を行う人的な要素についてはどうお考えですか。

木村　RJRIのときには、副社長だった本田自身がチーフネゴシエーターとしてニューヨークに行って取り組み、リーダーシップを発揮しました。M&Aには交渉の流れというか、バイオリズムがありますから、「本社に確認します」と、いちいちやり取りしていたら、機会はどこかに行ってしまいます。

佐山　そして、ギャラハー買収のときには社長であった木村さんがトップとしてリーダーシップを発揮されたわけですが、このトップのリーダーシップはM&Aを成功

させる必要条件ですね。というのは、「これは絶対に大丈夫だ」というM&Aはないので、権限を持っている人が腹をくくっていないと、やめる理由はいくらでもあるということになってしまうからです。

木村　そうです。その一方で、理に合わないディールは見送る勇気も必要だということを、あえて申し上げておきたい。M&Aはまさに手段であり、その後のシナジーが十分に出るのかを検討し、そうでないと判断したならばディールは見送るべきです。

佐山　そうですね。M&Aをやること自体が仕事ではなく、やった後が本当の仕事ですから。そのことを、今日は再確認させていただきました。ありがとうございました。

［構成：志澤秀一／撮影：今井康一］

木村宏（きむら・ひろし）
1953年生まれ。76年京都大学法学部卒業、日本専売公社（現・日本たばこ産業株式会社〈JT〉）入社。主に経営企画部門を歩み、85年の民営化や99年のRJRI買収に携わる。99年JTインターナショナル副社長、同年日本たばこ産業取締役等を経て、2006年同社代表取締役社長。12年より現職。

特集
クロスボーダーM&A

［特別インタビュー II ］

M&Aはグローバル人材を育てる道場

［ゲスト］
井上礼之 ダイキン工業株式会社 代表取締役会長兼CEO
Inoue Noriyuki

1 ヨーロッパで次々とM&Aを進める

中国市場への進出に備えることが始まり

佐山 御社は、かなり早い時期からヨーロッパの販売会社の買収をはじめ、海外企業のM&Aを手がけてきましたが、グローバルを意識されたきっかけは何ですか。

井上 私が社長になったのは1994年ですが、当時は、売り上げに占める海外比率は15％程度でした。1970年代からヨーロッパに進出していましたが、ほとんど赤字スレスレ。東南アジア、オセアニアもわずかで、中国や旧ソ連はゼロに近かったです。

ただ世界を見渡すと、社長になる半年ぐらい前から、空調の夜明けが近いと感じていました。欧米もさることながら、日本の真横に、13億もの人口を抱えた中国という巨大な国があるのに、空調はほとんど普及していない。これは急速に伸びる可能性があると焦りを感じた。それがグローバルを意識した最初ですね。

佐山 グローバル展開のときに、グリーンフィールド、つまり何もないところに自ら進出していく方法と、M&Aによる方法とがありますが、当初はどのような戦略を考えていたのですか。

井上 社長に就任した翌年くらいから、M&Aと連携提携を活用しないと、当時のダイキン単独ではとてもではないが、巨大な市場に対応できないと考えるようになりました。

自前主義ではスピードについていけない

佐山 やはりポイントは、スピードですか。

井上 そうですね。私は、「時と人を買う」のがM&Aだと思っています。今日、世界経済の中心は、先進国から新興国に移っています。パラダイムシフトの時代に、新興国のボリュームゾーンに向けて商品を展開するためには、自前主義だけではスピードがかなわない。時を買うという意味では、M&Aと連携提携が必要なんです。

はじめにM&Aを手がけたのはヨーロッパです。当時から本丸は中国市場と考えていましたが、中国市場を見直すためには、すでに進出経験のある地域を強化しなければならない。ヨーロッパにはずいぶん前から進出しているが、ほとんど利益も売り上げも伸びていなかった。当時はソールエージェント（総代理店）制をとっていましたが、ソールエージェントにはオーナー経営者が多い。彼らは、これくらいの売り上げで十分、これくらいの利益で十分と満足してしまいがちです。それらをすべて自前にすることで、売り上げも利益も伸ばしていこうとしたのです。

最初の買収はドイツの会社です。売り上げは小さい会社でしたが、役員会ではみんな反対でした。その後、13カ国で次々と買収を進めました。

佐山 新しいことに取り組もうとすると、多数決では反対が多くなりますね。どうやって説得されたのですか。

一橋ビジネスレビュー 2013 SPR. **125**

[特別インタビューⅡ]
M&Aはグローバル人材を育てる道場

井上　進出してから25年も経つのに、ヨーロッパで累積債務超過のような状態に陥った原因は、ダイキンの最大の武器である営業力、製品開発力が生かされていないからではないかと訴えました。さらに、ソールエージェントの思うままにやっていたらダイキンの経営ができると思いますか、と。それなら自分たちで一から新しい会社をつくったらいいという声が多かったのですが、新しいものを自前でつくるのでは、スピードが遅れますね。そうであれば、すでにある会社を丸ごと買収して、そこにいる人材を活用していくほうがいい。

　われわれは、EBITDA（税引前利益＋特別損益＋支払利息＋減価償却費）などの計算式で算出するより、だいたい2割ぐらい高い値段で買収していますね。その分は稼げる可能性があると見ているからです。今ではダイキンは、ヨーロッパの空調シェア第1位になりました。

まず優先するのは、経営者を欲しいと思うか否か

佐山　実際にM&Aを進めるときの判断基準として優先順位が高いのは、どんなことですか。

井上　まず、買収先企業の経営者が欲しいかどうか、ということですね。その経営者のポテンシャルを重要視しています。もう1つは、もっと成長できる可能性があるのに深掘りできずに機会損失をしている企業です。こういう企業は当社が買ったら、一気に伸びます。その国のマーケットの大きさは二の次、三の次です。

佐山　買収された企業のトップは、現地の方ということですか。

井上　いろいろです。現地人トップがいいのか、日本人トップがいいのか、よく聞かれますが、現地人、日本人という分け方は私のような実務をやっている人間にはあまり意味はありません。結局はその人次第だからです。信頼できて、能力があり、ダイキンの経営理念を共有できることが前提です。安定期のトップ、激動期のトップ、赤字を黒字に変えるときのトップ、黒字をさらに拡大するときのトップでは、求められる資質は違います。それらを使い分けて配置します。ただ、成功事例からいうと、現地人のしっかりした人のほうが成功していることが多いですね。

佐山　買収企業の給与や報酬体系は、どのように考えていますか。

井上　共通のものをつくったほうがよいかもしれませんが、今はありません。意欲を持ってダイキンで働けるように、国ごとに状況を見極めて、社員が納得できる賃金、プライドを持てる賃金というのを前提にしています。

　買収された企業の給料は上げこそすれ、下げたことはありません。「稼げばいい」と考えるからです。人件費が経営の足を引っ張るといわれることもありますが、本当に経営してみたら、人件費よりもっと違うところに足を引っ張られることのほうが多いですね。

特集
クロスボーダーM&A

内なる心に火がつくと可能性は大きく広がる

佐山 現地の優秀な人をうまく活用していくことはもちろんですが、グローバル人材を社内で育てるための施策はありますか。

井上 いろいろなことに取り組んでいます。たとえば、社内研修制度です。30歳前後の若手のなかから年に何十人かを選び、グローバルリーダーに必要だと思う仕事を経験させたり、海外に派遣して生活習慣や文化を学ばせたりしています。

人材を育てるには、On the Job Trainingも重要です。修羅場をどんどん経験させる。上司がたくさんいるところよりも、すべて自分でやらなければならないところのほうが育ちます。

M&Aは人材を育てる道場です。たとえば、M&Aで両社のシナジーを発揮するためのワーキンググループに配置すると、これは猛烈な道場です。当社とは違うカルチャーを持った、異質な企業を買うのですから、これは格好の教育の場です。国内だけでやっていくよりも、グローバルのほうが人は育ちますね。恐ろしいですよ、人間の可能性というものは。内なる心に火がついたら、その人のもともとの能力の有無なんて関係なくなりますね。

2 相手の企業文化を尊重することが成功のカギ

交渉を変えると流れも変わる

佐山 2006年に、空調機大手の米マッケイ（大型業務用空調市場で世界第4位）などを傘下に持つマレーシアの空調大手OYLインダストリーズを買収しましたが、そ

のときの経緯をお話しいただけますか。

井上 ヨーロッパにいた駐在員が、たまたま私に提案してきたのがきっかけです。オーナーに直接会うために香港に行きました。企業買収ファンドに買収されるより、OYLを発展させようという意思のあるところと組みたかったという話から始まって、向こうは買収額次第だと言う。しかし、半年経っても値段が折り合わない。そこで、いったんM&Aのためのワーキンググループを全員引き揚げさせました。と同時に、OYLのオーナーに「一度、日本にいらっしゃいませんか」と一対一で会いたい旨を伝えたら、後日来てくれました。そのときにダイキン本社で約1時間話をして、それでまとまりました。

佐山 いったん引いてみると、交渉の流れが変わりますからね。以前、あるクロスボーダーM&Aの交渉のとき、交渉相手のCFOが突然ファイルを閉じて「Okay, no deal, good-bye」と言って帰っていった、ということがありました。これはものすごい効き目ですね。本当は交渉を打ち切ろうなんて思っていなくても、流れはまったく変わってしまいます。ただ、そういうことを理解している日

[特別インタビューⅡ]
M&Aはグローバル人材を育てる道場

本の経営者はなかなかいませんね。

井上 OYLのオーナーは、われわれの提案に対して、こんな値段なら買ってもらわなくても結構だと言う。だから、いったんはワーキンググループを引き揚げさせました。でも、こちらの提示した金額で向こうに損はないはずだという確信はありました。それでもひるまなかったのが良かったと思いますね。

佐山 うまくいった要因をもう1つ挙げるとすれば、井上会長がすぐに決められたことですね。合議では間に合いませんね。

井上 そうでないと何も決まりませんよ。

佐山 いろいろな場でお話ししていることですが、相手がプロのときは、いろいろなことを言ってきます。ここまでは譲れる、ここからは譲れない、というラインをしっかり持って交渉に臨んで、時には「あっ、そうですか、やめましょう」くらいの対応が必要なこともあります。相手が真剣なら、たいていは、その後、先方から折れてきますから。

コーポレートカルチャーを尊重する

井上 ただ、OYLの買収に関しては、必ずしも手放しに成功といえない面もあります。それなりにM&Aの経験を積んできたつもりでしたが、ミスだったと思うのは、「M&Aは人を買う」と言いながら、200人ほどいたマレーシア人の技術者のうち、数カ月で40人くらい辞めてしまったことです。

空調はノンインバーターをインバーター化する（モーターを自動制御して温度設定などをきめ細かくする）と3割くらい電気料金が安くなります。この技術は日本がいちばん優れているのですが、日本の技術をマレーシアに移転するときに、技術を教えてやるという上から目線で押しつけてしまい、結果として、彼らのプライドに対する配慮が足りなかったと思います。

佐山 企業買収での失敗には大きく2つのパターンがあります。1つは、ノルマを課すだけで放ったらかし、もう1つは、買収された企業にどんどん人を送り込み、自分の会社のコーポレートカルチャーを押しつけ、権限を剥奪する。それぞれの企業にはコーポレートカルチャー、歴史、伝統、長年の習慣、暗黙知というのがあります。買収された企業に大勢の人を送り込んでコーポレートカルチャーをつぶして、成功した例はほとんどありません。だから、買収された企業のカルチャーを尊重するのは何よりも大事なことです。

M&Aの場合、買い手と売り手では、買い手のほうが立場が強くなりがちです。海外企業であれ国内企業であれ、買い手が売り手に接するときには、上から目線ではなく、意識的に下から目線でちょうどいいくらいですね。株主風を吹かしては駄目です。

井上 買収された側には、常に被害者意識があるんですね。買収すると必ず聞かれるのは、「私たちの権限や責任はどうなるのか」「日本人はよく来るのか」「工場や販路は統一するのか」などの質問です。私は必ずこう言います。あなたがたと一緒になるのは雇用を増やすためだと。トップ経営者に関しては、買収する前から、去就も含め伝えてあるからそれに従ってもらう。日本人の駐在員は、どうしても日本人技術者が欲しいといった要請があれば送るが、要望がなければ送らない。工場や販路は一緒にしたほうが効率はいいが、2年間は何も言いません。3年目以降に買収された企業の意見を聞いて、合意に達したものから、変えるべき事柄を変える。こういう方針でだいたい成功しています。

特集
クロスボーダーM&A

3 互いの強みを生かし相乗効果をねらう

グッドマン・グローバルの買収で得るもの

佐山 2012年8月末に、米住宅用空調最大手のグッドマン・グローバルを買収されましたが、組み合わせとしては完璧でしたね。

井上 今回の買収はそう思います。ダイキンと一緒になりたいとグッドマンも望んでいた。私がこれまで経験したM&Aでは初めてですよ。

佐山 グッドマンの幹部の皆さんがダイキンと組みたいと言われたようですね。企業買収ファンドでは、長期的な視点からの投資はできませんからね。

井上 グッドマンは不思議な会社ですよ。アメリカの会社なのに、ダイキンの経営理念──人が基軸で、人員整理はしない、窓際族はつくらない、といったことに興味を持っています。グッドマンの工場に行ったら、壁に社員の大きな顔写真がいっぱい張ってありました。何かと尋ねたら、永年勤続した人を表彰しているのだと。

経営者のデービッド・スウィフト社長も素晴らしい人です。人間としていいですね。経営は人の営みですが、スウィフトさんは人間に関することに猛烈に関心を持っています。私がこの会社を買いたいなと思ったのも、スウィフトさんの人間性が大きいですね。

佐山 井上会長はグッドマンに関して、「何でこんなにコストが抑えられているのか」と思われたそうですが、何が違うのですか。

井上 固定費の圧縮と人数です。営業拠点に置いておく人数が、ダイキンだったら30人のところを、グッドマンでは3人ですよ。何で支えているかというと、人間の注意力。言い方を変えると、IT武装と独特のサプライチェーン・マネジメントです。これを学びたい。

向こうの経営陣には、私はあなた方という人材を買いに来たのだから、辞めてしまったらこの買収は成立しない。4年後までは絶対にいると約束してくれ。その代わり、そこまでいてくれたら、ボーナスを差し上げると最初に処遇の話から入りました。

また、技術者は別ですが、ダイキン流の経営をトラン

[特別インタビューⅡ]
M&Aはグローバル人材を育てる道場

スファーするための日本人の駐在員は原則として置きません。逆にグッドマンの経営を学ぶために駐在させてくれとお願いしました。

ダイキンがグッドマンから学ぶことと、ダイキンからグッドマンにトランスファーすることを比べると、圧倒的にグッドマンから学ぶことのほうが多いです。今、国内外のグループ企業のトップ・幹部に、グッドマンを訪問させ、固定費の圧縮やサプライチェーン・マネジメント、販売から在庫管理までのシステムなど、グッドマンのリーン経営をすべて学び、それを実際にトランスファーする期限と責任者を決めるよう指示しています。

グッドマンが欲しいのはダイキンの技術とグローバルな販売網です。彼らが欲しいものは百パーセント渡します。われわれが欲しいものは百パーセント教えてもらいます。お互いにウィン・ウィンで補完しあう関係です。これは動物的な勘ですが、グッドマンとは非常にいいシナジーが出ると予感しています。

佐山　これからが楽しみですね。

M&Aは可能性を秘めている

佐山　日本企業で、欧米企業を買収して成功しているのは15％で、85％の企業が失敗しているともいわれています。この数字は、実は読み方に注意が必要で、「欧米企業買収の成功確率が15％」ではないんです。15％の成功している企業は、何回も買収をして、何回も成功している。残りの85％の多くは、1回失敗するともう懲りてしまいますから、1回限りのチャレンジなんですね。

これは、単にクロスボーダーM&Aの難しさを物語っている、ということではなく、うまくやれば、ダイキンさんのように重要な戦略手段として活用して、繰り返し成功する可能性があるんですね。

井上　これから猛烈にクロスボーダーM&Aの波が来ま

すよ。日本は少資源国ですから、日本企業はグローバルに展開しないと勝てません。この変化の激しい時代には、M&Aや連携提携なしには、世界から取り残されてしまいます。

佐山　そうですね。おかしなやり方をして一度M&Aに失敗すると、M&Aは難しいとやめてしまう。一方、一度M&Aに成功すると、その周辺に隠れていたM&Aのネタが出てくるものです。これからはM&A抜きではグローバル競争にエントリーすらできないでしょう。今日はありがとうございました。H

［構成：田村美奈／撮影：ヒラオカスタジオ］

井上礼之（いのうえ・のりゆき）
1935年生まれ。57年同志社大学経済学部卒業。同年大阪金属工業株式会社（現ダイキン工業株式会社）入社。79年同社取締役。その後、同社常務取締役、専務取締役を経て、94年代表取締役社長。2002年より現職。この間、関西経済同友会代表幹事（1999〜2001年）、関西経済連合会副会長（2001年〜）、ベルギー名誉総領事（2005年〜）等を務める。1998年コマンドール王冠勲章（ベルギー）受章。2000年藍綬褒章受章。

BUSINESS CASE ON-DEMAND SERVICE

ビジネス・ケース オンデマンド販売のご案内
ビジネス・ケース小冊子がお求めやすくなりました

このウェブサイトから直接ご注文ください ▶▶▶ http://www.bookpark.ne.jp/hbr/

『一橋ビジネスレビュー』に掲載されるビジネス・ケースは、経営学の研究者による丹念なデータ収集、ヒアリングに基づく企業や事業の事例研究です。

本誌に掲載された「ビジネス・ケース」および一橋大学イノベーション研究センターの開発した「MOTケースシリーズ」はすべて、オンデマンド印刷により小冊子として1部からご購入いただけます。研修用、教材用にご利用ください。（ビジネス・ケースのバックナンバー、内容は次ページをご覧ください）

『一橋ビジネスレビュー』ビジネス・ケース、一橋大学イノベーション研究センター MOTケースの販売

本誌に掲載されたビジネス・ケース（新創刊号以降）およびMOTケースを、社名または内容から検索できます。

● 1部 630円（税込 送料別）

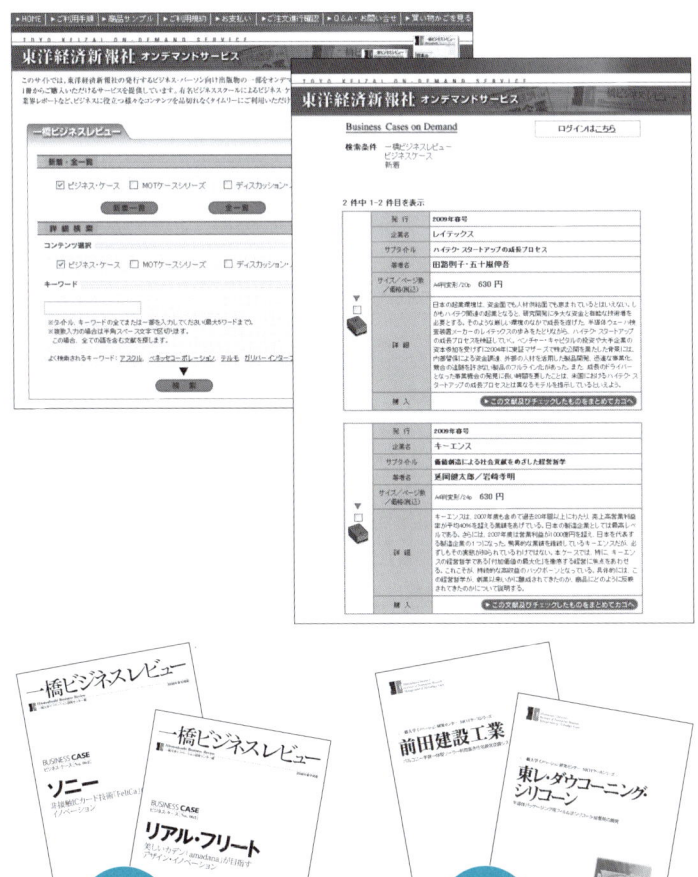

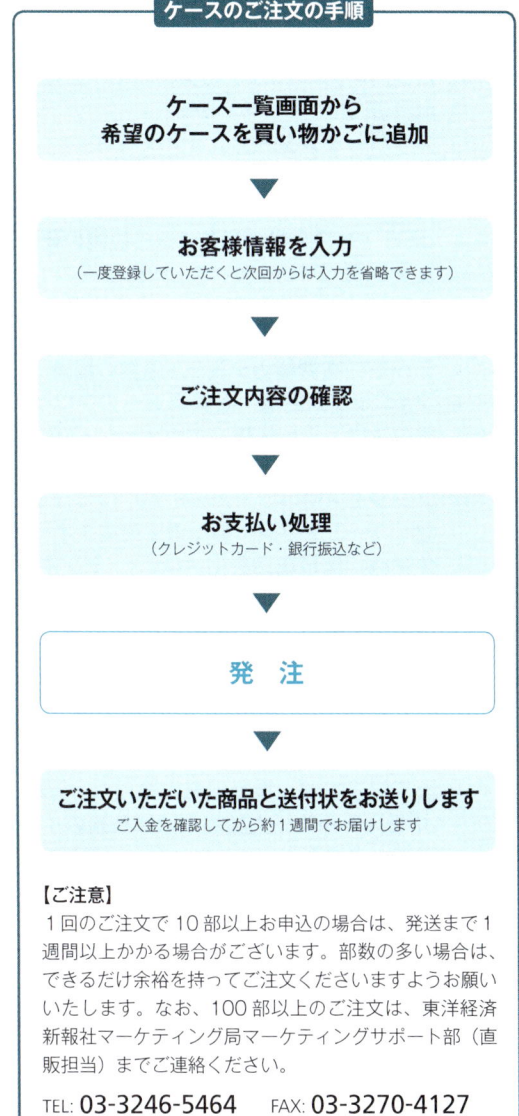

ケースのご注文の手順

ケース一覧画面から希望のケースを買い物かごに追加
▼
お客様情報を入力
（一度登録していただくと次回からは入力を省略できます）
▼
ご注文内容の確認
▼
お支払い処理
（クレジットカード・銀行振込など）
▼
発 注
▼
ご注文いただいた商品と送付状をお送りします
ご入金を確認してから約1週間でお届けします

【ご注意】
1回のご注文で10部以上お申込の場合は、発送まで1週間以上かかる場合がございます。部数の多い場合は、できるだけ余裕を持ってご注文くださいますようお願いいたします。なお、100部以上のご注文は、東洋経済新報社マーケティング局マーケティングサポート部（直販担当）までご連絡ください。

TEL: 03-3246-5464　　FAX: 03-3270-4127

[ビジネス・ケース バックナンバー 一覧]

No.001	日亜化学工業 （2000年夏・秋合併号掲載）	No.002	Fsas （2000年夏・秋合併号掲載）
No.003	ソニー （2000年冬号掲載）	No.004	エリジオン （2000年冬号掲載）
No.005	新日本製鐵 （2001年春号掲載）	No.006	エア・ドゥ （2001年春号掲載）
No.007	ヤマト運輸 （2001年夏号掲載）	No.008	前川製作所 （2001年夏号掲載）
No.009	ベネッセコーポレーション （2001年秋号掲載）	No.010	マブチモーター （2001年秋号掲載）
No.011	アスクル （2001年冬号掲載）	No.012	富士写真フイルム （2001年冬号掲載）
No.013	小林製薬 （2002年春号掲載）	No.014	松下電器産業 半導体社 （2002年春号掲載）
No.015	シマノ （2002年夏号掲載）	No.016	ファーストリテイリング （2002年夏号掲載）
No.017	セイコーエプソン （2002年秋号掲載）	No.018	エレファントデザイン／エンジン （2002年秋号掲載）
No.019	キリンビール （2002年冬号掲載）	No.020	セルベッサ （2002年冬号掲載）
No.021	エーザイ （2003年春号掲載）	No.022	茨城県東海村臨界事故 （2003年春号掲載）
No.023	オリンパス光学工業 （2003年夏号掲載）	No.024	安川シーメンスNC （2003年夏号掲載）
No.025	しまむら （2003年秋号掲載）	No.026	京セラ （2003年秋号掲載）
No.027	ワールド （2003年冬号掲載）	No.028	富士電機リテイルシステムズ （2003年冬号掲載）
No.029	フレッシュネスバーガー （2004年春号掲載）	No.030	荏原製作所 （2004年春号掲載）
No.031	ロレアル ランコム／メイベリン ニューヨーク （2004年夏号掲載）	No.032	ハウス食品 （2004年夏号掲載）
No.033	劇団四季 （2004年秋号掲載）	No.034	東芝 （2004年秋号掲載）
No.035	ガリバーインターナショナル （2004年冬号掲載）	No.036	日本エイム （2004年冬号掲載）
No.037	東レ （2005年春号掲載）	No.038	オリンパス （2005年春号掲載）
No.039	花王 （2005年夏号掲載）	No.040	関西スーパーマーケット （2005年夏号掲載）

No.041　JFE　対等合併の稀有なる成功例の研究 （2005年秋号掲載）
No.042　三菱電機 ポキポキモータ　成熟市場のイノベーション （2005年秋号掲載）
No.043　小糸製作所　なぜ中国進出の先駆者たりえたのか （2005年秋号掲載）
No.044　リコー　デジタル複写機への転換 （2005年冬号掲載）
No.045　テルモ　高機能カテーテル事業の躍進 （2005年冬号掲載）
No.046　フェニックス電機　企業再建へのプロセス （2006年春号掲載）
No.047　サウスウエスト航空　ポイント・システムの経営戦略 （2006年春号掲載）
No.048　ワールド　新業態ブランドHusHusHの誕生 （2006年夏号掲載）
No.049　アンジェスMG　アカデミック・アントレプレナーシップによる事業創造 （2006年夏号掲載）
No.050　セイコーエプソン　自動巻き発電クオーツウオッチの開発 （2006年秋号掲載）
No.051　ヤマハ　携帯電話着信メロディ・ビジネスの技術開発、ビジネスモデル構築 （2006年秋号掲載）
No.052　京セラ　長寿命電子写真プロセスの技術開発と事業への展開 （2006年冬号掲載）
No.053　日清ファルマ　コエンザイムQ10の量産化と事業化 （2006年冬号掲載）
No.054　ブックオフコーポレーション　中古品ビジネスにおけるサービスイノベーション （2007年春号掲載）
No.055　ニチレイ　事業戦略の転換と人材マネジメントの変革 （2007年春号掲載）
No.056　トリンプ・インターナショナル／ワコール　女性下着業界の競争戦略 （2007年夏号掲載）
No.057　IRIユビテック　技術ベンチャーのライフサイクル・マネジメント （2007年夏号掲載）
No.058　松下電子工業　携帯電話端末用GaAsパワーモジュールの開発 （2007年秋号掲載）
No.059　JFEスチール　大型高炉改修技術のイノベーション （2007年秋号掲載）
No.060　東芝　自動車エンジン制御用マイコンの開発 （2007年冬号掲載）
No.061　ヤマト運輸　「現場の経営者」が支える競争力と彼らへの人材マネジメント （2007年冬号掲載）
No.062　ソニー　非接触ICカード技術「FeliCa」のイノベーション （2008年春号掲載）
No.063　リアル・フリート　美しいカデン「amadana」が目指すデザイン・イノベーション （2008年春号掲載）
No.064　りそなホールディングス（1）　準国有化されたりそな銀行のV字再生 （2008年夏号掲載）
No.065　無錫小天鵝　中国家電企業の成長と落とし穴 （2008年夏号掲載）
No.066　富士フイルム　デジタルX線画像診断システムの開発 （2008年秋号掲載）
No.067　りそなホールディングス（2）　リストラから持続的成長への転換の模索 （2008年秋号掲載）
No.068　公文教育研究会　インドにおける理念主導型サービス・グローバル戦略の展開 （2008年冬号掲載）
No.069　シチズン時計　電波腕時計の開発・事業化過程 （2008年冬号掲載）

No.070	キーエンス　価値創造による社会貢献をめざした経営哲学	（2009年春号掲載）
No.071	レイテックス　ハイテク・スタートアップの成長プロセス	（2009年春号掲載）
No.072	ビットワレット　電子マネー市場の創造と事業戦略の構築	（2009年夏号掲載）
No.073	大修館書店　『ジーニアス英和辞典』の成功と書籍電子化のうねりのなかで	（2009年夏号掲載）
No.074	JSR　テクノロジーとマーケットの複雑性に挑む	（2009年秋号掲載）
No.075	日亜化学工業　白色LEDの開発と事業化	（2009年秋号掲載）
No.076	ハウス食品　カレールウ製品の開発	（2009年冬号掲載）
No.077	I.S.T　成長を持続させるマネジメント	（2009年冬号掲載）
No.078	セーレン　夢と戦略が技術を開花させる	（2010年春号掲載）
No.079	協和発酵キリン　社員参加型の経営理念構築	（2010年春号掲載）
No.080	ローソン　「お店」としてのコンビニから「企業」としてのコンビニへ	（2010年夏号掲載）
No.081	デンソーウェーブ　QRコードの開発・事業化	（2010年夏号掲載）
No.082	パナソニック　IH調理器の開発	（2010年秋号掲載）
No.083	積水化学工業　合わせガラス用中間膜事業の創造と成長戦略	（2010年秋号掲載）
No.084	ビズメディア　北米マンガ市場の開拓者	（2010年冬号掲載）
No.085	バンダイエンタテインメント　北米アニメ市場における新たなビジネスモデルの模索	（2010年冬号掲載）
No.086	ヤマハ　電子ピアノ市場への参入とその競争プロセス	（2011年春号掲載）
No.087	東京電力・日本ガイシ　電力貯蔵用NaS電池の事業化	（2011年春号掲載）
No.088	東レ　逆浸透膜事業の創造プロセス	（2011年夏号掲載）
No.089	アサヒビール　職場の人材形成における伝統の保持と刷新	（2011年夏号掲載）
No.090	スルガ銀行　個人金融サービス・カンパニーへ進化し続ける地方銀行	（2011年秋号掲載）
No.091	日本写真印刷　Nissha IMDによる躍進	（2011年秋号掲載）
No.092	セイコーエプソン　高精細インクジェットプリンターの開発	（2011年冬号掲載）
No.093	京都市立堀川高等学校　学校改革の軌跡	（2011年冬号掲載）
No.094	ディスコ　競争力の源泉としてのソリューション	（2012年春号掲載）
No.095	カラオケ機器業界　2社による複占体制の成立	（2012年春号掲載）
No.096	オリンパス　会計不祥事の誘因とガバナンス不全のメカニズム	（2012年夏号掲載）
No.097	コマツインドネシア　日本企業の海外における人材活用	（2012年夏号掲載）
No.098	味の素　栄養改善をめざしたBOP市場への参入	（2012年秋号掲載）
No.099	カモ井加工紙　ユーザーイノベーションの事業化	（2012年秋号掲載）

No.100　エスビー食品　「食べるラー油」ブームとカテゴリー創造

ギョーザを食べるときに欠かせないラー油。1923年に日本初のカレー粉を製造したことで知られるエスビー食品は、スパイスとハーブのリーダー企業として、ラー油市場でも8割のシェアを誇ってきた。しかし、桃屋が「辛そうで辛くない少し辛いラー油」を2009年8月に導入したことで状況は一変する。これは、本来「かける」ものであるはずのラー油をご飯などにのせておかずとして「食べる」というまったく新しいラー油であった。これに対抗すべく、エスビー食品は、わずか7カ月後に「ぶっかけ！おかずラー油 チョイ辛」を投入した。新しいラー油をめぐる2社の競争は社会的にも注目を浴び、「食べるラー油」は空前のブームとなり、ラー油全体の市場規模は10倍にまで急拡大した。「食べるラー油」という新しいカテゴリーは、どのようにして創造されたのだろうか。また、従来型のラー油のリーダー企業であるエスビー食品は、どのようにしてこのブームのなかで機敏に市場シェアを獲得していったのか。本ケースではこの経緯を明らかにする（2012年冬号掲載）。

No.101　日立ハイテクノロジーズ　世界の半導体微細計測を支える測長用SEM

本ケースで取り上げる日立ハイテクノロジーズは、測長用SEMの分野で、ほぼ四半世紀にわたって世界トップシェアを維持している。同社はその日本経済への貢献がたたえられ、2007年度の大河内記念生産賞を受賞した。本ケースでは、長期間にわたる聞き取り調査や各種公開データ（含む特許、論文）解析、1960年代にまでさかのぼった歴史分析に基づいて、同社の高い競争力の源泉を探る。豊富な"究極の自前技術"を保有しながらも"究極の自前主義"に陥ることなく世界との緊密な結びつきをさらに深めようとする同社の姿勢こそ、現代の多くの日本企業に強く求められているものだと思われる（2012年冬号掲載）。

[ビジネス・ケース]

BUSINESS CASE No. 102

クラレ
三位一体による顧客価値の創出

岡村佑太 一橋大学大学院商学研究科経営学修士コース
Okamura Yuta

延岡健太郎 一橋大学イノベーション研究センター長・教授
Nobeoka Kentaro

エバールが使われている食品包装　　　　　　　　　　（提供：クラレ）

[会社概要]
名　　　称：株式会社クラレ
設　　　立：1926年6月
資　本　金：890億円（2012年3月末）
代　表　者：代表取締役社長　伊藤文大
本社所在地：東京都千代田区／大阪市北区
従 業 員 数：6776人（連結、2012年3月末）
売　上　高：3690億円（連結、2012年3月末）

　日本企業の多くが、利益や付加価値の創出という意味での価値づくりができていないなかで、例外的に大きな価値づくりを実現しているのが、クラレである。同社の営業利益率が同業他社と比較しても非常に高いのは、商品の多くが世界トップシェアを実現している結果である。本ケースでは、クラレがこのような価値づくり（高利益）ができている理由を、戦略と組織の面から説明していく。近年、日本を含めた先進国市場の成長鈍化や、アジア諸国の強力な競合企業の台頭により、競争が許容範囲を超えて過当競争になる傾向が強くなってきた。そのため、これまでと同様に大きな成長市場に参入すると、日本企業は競争に飲み込まれてしまい、価値づくりができない事例が増えてきた。クラレの戦略は歴史的に「小さな池で大きな鯉になる」という視点を重視してきた。小さい市場でも、自社の強みが最大限に活きる市場を徹底的に見きわめ選択する。その市場で、かけがえのない企業となり、社会に独自の貢献をするのである。

本ケースの記述は企業経営の巧拙を示すことを目的としたものではなく、分析ならびに討議上の視点と資料を提供するために作成されたものである。

1　会社の概要

　クラレは、倉敷紡績の社長であった大原孫三郎によって1926年に倉敷絹織として岡山県倉敷市に設立された。[1] 当時の先端技術であった人造絹糸レーヨンの製造を工業化することを目的としていた。1950年には国産技術による初の合成繊維ビニロンを世界に先駆けて事業化し、日本における合繊産業を先導した。ビニロンの事業化は、戦後の貧しい日本で「国産技術と国内資源を活用して繊維を生産し、国民生活の復興に貢献する」という社会的な使命感の下に進められた。[2]

　レーヨンとビニロンの工業化を通じて、同社は「世のため人のため」に「他人のやれないことをやる」という社会的責任を重視し、独自技術を追求する企業理念を強固にしていった。この企業理念の原点は、創業者の大原孫三郎とその息子で1939年に社長を受け継いだ大原總一郎の信念である。大原孫三郎はクラレや中国電力など大企業を築き、中国銀行の初代頭取も務めたが、常に、従業員や地域の人々の生活向上への貢献を考えた。また、企業の社会的責任を当時から意識して、教育・文化の社会的な普及にも力を入れた。このような行動を彼がとった背景には「社会から得た財をすべて社会に返す」という信念があった。ほかにも、大原奨農会農業研究所、大原社会問題研究所、倉敷労働科学研究所などを設立し、より良い社会をめざした研究を推進した。また、倉敷中央病院を設立することで医療への貢献、大原美術館によって文化への貢献も行った。

　その後、息子の大原總一郎は創業者の信念を受け、ビニロンの事業化を筆頭に数々の大事業をなして敗戦後の日本復興に貢献した。大原總一郎は、製造企業の社会的責任は技術革新によって社会や国民に貢献することだと考えた。また、創出される利潤はその社会貢献の対価として位置づけ、そこからさらなる社会貢献のための技術革新に投資した。一方、企業のなかでは、働く従業員1人1人が心豊かな生活を送ることを願った。

　技術革新によって他社にはできないことをやるという企業理念を背景として、クラレはその後、高分子・合成化学技術を基盤とした高機能繊維、樹脂、化学品へと事業を発展させた。たとえば、水溶性や接着性に優れたポバール樹脂、高いガスバリア性を誇るエバール樹脂、世界唯一の合成法によるイソプレンケミカル製品、光学特性に優れるメタアクリル樹脂、同社の独自技術を活かした歯科材料など、技術革新によって新領域を開拓してきた。

　本ケースで同社を取り上げた最大の理由は、利益や付加価値の創出という意味での価値づくりができていない日本企業が多いなかで、例外的に大きな価値づくりを実現していることにある。売上高営業利益率14.8％（2012年3月期）は同業他社と比較しても非常に高い。東レや旭化成、帝人などの同時期における営業利益率は10％以下である。クラレの営業利益率の高さは、商品の多くが世界トップシェアを実現している結果である。本ケースでは、クラレがこのような価値づくり（高利益）ができている理由を、戦略と組織の面から説明していこう。

2　事業成果

●売り上げと事業構造の変遷

　クラレの売り上げと事業構造を時系列に見るために、図1では、事業構造を①繊維、②樹脂・化学品、③その他（機能性材料・メディカル事業など）の3つに分けている。上述のとおり、クラレの歴史は繊維事業からスタートした。創業時はレーヨンの事業化を手始めに、1950年には日本初の合成繊維としてビニロンの事業化に成功

図1 クラレの事業別売り上げ推移

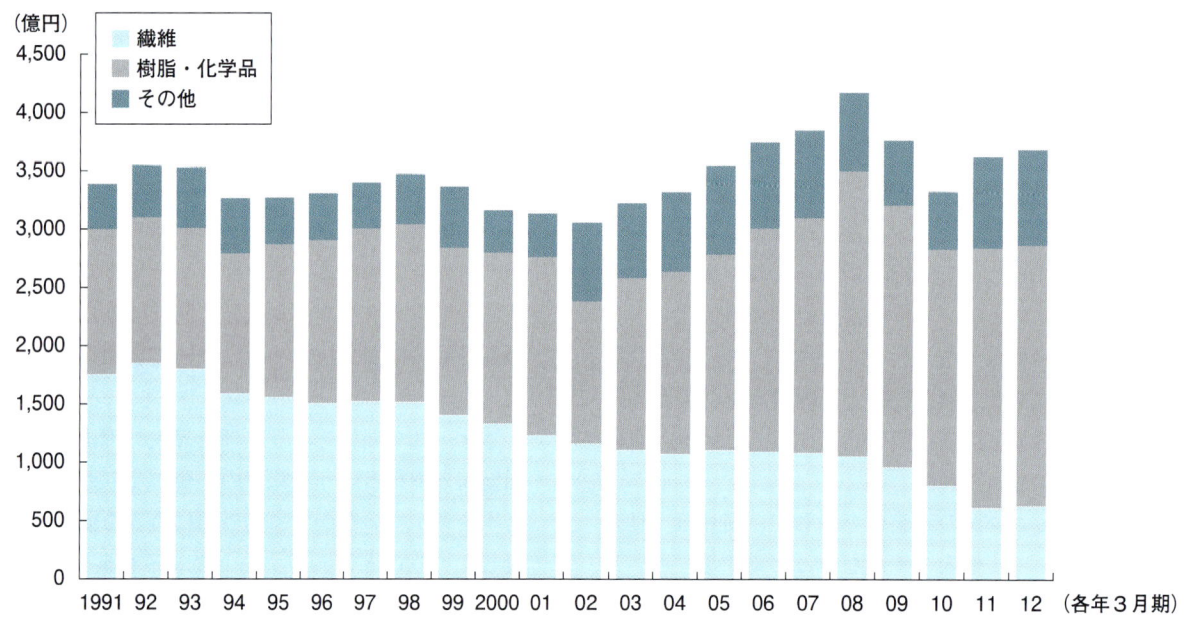

（出所）クラレ。

した。その原料となるポバール樹脂の工業化によってビニロンが実現され、当時、木綿に代わる合成繊維として学生服などで一世を風靡した。

その後、1958年にはビニロンの製造過程で蓄積された技術により市販用ポバール樹脂の生産を開始し、それを使って多様な事業化に取り組んだ。また、1960年代には天然皮革を再現した人工皮革クラリーノを開発し、今でも同社の代名詞の1つとなっている。続く1970年代には、ガスバリア性の高いエバール樹脂を使った事業を立ち上げ、ポバールやエバールなどの樹脂事業が成長した。さらに、1980年代にはアメリカを中心に海外にもエバールを大きく展開した。また、1990年代には耐熱性ポリアミド樹脂など、樹脂事業において新規商品の開発を推し進めた。

一方で、繊維事業に関しては、中国の安価な製品の進出や市場ニーズの変化により、売上構成比率は年々下がってきた。それを象徴して、2001年には創業事業であったレーヨンから撤退した。現在、繊維事業の代表的な商品としては、衣類に使われるポリエステルやランドセルなどで有名なクラリーノなどがある。また、その他の事業分野では、主に機能性材料・メディカル事業の領域で新規事業を立ち上げてきた。たとえば、耐熱性ポリアミド樹脂であるジェネスタや歯科材料のクリアフィル、人工腎臓などが主な商品である。

このようにして、図1に示されているとおり、クラレは、繊維事業を中心とした企業から、2000年代に入り、樹脂・化学事業を中心とした企業へと大きく変容してきた。クラレ全体の売り上げ約3700億円のうち、樹脂・化学品が2200億円を超え、全売り上げの約60％を占めている。そのなかで、樹脂事業の売り上げが1489億円であ

る。そこで本ケースは、樹脂事業を代表するポバールとエバールに焦点を絞り説明する。

営業利益率は業界トップでありながら、図1を見るとクラレの売り上げは、過去20年間に大きく拡大しているわけではないことがわかる。クラレのように高収益を誇る成功企業としては、比較的珍しい事例である。それは、クラレ創業時からの「世のため人のため」に「他人のやれないことをやる」という企業理念に関連している部分もある。つまり、その企業理念を実践しているので、独自性が高く、他社にはまねされない分野に集中し、過度に売り上げを優先することはしないのである。結果として、現在では樹脂事業が主体となり、市場規模は比較的小さいが利益率の高いポバールとエバールが同社の業績を牽引している。

● 市場競争力と利益率

独自性の高い領域に集中した結果、図2で示しているように、営業利益率に関しては、2000年代以降、同業他社を圧倒している。2012年3月期では、売り上げが3690億円に対して営業利益が547億円で、営業利益率が14.8％となり、同業他社の約2倍となっている。そのなかでも突出しているのが樹脂事業である。図には樹脂事業のみの数字を示していないが、同社IR資料によると、1489億円の売り上げで、営業利益は499億円、営業利益率は33.5％にもなる。

図2　化学・繊維企業の営業利益率推移

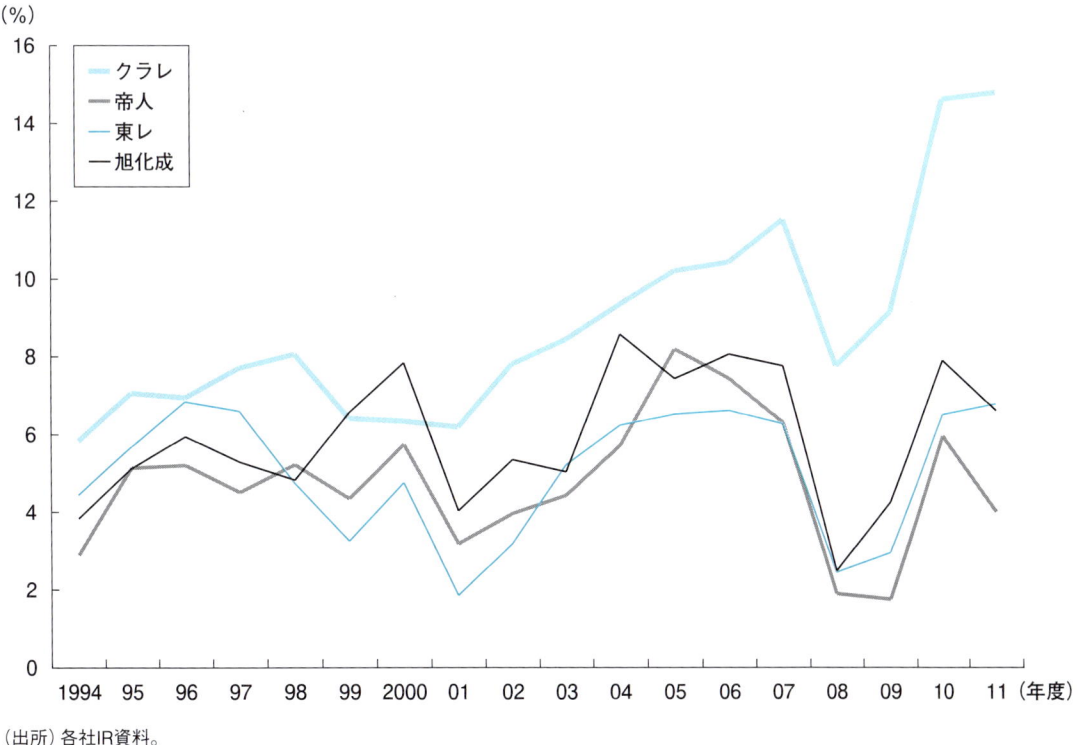

（出所）各社IR資料。

個別の商品で見ても、図3、図4に示しているように、クラレは多くの商品において世界でトップシェアを獲得している。同社を支えるポバールやエバールを中心とした樹脂セグメントでは、セグメント全体で約32％のシェアを誇る。さらに個別製品で見ていくと、光学用ポバールフィルムではシェア80％、エバールでシェア65％、ポバール樹脂で35％の高いシェアである。化学品においては、ジェネスタで100％のシェア、繊維関係でもビニロンで80％のシェアを誇っている。図4のように、同社の売り上げに占める世界シェアトップの商品の割合は年々増え、2010年度の時点では、売り上げのほぼ半分になっている。

3　価値づくりを支えるマネジメント

●三位一体による顧客価値創造[3]

　クラレはどのようにして、このような際立った価値づくりを実現しているのだろうか。前述のとおり、他社にはできないことをやるという企業理念の下、強力な独自技術を持つ商品に経営的に集中している点を説明した。大きな価値を生み出しているポバールとエバールに関しても、すでに半世紀近くにわたり集中的に技術開発に取り組んできた。その結果、特許だけでなくノウハウも積み重ねられ、世界トップの技術力を誇っている。このように長年積み重ねられた技術力が、市場シェアの維持に大きく貢献しているのは間違いない。しかし、近年議論されているように、多くの日本企業は技術力が高くても、それを利益などの経済的な価値づくりに結びつけることができていない（延岡、2011）。つまり、クラレは徹底的に鍛えてきた技術力に加えて、顧客価値の高い商品を提供する能力も際立っている点が特徴的なのである。それら技術力と顧客価値の両方が優れているので、大きな価値づくりに結びついている。

　価値づくりを実現する上で、特に近年重要性が高まっているのが、単に技術の優秀さや機能の高さではなくて、顧客企業に真に役立つ価値を提供する点である。クラレが大きな価値づくりを実現できているのも、顧客価値を創造する能力に依存している部分が大きい。この顧客価値創出能力を支えているのは、顧客の役に立つことを最重視する経営方針である。クラレの商品は主に生産材であり、つまり顧客は企業である。顧客企業にとって役立つ真の価値とは、クラレの商品によって顧客企業が経済的により潤うことである。クラレはその点も明示的に考慮しつつ、顧客にとって価値の高い商品の提供を徹底してきた。

　実際に顧客価値を創出できている最大の要因としては、図5で示しているように、「販売」「開発」「技術サービス」の3つの機能・組織が三位一体となって取り組んでいる点が挙げられる。三者が同じ目標、つまり、顧客価値を最大化する目標に向かって、文字どおり三位一体で活動する。役割分担や専門領域は多少異なっていても、自社の商品によって顧客の役に立つという目標を実現することが、組織全体の行動基準になっている。そのため、たとえば、営業を担当する販売部隊も当然のごとく、技術についてくわしいし、逆に、開発部隊は顧客企業の現場にもくわしい。製造企業として、顧客に価値を提供するためには、全員が自社の技術や顧客の現場についてよく勉強していることが当然だと考えているのである。

　一般的なプロセスとしては、まず、東京に本部を置く販売部隊は顧客のニーズを広く集め、新商品や商品改善を企画する。販売部隊は技術的な内容を十分に理解しており、顧客の抱える課題解決に向けた企画ができる力を持っている。それをもとに、倉敷を中心とした開発部隊が商品開発や改良を行う。開発部隊は倉敷で長年にわたり構築してきた高度な技術力に加えて、顧客についての知識が豊富なので、販売部隊が受注してきた案件に的確

図3 クラレの世界シェア1位の製品の代表例

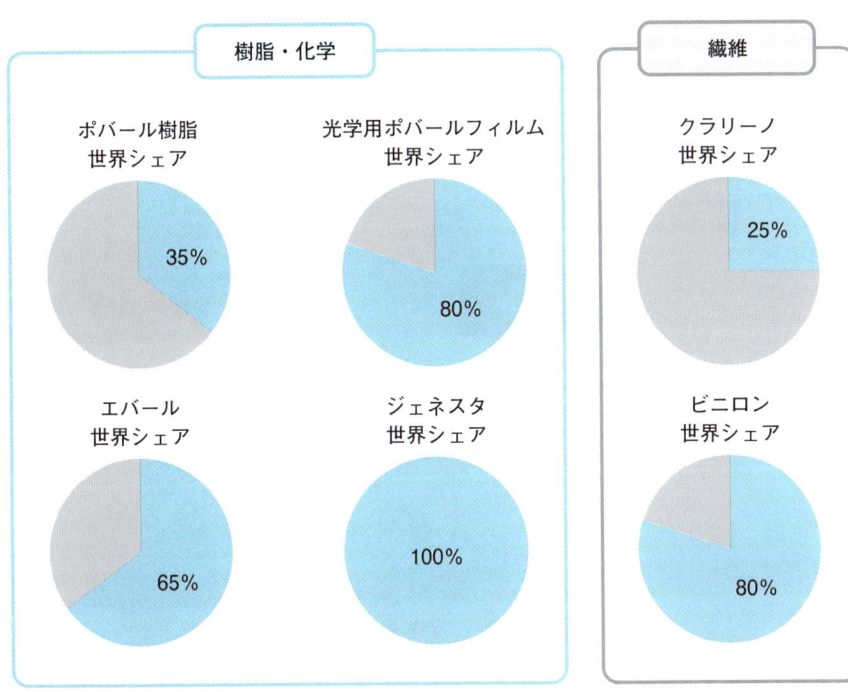

(出所) クラレの推定値。

図4 クラレのトップシェア事業の売り上げ推移

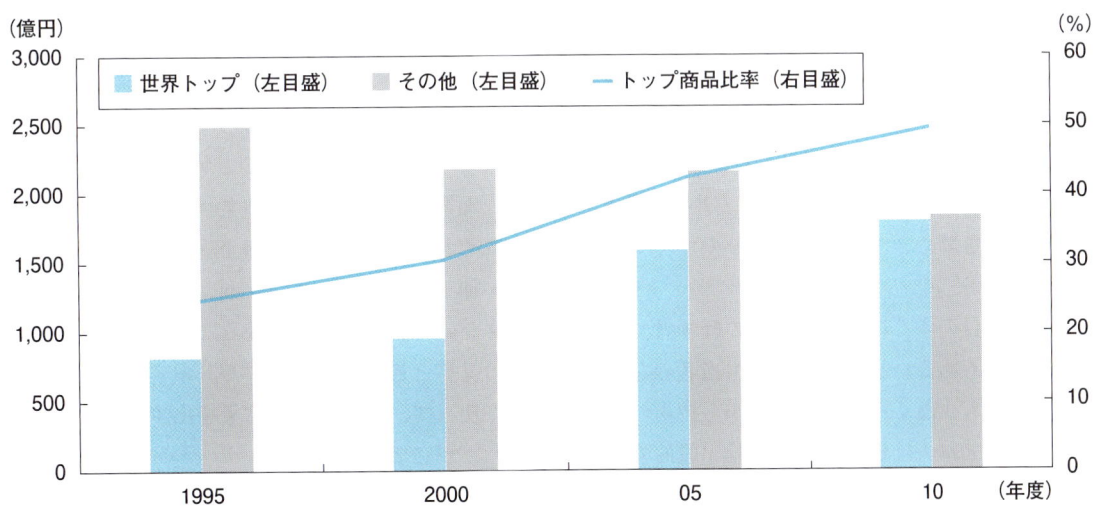

(出所) 図1と同じ。

図5 クラレの三位一体による顧客価値の提供——能力・機能の位置づけ

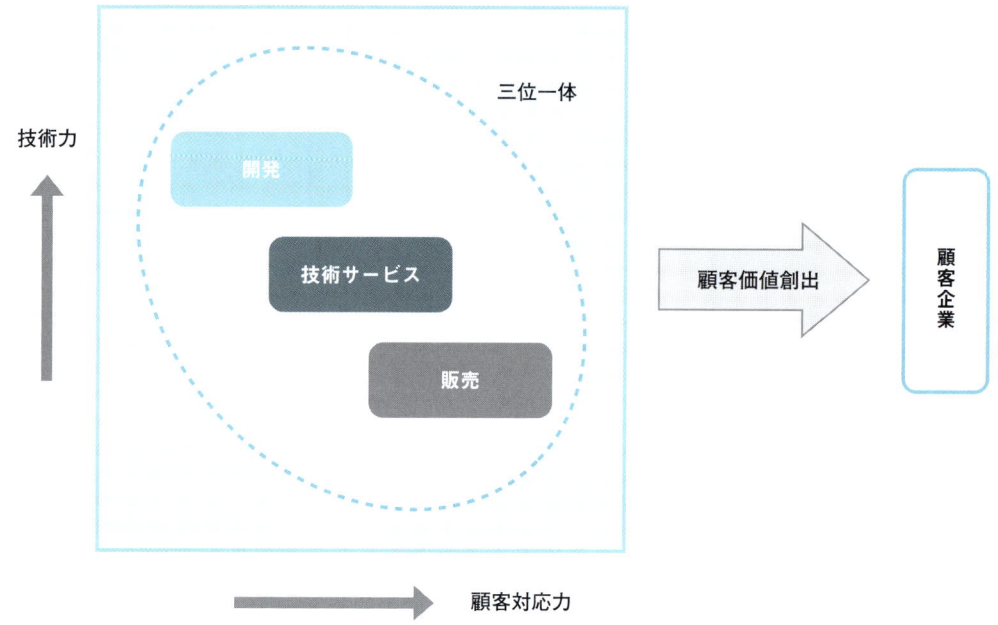

に応えることができる。販売と開発は東京と倉敷に分かれていても、頻繁にコミュニケーションをとる。

このように、販売と開発の間の壁が低い点だけでも優れているが、さらに、クラレが非常に特徴的なのは、世界に散らばる技術サービス部隊の役割である。技術サービスが販売と開発に加わり、より大きな価値を顧客に提供することに貢献している。図5でもわかるように、能力と機能に関して開発と販売の中間に位置づけられているので、両者の距離を縮め、三位一体をやりやすくしている。

技術サービスの人員の多くは、研究開発の経験者であり、優れた技術者でもある。技術サービス担当者のなかには、研究所出身者も少なくない。研究所から技術サービス部門へのキャリアパスは他社ではあまり一般的ではないだろう。クラレではそのような技術力の高い人材が、顧客企業の製造プロセスで問題が生じた場合や、も

っと優れた品質が求められる場合に、顧客に対して適切な解決案を提案するのだ。技術サービスが存在しているおかげで、顧客は同社に対して高い安心感と信頼感を持つことができる。

技術サービスは、顧客にとっての商品価値を高めるためにあらゆるサポートを行っている。クラレの樹脂は顧客によって用途はさまざまである。用途が同じであっても、顧客の工場設備や製造条件は大きく異なる。顧客はそれぞれ独自に自分たちの工場にあわせて自社商品を製造・加工している。また、顧客企業の商品では、基本的にクラレの樹脂を単品で使うことはまれで、さまざまな他の材料と複合して使用する。顧客がクラレの樹脂をうまく使って、最高の製造結果を出すためには、多くのノウハウが必要とされる。

そのなかで、クラレの技術サービスは、顧客の製造上、改善が必要であれば、新しい樹脂や複合の仕方を提

案したり、製造方法を助言したりする。それによって、顧客の生産性や品質が向上し、顧客の商品力が高まる。このように顧客にとって具体的に役立つことの対価として、クラレは大きな価値づくりを実現しているのである。特に顧客の商品価値と利益が大きくなれば、クラレの商品へ支払える金額も大きくなる。顧客も自社の業績が高まることに喜び、同時にクラレは際立った経済的な価値づくりが可能になるのだ。

技術サービス担当者には、技術全般および顧客の現場に関して深い理解と知識が求められる。自社製品以外にも顧客企業の製造設備や金型についての知識を備えている。また、高度な問題解決案を提供するために、最新の測定機器や分析機器を持ち、それらを駆使する能力を身につけている。また、顧客の技術データを管理し、さまざまな問題解決に活用する。長期間にわたり多くの顧客企業で問題解決提供を実施してきた技術サービス担当者は、経験知やノウハウも豊富で、顧客に有益な提案ができる。

技術サービス部隊は必ずしも多くの人員がいるわけではなく、少数精鋭である。そのため、たとえばアジア担当であれば、個々の担当者は、短期間にインドや中国の多くの顧客企業を訪問して、問題解決の手段を提供しなくてはならない。技術サービス担当者は、実際に年間100社近くの顧客企業を訪問することもあるという。また、高度な分析や最新の技術が必要な場合は、倉敷の開発部隊と技術サービス部隊が一緒に取り組む。三位一体の連携が柔軟に実施されるのである。

販売、開発、技術サービスは、個々の部門として別々の目的を果たすというよりも、それぞれが顧客の役に立つという同じ目的に向けて行動している。壁がなく柔軟に組織化されていることを象徴している例として、技術サービスの組織的な位置づけは、販売のなかであったり開発のなかであったり、独立に近かったりと、時期的にも事業によっても柔軟に変更されるという。企業の組織全体が顧客の問題解決をサポートし、価値を創出する方向にベクトルが揃っているので、組織構造はあまり重要ではないという。このような三位一体によるサポート力があるために、顧客からの信頼は高まり、競合他社と比較して大きな競争優位性を持っている。

4 個別商品における価値づくりの事例

本節では、大きな営業利益を創出している樹脂事業を代表するポバールとエバールに関する個別商品の開発に焦点をあわせて、価値づくりの実態を説明する。

●ポバール事業の商品

ポバールは、ビニロン繊維の原料として、1950年にクラレが世界に先駆けて工業化した機能性樹脂である。合成高分子の一種でありながら「水に溶ける」というユニークな性質を持つほか、造膜性、接着性、乳化性、耐油性、耐薬品性などに優れている。これらの特長を活かし、繊維加工剤、紙加工剤、接着剤、塩化ビニルの重合安定剤など幅広い用途に使われている。近年では、自動車のフロントガラス用の中間膜原料、インクジェット用紙等の情報用紙の加工剤、刷版材など新しい用途も広がっている。以下では、①液晶テレビなどに使われる光学用ポバールフィルムと、②塩化ビニルの重合安定剤としてのポバール樹脂についての事例を説明しよう。前述のとおり、世界での市場シェアは、光学用ポバールフィルムでは80％、ポバール樹脂では35％を誇っている。

①光学用ポバールフィルム

光学用ポバールフィルムは、世界で圧倒的なトップシェアを誇り、クラレの売り上げと利益へ大きな貢献をしている。用途としては、液晶テレビをはじめモニター、パソコン、携帯電話等のLCD（液晶ディスプレー）の

写真1 光学用ポバールフィルム

（提供：クラレ）

表示に欠かせない偏光フィルムのベースとして使われている（写真1）。1970年代初頭から市場を先導し、現在では、日本合成化学工業と2社による寡占状況にあるが、クラレのほうが競争優位性を保っている。[4]

クラレは光学用のポバールフィルムを、包装用フィルムに代わる次世代のフィルムとして1965年に実用化した。ただし、当初の光学用フィルムの用途は、サングラス用に限られていたため、売り上げはあまり伸びなかった。そのため、光学用分野に参入していた競合他社の多くは農業用ハウスの外張りフィルムや果樹を包むフィルム等の他用途に生産を切り替えた。一方、クラレは方針を変えず、光学用フィルムの新たな用途開発をめざし研究を続けた。独自技術にこだわる経営理念からも、簡単に技術開発をあきらめることはしなかった。

その結果、1973年に電機メーカーが開発した小型液晶電卓の液晶偏光膜用に、透過性と染色性に優れたポバールフィルムが採用された。この電卓によって、家電商品として日本で初めて液晶パネルが実用化された。つまり、最初の液晶商品からクラレのポバールフィルムが使われていたのだ。その後、各メーカーの電子製品の液晶ディスプレーにも次々に採用され、生産量は増加の一途をたどった。現在は、液晶テレビが最大の用途である。最初は需要拡大が見込めないなかで、光学用フィルム分野で貢献しようという同社の確固たる信念により今日のフィルム事業は成り立っている。

液晶向けの光学用ポバールフィルムの顧客である偏光板メーカーは、よく知られた日東電工など、日本国内を中心として数社しかない。それらの企業とは、長年にわたり商品開発や商品改善などを一緒に取り組んできた。たとえば、新たなフィルムを開発する際には、クラレの技術サービスと開発の部隊が、顧客企業と密に調整をとりながら、自社内の実験室も駆使して顧客にとって最適な提案を行う。光学用ポバールフィルムにおいては、技術力や開発力の高さに加えて、特定の顧客企業との間に長年培った信頼関係が構築され、顧客にとってもクラレがかけがえのない企業になっている。また、そのような状況のなかで、液晶用ポバールフィルムの市場は限られているために、競合他社が参入する余地も小さい。結果的に、利益率の高い事業として長期間にわたり保つことができているのである。

②ポバール樹脂（塩化ビニルの重合安定剤）

ポバール樹脂の幅広い用途のうち、塩化ビニルの重合安定剤としての活用が中国などの新興国において近年注目を集め、クラレの売り上げのなかでも大きな割合を占めるようになった。塩化ビニルは、上下水道や電線といった建材から日用品、エレクトロニクス、医療器材までさまざまな分野で利用されている。

塩化ビニルにポバール樹脂を使うことで、界面活性能が広範囲に制御でき、品質向上につながる。近年では国内よりも中国などの東南アジアにおいて、ビル建設などの需要の高まりに応じて塩化ビニル用ポバールの市場が

拡大している。市場規模は、日本は約200万トンに対して中国では約1500万トンと日本の約7.5倍の規模があるという。中国の塩化ビニル企業の多くには、ポバール樹脂をうまく活用するノウハウがない。クラレは三位一体で顧客企業へソリューションをうまく提供できるので、中国の顧客企業からも信頼され大きな価値づくりを実現している。

特に、クラレの技術サービス部隊は販売部隊と一緒に顧客の製造現場を訪問し、ポバールを塩化ビニルに活用するための適切な処方を提供する。個々の顧客企業に訪問しなくては、適切なソリューションは提供できない。顧客企業の設備によって適切な処方が異なるからである。ポバールを活用する際にはさまざまな材料を調合するが、調合の比率はもちろん、入れ方の順番を間違えただけでも問題が発生する。クラレの技術サービス部隊は、ポバールに関してそのようなノウハウを提供する能力の高さにおいて世界一を誇る。そのため、顧客企業はクラレからの技術的な提案や指導に大きな期待を持ち、要望する。技術サービス部隊は中国にある100社近くの塩化ビニル企業を、比較的短期間にほとんどすべて訪問したという。

訪問した際には、おのおのの顧客工場の状況に適した処方を提供し、さらには、実際の製造を管理する顧客企業の工場長や生産技術の部門長に対して丁寧な指導も行う。中国の塩化ビニル企業は、クラレのサポートで、スムーズな製造立ち上げが可能となり、さらには工場の生産性や品質が高まる。そのため、顧客企業にとっての価値は高く、多少は価格が競合企業より高くても、クラレの商品を喜んで購入するのである。

● エバール事業の商品

クラレはエバールにおいて世界の65％の市場シェアを占める。エバールはプラスチックのなかで最高の気体遮断性を持つ機能性樹脂である。溶融成形加工性に優れており、高いガスバリア性を示す。これは、エチレンとビニルアルコールの2つの異なる化学構造を併せ持つためで、その分子設計および製造技術に関しては、同社のポリマー技術を基盤として、長期にわたるノウハウの蓄積が活かされている。

酸素を遮断して内容物の劣化を防ぐことから、各種食品包装材に広く使用されている。また、プラスチック製ガソリンタンクや、床暖房用のパイプ、冷蔵庫の省エネに貢献する真空断熱材など食品包装以外の分野でも需要が広がっている。以下、具体的用途として、①食品用フィルム、②ガソリンタンク、③真空断熱板の3つの事例を取り上げる。

① 食品用フィルム

エバールは高いガスバリア性を持つことから、食品包装容器の材料として使われている。食品用フィルムが同社におけるエバール販売の約7割を占める。エバールを使えば食品に触れる酸素が減り、賞味／消費期限が延びる。エバールの食品用の用途としては、ハム・ソーセージや味噌の食品包装パッケージ、マヨネーズやケチャップの容器、かつお削り節パック、カップラーメンの添付油、ゼリーの容器など、身近な食品に多く使われている（134ページの写真参照）。

食品パッケージにおいても三位一体の取り組みがクラレの強みとなっている。一例として、味噌を包装するパッケージの事例で簡単に説明しよう。味噌は酸化・変色しやすいのでエバールを使った包装が重宝されている。通常、販売担当が直接の顧客であるパッケージ製造企業へ商品提案をする。同時に、パッケージ製造企業の顧客、つまり顧客の顧客である味噌メーカーにも訪問して、問題点を探る。ある事例では、そこで「パッケージをカットして袋を開けるのが難しい」という改善要望を把握した。それを受けて開発部隊は、その改善に取り組んだ。実際にこの事例では、ある特定の角度でうまく切れることを見つけ、味噌を出しやすいパッケージの提案

写真2　自動車向けガソリンタンク（エバール）

（提供：クラレ）

をすることができた。また、技術サービスは、新しいパッケージの製造における品質や生産性向上のソリューションを提案した。このように三位一体によって、クラレは顧客企業にとって、大きな価値を提供するのである。

②ガソリンタンク

　従来、ガソリンタンクには金属が使われていたが、クラレのエバールを用いることでプラスチックへの置き換えを可能とした。1994年にアメリカ自動車企業がプラスチックのガソリンタンクを採用したのが最初であった。プラスチックタンクの最大のメリットは自動車の軽量化による燃費向上である。そのほかにも、さびないことや、柔軟な成形が可能で狭いスペースを最大限に利用できる優位性がある（写真2）。

　タンクをプラスチック化すれば、環境に悪影響をもたらす気化したガソリン（炭化水素）が分子レベルの穴を通して外に漏れ、大気汚染につながるという問題があった。そこでエバールをタンクに使用することで、気化したガソリンをバリアすることを可能としたのである。それにより、軽量化による燃費向上でCO_2排出量の削減に貢献するとともに、タンクから炭化水素が漏れることによる環境汚染も防止できる。

　現在では、世界の自動車の約半分のガソリンタンクにおいてエバールが使われるまでになった。クラレはプラスチックのガソリンタンクのなかでは90％以上のシェアを誇っている。特にアメリカのEPA（環境保護局）の規制やヨーロッパのユーロ規制は環境規制が厳しいため、プラスチックタンクであればエバールを使わなければ規制に合致しにくい状況にある。

　このような高シェアを実現できたのは、1990年代初頭にアメリカの自動車企業とタンクメーカーがプラスチックタンクの研究開発を始めた段階から、クラレも共同で開発を行ったからである。たとえば、炭化水素の遮断性に関するデータを一緒に分析するなど、プラスチックタンクの問題点を共同で解決した。

　最初は、アメリカの自動車企業から問い合わせがあった。そのアメリカ企業は必ずしも初めからエバールを使うことを決めていたわけではなく、他社にも接触していた。しかし、クラレは三位一体での適切で迅速な対応と提案によって、顧客企業から選ばれることになった。営業が顧客要望を包括的に理解し、即座に開発と技術サービスがエバールのガスバリア性や製造技術に関する高度な専門知識をもって、顧客価値につながる提案をした点が評価されたのである。

③真空断熱板

　冷蔵庫の側面に使われる真空断熱板においてもエバールのガスバリア性が活かされている。真空断熱板とは、ガラス繊維などの断熱性のある芯材を、ガスバリア性のある外装袋に入れて、中を真空にした板である。外装袋のバリア材には通常金属のアルミ箔が使われていたが、金属は熱伝導性が高い点に問題があった。エバールをバリア材に使えば、熱伝導性が低いので、より高度な断熱

性能が得られるのである。

エバールを使った真空断熱板の市場は、2009年のエコポイント制の開始時から大きく伸びた。耐熱性能が高い真空断熱板を使うことで省エネに結びつく。さらには、樹脂の外装袋であれば、壁の厚みを薄くでき、冷蔵庫の容量を保ちながらサイズを小さくすることもできる。そのため、日本企業の400リットル以上の大型冷蔵庫のほとんどの機種にエバールが使用されるようになった。

この事例もガソリンタンクの事例と同様に顧客側からの問い合わせがきっかけであった。クラレから提案に行かなくても、顧客側からの問い合わせを成功に結びつける事例が多い。これを支えるのも、技術力だけではなく、同社が多様な用途開発に関するノウハウを持っていることが大きい。まず、問い合わせがあった場合に、その実現性や商品性の可能性を正しく評価し、取り組むべき案件を適切に選択する能力がある。さらには、エバールを供給するだけではなく、顧客企業での商品開発や製造をサポートすることによって顧客満足を得る。このように用途開発や顧客価値に関するノウハウが系統的かつ効果的に蓄積できているのは、やはり販売、開発、技術サービスが三位一体となって取り組んでいるからである。

エバールはそのガスバリア性を活用して、そのほかにも多くの商品に活用されている。たとえば、ペン先を上に向けてもスムーズに書くことができるボールペンにもエバールが使われている。従来の商品では金属のカートリッジに3気圧の窒素を詰めてインクを押し出していた。低コストのプラスチックに替えても窒素を逃がさないようにするためにはエバールが必要だった。また、ゴム風船ではなく、エバールフィルムを使うことによって、空気が漏れにくく風船が長持ちするといった用途にも活用されている。それらについても、クラレは顧客企業へエバールを使った樹脂の製造や成形をサポートして顧客価値を創出してきた。

5　価値づくりに結びつくクラレの強み

ここまで議論してきた、クラレの強みをまとめよう。

●顧客の電卓をたたく

販売、開発、技術サービスが三位一体となって、大きな価値づくりができている。それを支える最大の強みは、組織構造にかかわらず組織全体が顧客価値の最大化をめざす経営の徹底にある。社内では、顧客の経済価値を高めるという理念が共有化され、「顧客の立場になって電卓をたたけ」という考え方が徹底されている。クラレの商品を使えば、多少価格が高くても、顧客企業における製造準備がスムーズになり、量産段階での品質管理がサポートされ、トータルではコストが下がる場合が多い。それによって顧客企業における経済価値が高まるので、顧客はクラレの商品を選択する。

また、顧客企業はクラレから提供されるソリューションによって良い経験を積み重ねると、信頼関係が培われ、結果として、必要なときにはまずはクラレに相談してみようと考えるようになる。顧客との絆が強化され、やり取りの質・量が高まれば、顧客価値の提案能力がさらに強化される。加えて、顧客企業からの問い合わせが増えると、次に説明するように、それをうまく商品の販売に結びつける能力を備えている。

●顧客対応能力

前述のように、コストをかけて闇雲に顧客の潜在ニーズをサーチするのではなく、顧客からの問い合わせの機会を最大限に活用する。たとえば、エバールに関してだけでも、そのガスバリア性を期待して年間50〜60件は顧

客企業からの問い合わせがある。クラレでは、そのなかから重要な案件を選択しそこに資源を集中させるノウハウを構築している。重要だと考える問い合わせは、クラレが顧客企業に対して大きな貢献ができそうなもの、また、個別の顧客だけでなく、広く横展開ができそうなものである。そのような問い合わせに対して、本格的に三位一体の体制で取り組む。

このようにして選択された重要な案件に対しては、顧客への対応スピードを重視する。たとえば販売担当者は顧客からの問い合わせには、できる限りその日のうちに対応するように教育される。迅速な対応ができるのも、社内で販売担当者が開発や技術サービスに問い合わせた場合に、顧客対応のために必要な案件であれば、即座に全面的な協力を得ることができるからだ。社内の都合よりも、顧客への価値提供が重視される企業文化が培われているのである。

●顧客価値創出能力の構築

クラレは販売、開発、技術サービスなどの組織は関係なく、「顧客の電卓をたたき」優れたソリューションを提供する能力をみんなが持つように、日々、OJTを中心とした教育に取り組んでいる。特に重視するのは、顧客の現場に入り込み、常に、顧客への価値提案を意識して考え続けることである。特に、若手社員には、なるべく頻繁に顧客の工場を訪問させる。そこでは、顧客企業の生産技術や商品に関して学ぶことは多い。また、実際に自社の商品が使われているのを見て、自社商品の用途開発についても理解を深めることができる。顧客の現場をしっかりと理解し、顧客の問題点が分析できるようになれば、顧客から自然と頼られるようになる。そうなれば、さらに顧客の現場を学ぶ機会が増える。開発や技術サービスだけでなく、販売担当者も同じように顧客への提案ができる能力をつけることが期待されているのである。

一般的に近年、企業は情報コントロールをして、部品供給業者を工場に入れようとしない傾向が強まっている。クラレは、逆にこのような状況をチャンスと捉えている。顧客と信頼関係を構築することができれば、競合企業よりも、顧客の現場との距離が短縮され、顧客の役に立つ能力において差別化をすることが可能だと考えている。

6 日本製造業への示唆

最後に、近年、価値づくりが十分できていない多くの日本製造業がクラレの事例から学ぶべき点を考えてみよう。日本企業は元来、他社と同じ土俵（市場）で切磋琢磨しながら競争を行うことで高品質の商品をつくり、国際的な競争力を高めてきた。しかし、近年、日本を含めて先進国市場の成長が鈍化した上に、アジア諸国から強力な競合企業の台頭もあり、競争が許容範囲を超えて過当競争になる傾向が強くなってきた。そのため、これまでと同様に大きな成長市場に参入すると、日本企業は競争に飲み込まれてしまい、価値づくりができない事例が増えてきた。薄型テレビや太陽電池パネルは、その典型的な事例だといえるだろう。

一方、クラレのように、単に大きな成長市場だから参入するというよりも、「自社にしかできない領域」への参入を優先する企業のほうが価値づくりを実現する傾向が強くなってきた。自社にしかできないことを追求すると、小さい市場、いわゆるニッチ市場しか見つからない場合は多い。実際に、クラレの戦略は歴史的に「小さな池で大きな鯉になる」という視点を重視してきた。小さい市場でも、自社の強みが最大限に活きる市場を徹底的に見きわめ選択する。その市場で、かけがえのない企業となり、社会に独自の貢献をするのである。ポバールとエバールについても、確かにニッチ市場であろう。しかし、それらを中心とした樹脂事業でクラレは、2011年度に500億円近い営業利益をあげている点を考えてほしい。

大きな市場に参入しても、なかなかこれだけの経済的価値をつくりだすことはできない。大きな価値づくりをするためには、クラレのようなアプローチのほうが近道なのかもしれない。

また、クラレの事例では、商品価値を高めるためには、技術的な機能的価値だけではなく、延岡（2011）が主張するように、顧客企業の現場で創出される「意味的価値」が求められる点を再確認することができる。その実現に向けて、クラレでは販売と開発も含めて組織全体が顧客に役立つ価値提案を最優先に考えて活動している。それに加えて特徴的なのが、技術サービス部門の役割である。技術サービスは通常の「サービス」を超え、顧客の生産準備段階から量産時の品質管理までにわたり優れたソリューションを全面的に提案する。さらには、そこで獲得した知識を活用してクラレの技術開発や商品開発にも貢献する。顧客への価値提案の仕組みは、産業や商品によって、理想的な仕組みやプロセスが異なる。ただし、顧客への価値提案の仕組みや組織能力に関して独自の競争優位性を築くことが、価値づくりにとってきわめて重要になっている点について理解を深めることができる。 H

（文中敬称略）

注

本ケースの作成にあたって、2012年6月から12月にかけて4回にわたり、株式会社クラレの次の方々に、ご多忙ななか、聞き取り調査にご協力いただいた。この場を借りて心から感謝の意を表したい（役職は調査当時のもの）。

中山和士氏（執行役員・倉敷事業所長）、板谷利昭氏（ポバールフィルム研究開発部部長）、高田重喜氏（ポバール研究開発部部長）、山本欣生氏（ポバール樹脂販売部開発主管）、岡本健三氏（エバール樹脂販売部部長）、河合宏氏（エバール研究開発部主管）、羽田泰彦氏（エバール樹脂販売部技術サービスグループリーダー）。

また、小山和士氏（経営企画本部IR・広報部主管）には、調査のアレンジや資料のご提供をしていただいた。さらには倉敷事業所までご同行いただき大変お世話になった。心から感謝申し上げる。

本ケースの内容は、クラレの公式な見解ではなく、あくまでも筆者の解釈である。

1. 社名はその後、1949年には倉敷レイヨン株式会社となり、1970年に現在の株式会社クラレに変更された。なお、現在は、倉敷紡績株式会社（クラボウ）とクラレとの間に資金面や経営面での関係はない。
2. クラレの歴史、および大原孫三郎、大原總一郎に関する記述は主にクラレ（2006）による。その他、井上（1998）、城山（1994）を参照した。
3. 以下、本ケースにおける事業の内容や組織に関する記述は、謝辞に記しているとおり、クラレにおける聞き取り調査の内容をベースに筆者の解釈を加えたものである。
4. 液晶の偏光フィルムはポバールフィルムとTACフィルムが主要部材である。TACフィルムに関しては、富士フイルムとコニカミノルタ、ポバールフィルムは、クラレと日本合成化学工業の寡占状態に近い。利益の出にくい液晶産業でも、これらのフィルム関連商品は比較的大きな利益をあげることができている。

参考文献

井上太郎
 1998.『大原總一郎――へこたれない理想主義者』中公文庫.
クラレ
 2006.『創新――クラレ80年の軌跡　1926-2006』.
村松高明
 2006.『繊維』日経文庫.
延岡健太郎
 2011.『価値づくり経営の論理――日本製造業の生きる道』日本経済新聞出版社.
城山三郎
 1994.『わしの眼は十年先が見える――大原孫三郎の生涯』飛鳥新社.

[ビジネス・ケース]

フェリカネットワークス
モバイルソリューション事業の展開

| 櫻井康一 —橋大学大学院商学研究科経営学修士コース
Sakurai Koichi

| 青島矢一 —橋大学イノベーション研究センター教授
Aoshima Yaichi

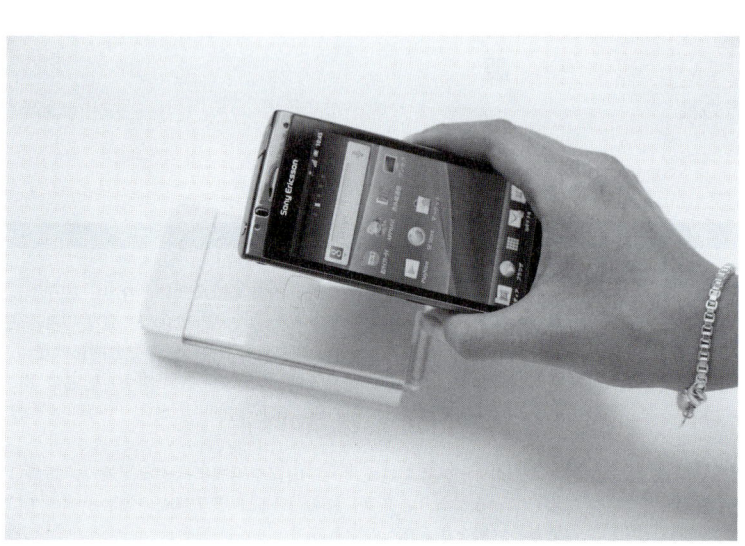

おサイフケータイ対応のスマートフォン　　（提供：フェリカネットワークス）

[会社概要]
名　　　称：フェリカネットワークス株式会社
設　　　立：2004年1月
資　本　金：62億8500万円（2013年1月）
代　表　者：代表取締役社長　杉山博高
本社所在地：東京都品川区

　携帯電話を端末にかざすだけで買い物をしたり、駅の自動改札を通ったりできる「おサイフケータイ」サービスは、2004年7月のサービス開始以来、順調に普及し、2011年3月末現在、7000万台弱の従来型携帯電話と約1800万台のスマートフォンに搭載されている。日本におけるこれらのサービスプラットフォームを提供している唯一の企業が、フェリカネットワークスである。同社の主な事業は、このサービスインフラを支える中核的技術を開発し他社にライセンスするライセンス事業と、構築されたインフラを利用して電子マネーなど種々のサービスを提供するコンテンツプロバイダが安全な環境でサービス提供できるように管理を行うプラットフォーム事業である。これら2つの事業を柱として、フェリカネットワークスは着実に成長し、安定的な収益を上げてきた。本ケースでは、その設立経緯から多岐にわたるサービス事業の展開に至るプロセスをたどる。

本ケースの記述は企業経営の巧拙を示すことを目的としたものではなく、分析ならびに討議上の視点と資料を提供するために作成されたものである。

BUSINESS **CASE** ▶▶▶ フェリカネットワークス

1　はじめに

　携帯電話を片手に、スーパーやコンビニで買い物をしたり、駅の自動改札を通ったりする姿を見ることも、最近では珍しいことではなくなった。電子マネーを利用したことがない人でも、モバイルSuica、Edy、WAON、nanaco、iDといった名前は聞いたことがあるだろう。駅の自動改札やバスの乗降口から、飲食店や自動販売機に至るまで、さまざまな場所にリーダ／ライタ[1]と呼ばれる端末が設置されており、今では、財布を持たずに生活することさえ可能になっている。いわゆる「おサイフケータイ」と呼ばれるサービスである。

　日本におけるこれらのサービスプラットフォームを提供している唯一の企業がフェリカネットワークスである。フェリカネットワークスは、2004年1月、エヌ・ティ・ティ・ドコモ（以下、NTTドコモ）とソニーの合弁会社として設立され、日本における携帯電話を活用した電子マネー市場の拡大を牽引してきた。

　おサイフケータイを実現するには、携帯電話に搭載されるモバイルFeliCaと呼ばれるICチップのほか、ICチップを携帯電話上で作動させるためのソフトウェア、情報の読み書きを行うリーダ／ライタという端末、リモートでICチップを制御する専用サーバなどを含むサービスインフラの構築が必要となる。フェリカネットワークスが行う事業の1つは、このサービスインフラを支える中核的技術を開発し、他社にライセンスすることである。フェリカネットワークスは、自社では製造工場を持たないが、製造を担当するさまざまな他社とのコラボレーションを活用しながら、おサイフケータイのインフラ拡大を進めてきた。

　フェリカネットワークスのもう1つの事業は、構築されたおサイフケータイのインフラを利用して電子マネーなど種々のサービスを提供する顧客であるコンテンツプロバイダ（Contents Provider、以下、CP）[2]が安全な環境でサービス提供できるように管理を行うことである。

　このように、おサイフケータイのインフラを構築して、そのインフラ上での安全なサービス提供を保証するのがフェリカネットワークスである。おサイフケータイというサービスの「プラットフォーム提供企業」だと言い換えることができるかもしれない。

　上記2つの事業を柱として、フェリカネットワークスはこれまで着実に成長し、安定的な収益をあげてきた。図1は、フェリカネットワークスの決算公告をもとに、第1期（2003年度）から第9期（2011年度）までの売上高、経常利益、純利益の推移を示したものである。第3期までは初期投資や積極的な営業展開のために純損失を計上しているものの、第4期以降は堅調に推移していることがわかる。

　従来型携帯電話のおサイフケータイ搭載機の普及台数は、2011年3月末時点で7000万台弱といわれている。[3]また、おサイフケータイ対応のスマートフォンの累計出荷台数は、2012年7月末時点で約1800万台に達している。[4] 2012年度のスマートフォンの出荷台数は2340万台に達しており、[5] その60％近くのシェアを占めるAndroid端末は、標準モデル（キッズ／シニア等向け一部機種除く）で「おサイフケータイ対応率100％」[6]となっている。これらはすべてフェリカネットワークスの事業によって支えられている。

　フェリカネットワークスはどのようにしてプラットフォーム提供企業としての地位を確立してきたのだろうか。以下では、その設立経緯から多岐にわたるサービス事業の展開に至るプロセスをたどる。

2　FeliCaの誕生からSuicaに採用されるまで

　フェリカネットワークスの話に入る前に、おサイフケ

図1 フェリカネットワークスの業績推移

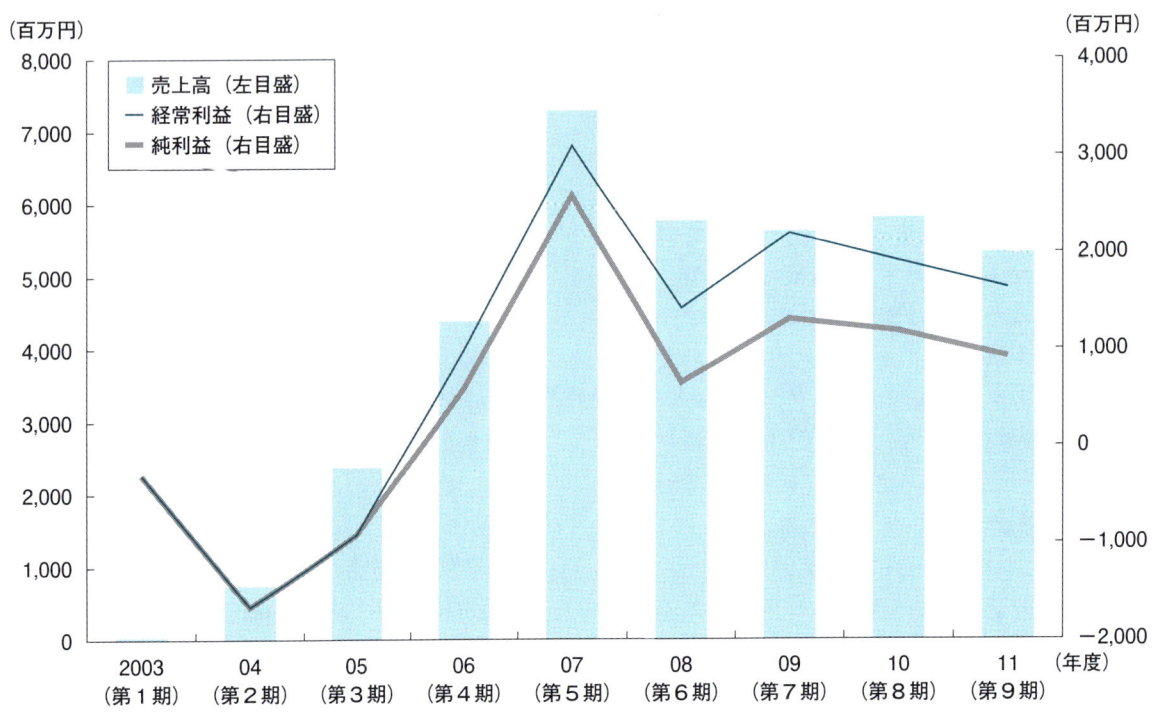

(出所)官報各号。

ータイに欠かすことのできないFeliCa技術開発の概要を示しておこう。[7]

　FeliCaは、ソニーが開発した近接型の非接触ICカード技術である。それは、簡単にいえば、リーダ／ライタから送られたデータをカード側が無線で受信をし、そのデータをカード内部で処理をして、処理されたデータを再びリーダ／ライタに送り返すことを可能にする技術である。処理速度の速さとマルチアプリケーション[8]への対応を特徴としている。その中核を担うデバイスがFeliCaチップであり、累計出荷数は2012年現在で6億個を超えている。[9]

　FeliCa開発の発端は、国内大手運送業者から受けたICタグ開発の依頼であった。当時、集配所での荷物の仕分けを手作業で行っていたこの運送業者は、自動化の必要性を感じ、ソニーの営業スタッフに相談を持ちかけた。ソニーは開発に着手し、1988年1月にFeliCa技術に関する基本特許を出願したものの、コストの問題から仕分け用ICタグビジネスは実現しなかった。その後ソニーは、鉄道総合技術研究所（以下、JR総研）と共同で、乗車券として利用可能なICカードの開発に乗り出した。しかしながら、JRサイドが、運用実績を持たない新技術の採用に消極的であったことや、自動改札機への切り替え投資が佳境を迎えていたこともあり、両社の共同開発の成果が正式に採用されることはなかった。

　仕切り直しを迫られたFeliCaの開発部隊に届けられた朗報は、香港で地下鉄やバスなどの公共交通機関を運行するMTRC（MTR Corporation Limited）が、電子乗車券の採用を決定し、電子乗車券システムへの入札を募っ

ている、というものであった。1994年には、MTRCを含む5つの公共交通機関の運営会社が、非接触型カードによる支払いシステムを開発・運営する目的で合弁会社オクトパスカード（Octopus Cards Limited、以下、オクトパス）を設立した。オクトパス向けのシステムは、オーストラリアのERGが落札し、そのカード部分を担うソニーのFeliCaが採用されることになった。「通信速度、反応距離、メモリの容量、セキュリティ」などにおける優れた性能が評価されてのことであった。1995年6月にはトライアル版が納入され、1997年には本番用の機材の納入とともに本格運用が開始した。

オクトパスでの成功を契機に、東日本旅客鉄道（以下、JR東日本）との調整がスタートした。製造管理や製品機能の安定性などに対するJR東日本の要求は高く厳しいものであり、フィールドテストも長期間にわたって行われた。両社の共同開発は、カードとリーダ／ライタはソニー側が、運用オペレーションを含めたバックエンドのシステムはJR東日本が中心となる分担体制の下で進められた。こうして2000年6月、JR東日本に650万枚のカードと9100台のリーダ／ライタが納入された。

消費者が日々使用する定期券や切符を代替する形でFeliCaが浸透することによって、多くの企業が挫折を経験してきた電子マネーの普及にもようやく光が差した。2001年11月には、ビットワレット[10]のEdyも本格的にサービスを開始し、Suicaとともに電子マネーの黎明期を支え、おサイフケータイ事業の実現に向けた基盤を築いた。

3 フェリカネットワークスの設立と事業の立ち上げ

1993年に3.2％であった携帯電話の世帯普及率は、10年後の2003年には93.9％に達した。[11] その間、1999年にNTTドコモがiモードサービス[12]をスタートしたことで、携帯電話は通話端末から情報端末へと変容を遂げた。

このような、携帯電話の急速な普及と電子マネー市場の立ち上がりに対応して、2004年1月、ソニーとNTTドコモは、携帯電話ネットワークを活用した電子マネー事業を運営する主体として合弁会社フェリカネットワークスを設立した。同社はソニーのネットワークアプリケーション＆コンテンツサービスセクター（NACS）F事業準備室を母体としており、資本金は約60億円、出資比率はソニー60％、NTTドコモ40％であった。[13]

モバイルFeliCaチップを搭載したおサイフケータイサービスの発表は、2004年6月16日に行われた。記者会見の会場で、NTTドコモのiモード企画部長（当時）であった夏野剛が「iモード以来の大きな進化だ。携帯電話は第3の成長期に入った」[14]と話したように、おサイフケータイの登場によって、携帯電話は、生活インフラとしての新たな進化に踏み出すことになった。

記者会見を受けて、2004年7月、NTTドコモがおサイフケータイサービスを開始した。2005年には、KDDIとボーダフォン[15]も同様のサービスを開始した。サービスの内容も、プリペイド型の電子マネーであるEdyに始まり、JCBのQUICPay（2005年4月）、三菱UFJニコスのSmartplus（2005年8月）、NTTドコモのiD（2005年12月）などのクレジット決済機能を持つサービスへと多様な展開が図られた。プリペイド型電子マネーも、Edyに続き、2006年1月に交通系のモバイルSuica、2007年4月には流通系のnanacoおよびWAONの各サービスへと広がった。現在では、1台の携帯電話で、交通乗車券、電子マネー、クレジットカード、チケット、クーポン、会員証、ポイントカード、住宅の鍵などさまざまなサービスが利用できるようになっている。

●プラットフォーム事業の着想

1998年前半、ソニー内部では、後にソニー銀行として結実することになる銀行事業の構想が浮上していた。[16]

すでに展開していたソニー生命保険、ソニーファイナンスインターナショナルなどにとどまらず、より本格的に金融ビジネス、特に個人向け決済ビジネスを展開しようとする流れができつつあった。[17] FeliCa技術を活用した電子マネー事業が動きだした背景には、こうした、金融事業への本格的な進出に向けた全社構想があった。これは、出井伸之代表取締役会長兼CEO（当時）を中心とした経営陣が推進していた、ハードウェアの売り切りビジネスからの脱却や継続課金ビジネスの構築という戦略に対応したものであった。

出井によれば「当社がめざすのはネットワーク自体の提供ではなく、ネットを経由して流れるあらゆる製品・サービスを総合的に手がけるネット上のデパートになること」[18] であり、決済事業への進出は、こうしたソニーの全社戦略に沿ったものであった。

1998年ソニーは、FeliCa技術を活用した決済事業を構築するために、PFS（Personal Finance Service）事業準備室と称したプロジェクト・チームを結成した。そこで作成されていた１本のプロモーション・ビデオには、後にフェリカネットワークスが展開するプラットフォーム事業の着想がすでに含まれていた。

「そのプロモーション・ビデオのなかでですね、携帯電話を、何かこんなふうにタクシーのなかでタッチするんですね。それで支払ってるんですね。1998年のときには当然、携帯電話にFeliCaなんか載ってませんでしたし、（中略）発想の原点というのはそのプロモーション・ビデオに全部詰まっていたと」[19]

これに対して、NTTドコモでも、iモードサービスが始まる前から携帯電話にカード決済の機能を入れる検討が行われていた。[20] iモードサービスの開始は1999年であるから、ソニーとほぼ同時期に、NTTドコモでもプラットフォーム事業の着想がされていたことになる。

●フェリカネットワークス設立へ

おサイフケータイの話が具体化するきっかけは、「Suicaをカードだけでなく携帯電話にも入れたい」というJR東日本からの要望であった。この要望を受けたNTTドコモは早速ソニーに話を持ちかけ、2001年11月、ソニーのF事業準備室とNTTドコモのMM事業本部との間でおサイフケータイの実現に向けた検討がスタートした。さらに2003年５月には、F事業準備室とNTTドコモのiモード事業本部との間で合弁会社設立の具体的な検討が始まった。同年10月27日には、提携合意発表記者会見が行われ、出井伸之（ソニー会長、当時）、立川敬二（NTTドコモ社長、当時）の両社トップも同席した。

その後、同年11月28日には、「フェリカネットワークス設立のための会社分割に関するお知らせ」が発表された。その内容は、2004年１月７日を分割期日として、ソニーのF事業準備室を会社分割で切り離すというものであった。この分割によって、ソニーの100％子会社として、資本金1000万円のフェリカネットワークスが設立された。その後、ソニーおよびNTTドコモから増資を行い、それをソニーとNTTドコモが60％と40％の比率で引き受けることによって両社の合弁会社が誕生することとなった。

事業スキームの策定については、NTTドコモがそれまでに行ってきた取り組みに沿った形で進められた。もともと「iモードサービスの利便性を向上させて、付加価値を高める。つまり、おサイフケータイはiモードの延長線上で考えていた」[21] というNTTドコモは、モバイルFeliCaチップを内蔵した携帯電話機の試作機をサービス提供事業者27社に提供して、2003年12月から試験サービスを行っていた。たとえば、JR東日本が非接触型ICを使う定期券サービスSuicaをモバイルFeliCaチップ対応携帯電話機で実現する実験を行ったり、クレジットカード会社が同端末による店舗での決済サービスの実験

を行ったりするものであった。[22] フェリカネットワークスはこれらの実験結果をもとに、後述する事業スキームを策定した。こうして、2004年7月10日、携帯電話に電子マネー機能を持たせたNTTドコモのおサイフケータイサービスのスタートによって、おサイフケータイはついに現実のものとなったのである。

●両社からの人材派遣と融合

フェリカネットワークス設立当時の社員数は約90人であった。このうち、約70人はソニーから、約20人はNTTドコモから、いずれも出向者だけで構成されていた。[23] 基本的に、ソニー側がモバイルFeliCaチップを中心とした開発業務を担い、NTTドコモ側がサービス部分を全面的にバックアップするという協力体制がとられた。

代表取締役社長にはソニーから河内聡一が就任した。取締役副社長には、ソニーとNTTドコモからそれぞれ1人ずつ、取締役5人については、3人がソニーから、2人がNTTドコモから就任、というように出資比率に連動した役員体制であった。

設立当初の部署は、開発部、プラットフォーム部、企画部、マーケティング部、管理部であった。それぞれの部署にも役員体制と同様に、ソニーからの出向者とNTTドコモからの出向者が机を並べるように配属された。両社からの出向者による協力体制はきわめて良好であったという。当時の開発部統括部長、関谷秀一（現・同社取締役）は次のように語っている。

「ソニー出身者とか、NTTドコモ出身者とか、そんな雰囲気はまったくなかったですね。新しい事業を自分たちでつくりあげていくんだという期待感を胸に、従業員一丸となって取り組んでいました。……お互いに吸収するところがあるけれど、喧嘩することはない。非常に雰囲気は良かったと思います」[24]

フェリカネットワークス設立以前にも携帯電話向けのチップ開発ではソニーとNTTドコモのエンジニアはやり取りがあった。そこでお互いに苦労を共有していたからこそ、今度は共通の目標に向かって協力ができたと関谷は述べている。また、ソニーからの出向者のなかには、フェリカネットワークスの事業を想定して他社から中途入社した人たちもいたことが、合弁会社にありがちな確執が生まれなかった一因であったかもしれない。

なお、2012年10月時点におけるフェリカネットワークスの社員数は約150人であるものの、プロパー社員は20～30人であり、その他の社員は、依然として両社からの出向者によって構成されている。

●モバイルFeliCaチップ開発の苦労

2001年頃から、ソニーとNTTドコモの間でおサイフケータイの実現に向けた具体的な検討が行われるなか、ソニーでは、その中核となるモバイルFeliCaチップの開発が進められていた。しかしながら、このチップ開発において、ソニーの開発メンバーは予想を超えた苦労を経験することになった。おサイフケータイの実現が2004年7月となったのは、モバイルFeliCaチップの開発に3年の年月を要したからであった。それは当初の予定からは大幅に遅れていた。

遅れた理由は、カード向けに開発されたFeliCaチップを単純に移転するだけでは、モバイルFeliCaチップが実現できなかったことにある。第1に、カードでは無線でのやり取りだけでよかったが、携帯電話に搭載されるチップでは、携帯電話のアプリケーションとやり取りする有線のインターフェースも必要となった。

第2に、セキュリティを格段に強化しなければならなかった。カードに組み込まれるチップの場合、工場のようにセキュリティが確保された場所で初期化して、IDなどの必要情報を書き込むことができる。しかしモバイルFeliCaでは、それらの必要情報の書き込みをOTA

(Over the Air)で、つまり、携帯電話のネットワーク上で行わなければならない。セキュリティに少しでも問題があれば電子マネー事業は根本から成り立たなくなる。一方、セキュリティを強化すれば、それだけ、動作スピードが落ちてしまう。しかし、交通系での利用を考えるなら、スピード低下は絶対に許されない。モバイルFeliCaチップの開発ではこれらの深刻なトレードオフを解決しなければならなかった。

第3に、メモリサイズの増大に伴う問題を解決しなければならなかった。カード向けのFeliCaチップも、マルチアプリケーションに対応できる仕様にはなっていたものの、消費電力や要求スピード、カード形状の問題から、搭載されるメモリは最小限に抑えられていた（青島・鈴木、2008）。それに対してモバイルFeliCaチップでは、メモリを16分割して16のカード（サービス）が共存できるような仕様をねらっていた。その分、メモリは大きくなる。メモリが大きくなれば、扱う情報が増えるが、それだけフラグメンテーション（情報の断片化）が起き、動作スピードが遅くなる可能性がある。しかし、交通系での利用を前提とするモバイルFeliCaでは、Suicaカード並みの動作スピードを保証しなければならない。また、チップにロールバック[25]の機能を持たせることもメモリの増大につながっていた。電車の改札などスピードが求められる使用環境では、きちんと読み書きが終了しないうちに、ユーザーが携帯電話を離してしまうということが起きる。そうなるとサーバ側のデータとモバイルFeliCaチップ側のデータの不整合が生じる。この問題を解消するためにFeliCaチップでは、メモリ領域を冗長化することで、読み書きを行う以前の状態に戻せる「アンチブロークントランザクション」という機能を実現している。その分、メモリ領域が広がり、管理が難しくなっている。

カード向けに開発されたFeliCaチップのアーキテクチャを継承する限り、これらの問題を解決することはきわめて難しかった。それゆえ開発者たちは多大な困難に直面することになった。モバイルFeliCaチップの開発を初代から担当してきた関谷は、この点に関して、以下のように述べている。

「とにかくチップの開発が間に合いませんでした。（中略）産みの苦しみを味わいました。初代（最初のモバイルFeliCaチップ）は、カードのアーキテクチャをそのまま持ってきていましたので、アナログ部分（無線部分）とセキュリティ部分（セキュアエレメント、SE）[26]が一体化されていました。そのことが苦労する原因となっていました」[27]

初代モバイルFeliCaチップの開発の苦労からチームは多くのことを学んだ。そこでの教訓は、フェリカネットワークス設立後に始まった、Faver 2.0と呼ばれる第2世代チップの開発において活かされることとなった。Faver 2.0の開発では、初代のときとはまったく異なる開発手法が採用された。それは、市場におけるさまざまなプレーヤーとの協力を基軸としたフェリカネットワークスの事業の特徴を色濃く反映した手法であった。

●Faver 2.0におけるコラボレーション

初代モバイルFeliCaチップでは、ハードウェアとソフトウェアをソニーが自社で開発するだけでなく、製造も自社の半導体工場で行った。Faver 2.0の開発においてフェリカネットワークスは、こうしたやり方を根本的に変えて、複数の企業との協力体制を築くという選択を行った。

モバイルFeliCaチップは大きく分けると、非接触の通信部分を担うRF（Radio Frequency）チップとSAM（Secure Application Module）チップとの2つの部分から構成されている（図2）。SAMチップは、CPU、メモリのほか、暗号エンジンのプロセッサや耐タンパ性の機能を一体化したICチップである。内部には顧客サー

図2　モバイルFeliCaチップの構成

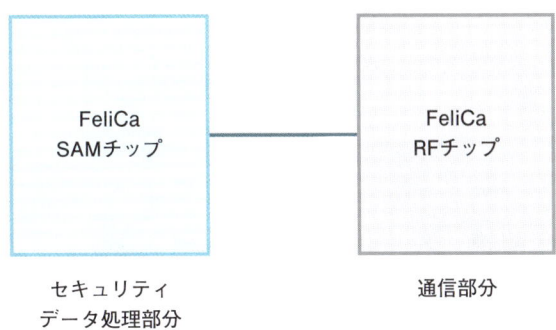

ビスごとに区分されたメモリ領域があり、ネットワークを介してそこに情報が読み書きされる。このメモリ領域にアクセスするときの暗号処理と鍵管理を行うモバイルFeliCa OSの載ったハードウェアモジュールがSAMチップである。

カード向けのFeliCaチップや、初代モバイルFeliCaチップでは、RFとSAMの部分がチップとして一体化されていた。それに対して、Faver 2.0では、RFチップとSAMチップを分離して2チップ構成とした。中核のFeliCa OSの開発はフェリカネットワークスが行う一方で、RFチップとSAMチップの設計と製造は、それぞれ外部の半導体企業に任せるという、新たなコラボレーションの体制をとった。前出の関谷はその経緯を次のように述べている。

「それまでFeliCaの開発は職人芸だった。RFとSEが一緒になっていると開発できる企業は限られてしまう。RFとSEを分けて、それぞれが得意な企業を集めたほうが、開発期間も短縮できる。最新の技術を取り込むこともできる。ソニーから離れて、それが可能になった」[28]

ソニーという完成品企業からもNTTドコモという最終サービス提供企業からも一定の距離を置き、合弁会社としてスタートしたフェリカネットワークスは、社会の多くの人々や企業が利用する共通インフラを提供するプラットフォーム企業である。それゆえ、垂直統合型の囲い込みではなく、中立な立場からさまざまな人たちの協力を得つつ、ともに発展する事業展開と馴染みが良かった。すべてを自社で抱え込んで利益を独り占めすることよりも、能力ある他社の力を借りて、インフラを広げることを優先することを選択した。90人ほどの小さな組織ではそのような事業展開を選択せざるをえなかったのかもしれない。

4　フェリカネットワークスの事業モデル

既述のとおり、フェリカネットワークスの事業の中核は、おサイフケータイサービスのインフラ構築に必要となる技術の開発・提供と、サービスインフラの運営管理である。[29] ゆえに収益の源泉は大きく2つに分かれている。

第1は、ライセンス事業である。図3に示されるよう

図3 モバイルFeliCa事業の構造

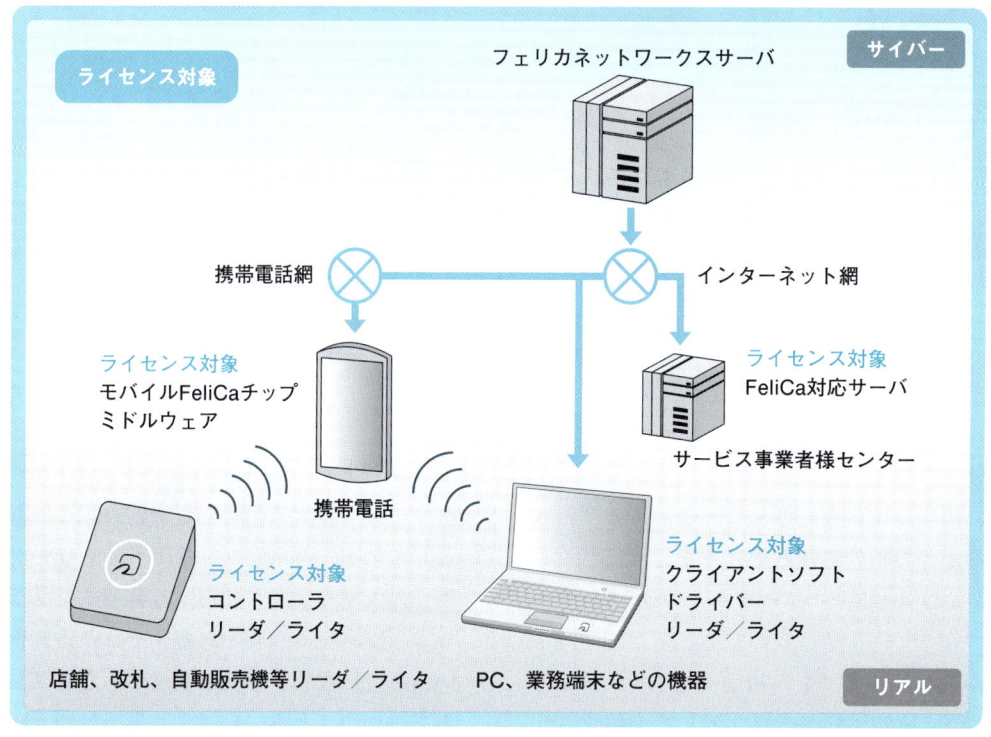

(出所)フェリカネットワークスホームページ。

に、おサイフケータイサービスを実現するには、さまざまなハードウェアやソフトウェアを含むインフラが必要となる。

まず、携帯電話のなかにモバイルFeliCaチップが搭載されなければならない。このモバイルFeliCaチップの開発と製造・販売ライセンスの提供が最も大きなライセンス事業である。モバイルFeliCaのOSはフェリカネットワークスがすべて開発しているが、既述のとおり、RFチップとSAMチップの設計・製造は外部の半導体企業が行っている。これらの半導体企業は、フェリカネットワークスからライセンスを受けて、設計・製造したチップを携帯電話メーカーに販売する。その販売量に応じたライセンス料がフェリカネットワークスに支払われるようになっている。

その他、モバイルFeliCaチップへのアクセスを管理するミドルウェアやリモートで安全に情報の読み書きを行う[30] FeliCa対応サーバシステムの販売・製造ライセンス、パソコンに搭載されるクライアントソフトウェアのライセンス、さらに、リーダ／ライタやそのコントローラに関するライセンス供与もフェリカネットワークスの事業となっている。

フェリカネットワークスの第2の事業は、プラットフォーム事業である。モバイルFeliCaのサービスプラットフォームの構築にかかわるライセンス事業に対して、そのプラットフォームを、サービスを提供するCPが安全に利用できるように運営・管理するのが、プラットフォ

ーム事業である。

　FeliCaチップには複数のサービス事業者のアプリを格納するメモリ領域がある。そのメモリ領域にアプリを勝手にダウンロードされると相互に干渉して問題を起こしかねない。だから「交通整理」をする管理者が必要になる。この管理者業務がプラットフォーム事業の中心にある。

　FeliCaチップには、CPのアプリを格納するメモリ領域として「サイバネ領域」「フリー領域」「共通領域」の3つがある。これらのうち、サイバネ領域とは、日本鉄道サイバネティクス協議会が規定するサイバネ規格に沿ったサービスのための領域であり、具体的にいえば、JR東日本を中心とした交通系のアプリが格納される領域である。この領域はJR東日本が管理しており、フェリカネットワークスの事業範囲外となっている。

　フリー領域は、iモードサービスの一環として提供されているNTTドコモ独自の管理領域である。おサイフケータイを始めるにあたって、誰でも自由に簡単にアクセスできる領域をつくりたいというNTTドコモの要請でできた領域である。あらかじめファイル構造が規定されておりセキュリティは弱いが、誰でも自由に活用できる領域となっている。ここもフェリカネットワークスの事業範囲外である。

　フェリカネットワークスが独占的に管理しているのは3つ目の共通領域と呼ばれる部分である。交通系を除けば、一般のCPが利用するのはこの共通領域である。サイバネ領域同様、共通領域には高いセキュリティが確保されており、携帯電話網を介して安全に情報の読み書きができるようになっている。

　共通領域を利用してサービス事業を始めようとするCPは必ずフェリカネットワークスに登録を依頼しなければならない。登録を受け付けたフェリカネットワークスは、携帯電話の保有者の依頼によって、携帯電話に搭載されるモバイルFeliCaチップのメモリ上にCPごとの個別領域を設定し、CPがサービスを提供する上で必要となる諸情報をオンラインで書き込む。これが、"on FeliCa"プラットフォームサービスと呼ばれるものである。このように、携帯電話にCP独自の個別領域が設定されるたびに、領域管理料として一定額がCPからフェリカネットワークスに支払われるという仕組みになっている。

　たとえば、携帯電話の保有者がセブン＆アイ・ホールディングスのnanacoを利用しようと思えば、専用のアプリをダウンロードする必要がある。次にダウンロードされたアプリを起動して初期化等を行うことによって、モバイルFeliCaチップ内に、nanacoの個別領域が設定される。この段階で、CPからフェリカネットワークスに一定の金額が支払われる。

　これは、カードの発行費用と同じように考えるとわかりやすい。カードをなくしたり破損したりして再発行すれば新たに発行費用が発生するように、携帯電話の機種変更を行って新しい機種で再びFeliCaサービスのアプリをダウンロードして初期設定すれば、その都度、領域管理料が発生することになる。サービス開始当初、領域管理料を設定するときには、一般的なカード発行コストをカードの平均的な利用年数で割った金額を超えないことを考慮したという。[31)][32)]

　領域管理料以外にも、CPの提供するサービス上のトランザクションごとに収入が発生することもある。たとえば、電子マネーを展開するCPは、顧客がお金をチャージするたびに、セキュリティを確保した上で、鍵の開け閉めをして、読み書き作業を行わなければならない。これは、FeliCa対応サーバがあれば可能なことであるが、CPのなかには、自社サーバを持たずに、フェリカネットワークスに鍵を預けて読み書きを委託している企業も多い。その場合には、チャージが発生するたびに一定額がフェリカネットワークスに支払われることになる。

　このように、ライセンス事業とプラットフォーム事業がフェリカネットワークスの柱となっているが、比率からすると、ライセンス事業からの収益が8割程度を占めているという。

5 新たな動きへの対応

●NFCの台頭

　FeliCa技術を使ったおサイフケータイサービスのインフラ提供をほぼ一手に引き受け、ライセンス事業とプラットフォーム事業を柱として安定的な収益を上げてきたフェリカネットワークスであるが、近年、新たな環境変化に直面している。NFC（Near Field Communication）の実用化である。

　NFCとは13.56メガヘルツ帯を利用した近距離無線通信技術である。ソニーとオランダのフィリップス（現NXPセミコンダクターズ）が共同開発し、2003年12月にISO18092として国際標準を取得した通信方式で初めてNFCという言葉が使われた（田川、2011）。これがNFC IP-1といわれる。これ以前には、非接触の近距離無線技術として、フィリップスのType A（Mifare）とモトローラのType Bが、それぞれ、ISO14443AとISO14443Bとして国際標準を取得していたが、ソニーのFeliCaは国際規格としては認められず、それがFeliCa事業を海外に展開する上での大きな足かせとなっていた（青島・鈴木、2008）。そこでソニーはフィリップスと共同で、FeliCaとMifareとの互換性のある通信規格を提案して、国際標準を取得した。NFCは、その後、モトローラのType Bやタグの規格を含むように拡張され、2005年にISO21481として国際標準規格となった。これがNFC IP-2といわれる。

　NFC規格が規定しているのは、RFチップに対応する通信部分のみで、SAMチップに対応するデータの暗号化などの処理方法は規定されていない。FeliCaやMifareとは物理層で互換性を持つため、通信部分をNFCとして、暗号化処理はFelicaやMifareを選択するということが可能となる。つまり、理論的には、NFCのRFチップに異なるさまざまなSAMチップを組み合わせることが可能となる。

　NFCが急に脚光を浴びるきっかけとなったのは、2010年12月にグーグルが、Android 2.3にNFCを対応させることを発表し、さらにNFC機能を組み込んだスマートフォン「Nexus S」を導入したことであった（田川、2011）。これを口火にしてさまざまな企業がNFCへの関心を表明した。また、NFC IP-2は複数の通信規格を内包しているため、異なる通信モードが並列し、NFC搭載機種間で相互の接続性が保たれないことが危惧されていたが、その問題の解決のめどが立ったことも、NFCへの注目が急速に高まった理由の1つである（中道・久米、2011）。

　グーグルがNFCに注目したのは、広告事業への誘導をねらってのことだといわれている（中道・久米、2011）。たとえば、NFCの搭載された携帯電話で、街角にある広告タグをタッチするだけで、消費者はさまざまな情報を手に入れることができる。グーグルは、消費者の「タッチの行動」を体系的に把握することができれば、効果的な広告を打つことができるようになるだろう。その他、NFC搭載機種間で、タッチするだけで情報やクーポンなどを瞬時に交換するようなことも考えられている。このように、NFCでは、従来のおサイフケータイより幅広いサービスが想定されている。それは、NFCが標準でリーダ／ライタの機能を搭載していることやP2P[33]での双方向通信を可能にしていることなど、技術的な面にもよるだろうが、それ以上に、グーグルやアップルなど、携帯電話事業という従来の枠を超えた発想を持つプレーヤーが多数参加していることが関係している。

●NFCは脅威なのか、機会なのか

　フェリカネットワークスにとって、NFCの台頭は、脅威となるのだろうか。それとも新たな成長機会となるのだろうか。

脅威？

　現在、フェリカネットワークスは、FeliCa技術を核としたサービスプラットフォームの提供を事業としている。もし、NFCの普及とともに、国内のサービス事業者が次々とFeliCaを離れ、NFCにType Aなどを組み合わせたサービスプラットフォームに移行することになれば、フェリカネットワークスの事業基盤は少なからぬ影響を受けることになるだろう。国内のキャリアのなかでも、KDDIやソフトバンクモバイルは、とりわけNFCに力を入れているようであり、モバイルFeliCaは今後縮小していくと見る意見もある。[34] 確かに、日本国内ではすでにFeliCaが事実上の標準として普及しており、特に交通系でFeliCaが他の方式に置き換えられるとは思えない。しかし、カードとしてのFeliCaは残っても、電子マネーを中心とするモバイルFeliCaが置き換えられる可能性はあるかもしれない。特にFeliCaチップは他に比べて値段が高い。それゆえ、交通系のように速さなどの高性能が求められる領域以外では、安価な方式に流れる可能性はある。また置き換わらないにしても、チップベンダーやSI（システム・インテグレーター）企業を含めた顧客に、複数の技術から選択する余地が生まれれば、それらの企業からライセンス料の値下げを求められるかもしれない。こうした点からすれば、NFCはフェリカネットワークスにとっての脅威といえるかもしれない。

　さらに、NFCの時代には、セキュアエレメント（SE）の争奪戦が起きるという見方もある。[35] モバイルFeliCaでは、SAMチップは携帯電話に内蔵されており、SEはフェリカネットワークスが一手に管理している。しかしNFCでは、このSEをどこに置くのかということ自体がいまだ流動的である。一般に、通信キャリアはSIMカードのなかにSEを置くことを志向するといわれる。SIMカードはキャリアの持ちものであるから、そうなれば、当然キャリアがSEを支配することになるからである。それに対して、アップルやグーグル、さらに他の携帯端末企業は、自らが支配できるように、SEを端末に内蔵することを志向する可能性が高い。一方、金融企業やサービス事業者には、SDカードなどの外部メモリにSEを格納して配布するという動きもあるという。[36]

　このように、NFCになると、サービスプラットフォームの提供方法が多様化し、どこか1社が支配するという構図にはならないかもしれない。こうした動きも、一見、フェリカネットワークスにとっては逆風に見える。

いやチャンス？

　しかし、NFCはフェリカネットワークスに新たな機会を提供しているようにも見える。国内に限ってみても、NFC搭載のスマートフォンが増えて、おサイフケータイが今よりもっと市民権を得るようになることは十分にありうる。日本におけるFeliCaのインフラを考えれば、NFCとなっても、FeliCaを搭載しないということは当面考えにくい。実際に、2012年に発売されたAndroid端末におけるモバイルFeliCa搭載率は100％である。通信キャリア各社も、NFCをベースにType AやType Bへの対応も進めていくであろうが、FeliCaとの併存を、少なくとも当分の間、選択するに違いない。たとえばNTTドコモは、当面、FeliCaのSAMチップを携帯電話に実装したままでSIMカードにType AとType BのSEを搭載し、その後、FeliCaのSEもSIMカードに実装するというシナリオを発表している。[37]

　世界の企業も、NFCが脚光を浴びる一方で、FeliCaに注目し始めているようにも見える。たとえば、2012年2月にフェリカネットワークスはNXPセミコンダクターズとFeliCa対応のNFC通信コントローラの共同開発を行うことを発表している。[38] また、同じ2月にサムスン電子との提携も発表している。この提携においてサムスン電子は、FeliCaに対応したNFC通信コントローラとともに、FeliCaのSAMチップの開発も行うことになっている。[39] こうした世界企業との提携は、FeliCaが世界展開を進める足がかりとなる。NFCが普及し、NFCとFeliCaのSAMチップの組み合わせが選択可能になれ

ば、国内にとどまっていたフェリカネットワークスの事業が大きく世界に広がる道が見えてくる。携帯端末企業は、共通のNFC通信制御チップを実装しておき、SIMカードで異なるSEを提供できる。これならFeliCa搭載の端末を効率的に開発できる。ガラパゴスとはならない。

さらに、フェリカネットワークスにとっては、FeliCaにこだわらない事業展開もありうる。フェリカネットワークスの強みは、1社でおサイフケータイのプラットフォームを包括的に提供し、それを運用している実績にある。NFCといっても、現状、これだけ包括的なサービスを1社で提供できる企業はない。このフェリカネットワークスの強みは、FeliCaを離れても活かされる可能性は高い。NFCの普及とともに今後、おサイフケータイだけでなく、タグやP2Pなど、多様な応用サービスが開拓されていくと考えられる。通信技術が進めば、ハードのチップには何のバリューも格納せずに、サーバとのやり取りのために必要な認証だけをチップに担わせるという方向もある。

こうしたなか、あくまでもFeliCaにこだわった事業を続けるか、それとも、FeliCaの枠を飛び越えて、混沌としているが、急速に広がる世界にあえて飛び込むのか。フェリカネットワークスは、この大きな決断を迫られているように見える。いや、すでに決断しているのかもしれない。 H

（文中敬称略）

注

本ケースの作成にあたっては、フェリカネットワーク株式会社取締役副社長澤井孝一郎氏、同社取締役関谷秀一氏から多大なご協力をいただいた。ここであらためて御礼申し上げたい。

1　Reader/Writer。FeliCaチップとデータ通信を行う端末のこと。
2　CPはおサイフケータイのインフラを使ってサービスを展開する事業者のことであり、サービス事業者と呼んだほうがわかりやすいかもしれないが、業界ではCPと呼ぶことが多いため、ここではCPで統一する。
3　『日本経済新聞』(2012)。
4　フェリカネットワークスホームページ。
5　MM総研調べ。
6　筆者らによるフェリカネットワークス取締役関谷秀一氏へのインタビューより。2012年10月11日、フェリカネットワークス本社にて。
7　以下の記述は、青島・鈴木 (2008) に基づいている。
8　複数の事業者が1枚のカードに相互乗り入れできる機能を指す。磁気カードでは、顧客は事業者の数だけカードを持たなければならない。それに対してFeliCaでは、カードのハード部分は共有した上で、メモリ部分を分割して複数の事業者に割り当てることによって、1枚のカードで複数の事業者のサービスに対応することが可能となっている。
9　『日経産業新聞』(2012)。
10　ビットワレットはソニーグループを中心とした合弁企業として2001年1月に設立された。2010年に楽天グループに入り、2012年6月より楽天Edyへ商号およびブランド名を変更している。
11　総務省情報通信政策局 (2004)。
12　携帯電話からインターネットへ直接アクセスすることを可能にするサービス。1999年2月22日にサービスを開始。当時は、インターネットの普及率がそれほど高くない時代であり、インターネットへの接続には、パソコン、回線、接続機器（モデムなど）を揃え、インターネットプロバイダーと契約をし、設定を行うなど多くのステップが必要であった。
13　その後、2004年6月にJR東日本が第三者割当増資に応じ、持ち分はそれぞれ、約57%、約38%、約5%となった。
14　『日経産業新聞』(2004)。
15　2005年9月にKDDIの「EZ FeliCa」、2005年11月にボーダフォン（現ソフトバンクモバイル）の「ボーダフォンライブ！FeliCa」がスタートした。
16　『日経金融新聞』(2001)。
17　ソニー損害保険の事業準備会社を設立したのが1998年、ソニー銀行設立準備を表明したのが2000年である（ソニー損害保険プレスリリース1999年9月16日、ソニープレスリリース2000年3月30日）。
18　『日本経済新聞』(1999)。
19　青島ほか (2009)。
20　筆者らによるフェリカネットワークス取締役副社長澤井孝一郎氏へのインタビューより。2012年11月15日、フェリカネットワークス本社にて。
21　注20と同じ。
22　『日経ニューメディア』(2004)。
23　注20と同じ。
24　注6と同じ。
25　前の状態に戻すこと。ここではチップ内に情報を書き込む前の状態

に戻すことを意味している。
26 外部からの悪意を持った解析攻撃に耐えられるように設計され、データを安全に格納するメモリや、暗号ロジック回路（機能）を内蔵した半導体製品の総称。SAMチップ部分にあたる（http://www.nfc-world.com/glossary/index.html#se）。
27 注7と同じ。
28 注7と同じ。
29 ただし厳密には、フェリカネットワークスの事業は、「おサイフケータイ」だけにとどまらず、カードに関するライセンスや管理運営事業を行う権利も保有している。海外事業に関しては原則ソニーが行うことになっているが、フェリカネットワークスも海外の事業展開ができないというわけではない。
30 より正確に表現するのであれば、モバイルFeliCaチップとエンドツーエンド（End 2 End：通信区間全体）で認証を行うことでTSM（Trusted Service Manager）機能を実現できるセキュリティサーバの製造・販売ライセンスである。
31 注22と同じ。
32 フェリカネットワークスはダウンロード・サービスの料金水準を公開していないが、報道資料等によれば、「通常のカード発行費用よりは安い」水準とされている（『日経MJ』、2004）。
33 ピアツーピア（Peer to Peer）。ネットワーク上で対等な関係にある端末間で送受信する通信方式のこと。
34 日経エレクトロニクス編（2011）pp.83-84。
35 日経エレクトロニクス編（2011）p.20。
36 日経エレクトロニクス編（2011）p.25。
37 日経エレクトロニクス編（2011）p.30。
38 フェリカネットワークス（2012a）。
39 フェリカネットワークス（2012b）。

参考文献

青島矢一・鈴木修
 2008.「ソニー——非接触ICカード技術『FeliCa』のイノベーション」『一橋ビジネスレビュー』55(4)：108-127.
————・————・長内厚
 2009.「ビットワレット——電子マネー市場の創造と事業戦略の構築」『一橋ビジネスレビュー』57(1)：82-102.
フェリカネットワークス
 2012a.「NXPとフェリカネットワークス，グローバルインフラとの互換性を持つNFC無線コントローラを共同開発へ」2月27日（http://www.felicanetworks.co.jp/news/news/20120227_2.html）．
 2012b.「サムスン電子，フェリカネットワークス株式会社とモバイルNFCソリューションで提携」2月27日（http://www.felicanetworks.co.jp/news/news/20120227_3.html）．
中道理・久米秀尚
 2011.「スマートフォンへ標準搭載進む　テレビや白物家電にも波及」『日経エレクトロニクス』3月21日号，pp.53-79.
日経エレクトロニクス編
 2011.『NFC最前線2012——スマートフォンで盛り上がる非接触通信の新国際標準』日経BP社．
総務省情報通信政策局
 2004.「平成15年　通信利用動向調査報告書　世帯編」．
田川晃一
 2011.「NEセミナー SELECTION——第1回　対応スマホ登場で活気付くNFC　"裏方"NFC Forumの役割とは」『日経エレクトロニクス』10月31日号，pp.156-161.
『日本経済新聞』
 1999.「ソニー，ネット銀進出，デジタル顧客囲い込み——端末から決済まで，金融機能強化」12月10日，3面．
 2012.「おサイフケータイ付き，スマホの台数，国内1000万台に」4月15日，7面．
『日経金融新聞』
 2001.「第2部　権威への反抗　ソニー"夢"銀行（5）ソニー出井氏（終）（挑戦マネーベンチャー）」6月27日，3面．
『日経MJ』
 2004. 7月27日，19面．
『日経ニューメディア』
 2004.「非接触型IC内蔵携帯電話機の制御システム，フェリカネットが設計開始」2月2日，6面．
『日経産業新聞』
 2004. 7月5日，24面．
 2012.「ソニー，フェリカ用チップ出荷6億個超」9月18日，4面．

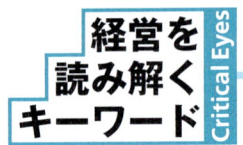

書籍のデジタル化と出版の商慣習
Digitalization and Business Custom in the Japanese Publishing Industry

遠藤貴宏 カーディフ大学リサーチアソシエイト
Endo Takahiro

電子書籍リーダーの投入前夜

　書籍のデジタル化が注目を集めている。個々の端末の技術的な側面からの議論はもちろん大切だ。しかし、それを補完するコンテキストを考慮に入れなければ、バランスの取れた議論はできない。ここでコンテキストとして注目するのは、コンテンツを提供する出版業界側の事情である。ここでは、紙幅の都合上、デジタル化のなかでも特に電子書籍リーダーに焦点を絞る。

　図1のように、1997年まで一貫して書籍・雑誌の売上高は上昇傾向にあった。物事が順調に進んでいる場合、見直しや改革の動きはまれにしか起こらない。むしろ、現状を維持することに人々の関心が寄せられる。1970年代のオイルショックや1980年代のプラザ合意、1990年代のバブル経済の崩壊にも大きく影響されることなく、出版の商慣習は不況にも強いという「不況神話」が語られ、商慣習は強固に定着していった。

　さて、出版の商慣習とは何かというと、「家族的な絆の強さ」と「取次による資源配分」の下に商売が成り立っているということである。家族的な絆の強さとは、出版業界関係者の結びつきがきわめて強いことを指す。そのことは、出版社、書店、取次といった出版業界関係者が自らを「業界三者」という言葉で形容することに象徴的に表れている。

　取次による資源配分とは、主に出版社と書店をつなぐ卸としての役割を担う、取次に関連する。全国に、出版社は3700社程度、書店は1万7000店以上あるといわれている。しかし、取次は数十社程度で、上位2社の売り上げが突出している業界だ。

　取次による資源配分は以下に要約される。第1に、取次は出版物を通した交換活動におけるルールを主導的に規定・運用してきた。出版社、取次、書店のそれぞれがどの程度の正味を取るのかという点は、取次が主導的に規定してきたことが報告されている。また、書店店頭での定価販売と書店からの返品を基本的に自由とするというルールは取次が主導で運用してきたことが指摘されている。第2に、取次は出版社から流れてきた出版物を書店に流す際に、過去の書店での販売実績や店舗面積、客層などから、「適切な」書籍と雑誌の組み合わせを選択し、基本的にはそれに従って書店への送付を行ってきたことが知られている。

　しかし、である。再度、図1を見ていただきたい。全体の傾向を見た場合、1997年以降の書籍・雑誌の売上高は芳しくない。プロ野球や政治の事例を持ち出すまでもなく、物事がうまくいかなくなったとき、見直しや改革の動きが出てくる傾向にある。実際に出版業界においても、不況神話の崩壊と商慣習の改革を指摘する声が2000年初頭より聞こえ始めたのであった。

電子書籍リーダーの導入と撤退

　出版の商慣習に対する改革志向が高まるなかで、ソニ

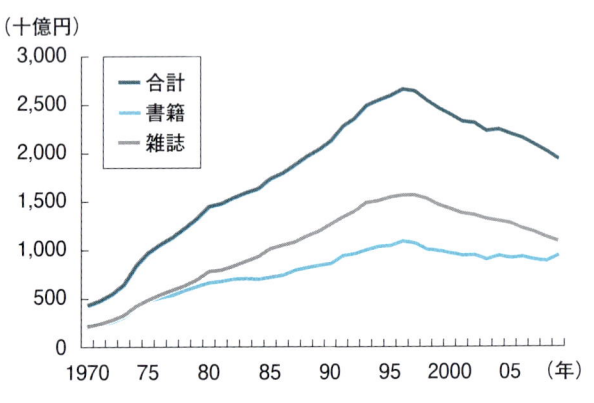

図1 書籍と雑誌の売上高

（出所）出版科学研究所。

ーとパナソニックの両陣営はそれぞれ2004年に電子書籍リーダーを投入した。

両陣営は、説明会等を通じて出版社に対して電子書籍リーダー向けのコンテンツを提供するよう働きかけた。こうした説明会では、次の2点が出版社にとっての動機づけ要因として強調された。紙を使わないので在庫に悩まされることがないという点と、次世代の不可欠なサービスであり、それに乗り遅れることは致命的な打撃になりうるという点である。

両陣営による電子書籍リーダーは普及しうる可能性を秘めていた。しかし、出版社からのコンテンツが集まらなかった。パナソニックは2004年に参入した時点で約5000点からスタートしたが、電子書籍リーダー市場から退出した2008年に保有していたコンテンツは約7000点だった。ソニーは、約1000点からスタートしたが、退出した2008年には約6000点のコンテンツを揃えるにすぎなかった。日本では年間7万点以上の紙の新刊書籍が出ていることを考えると、両陣営が撤退するまでに揃えた電子書籍コンテンツの点数は非常に少なかった。

電子書籍リーダーをめぐるコンテキスト

出版社がコンテンツの提供をあまり増やさなかった理由として、次の3つの点が挙げられる。①技術的な問題、②著作権の処理の問題、③デジタル化脅威論である。

①は、当時の電子書籍リーダーが、出版社の目から見て、技術的に不十分なものだったということである。②は、出版社と著者との契約書の雛型がデジタル化を想定したものになっていなかったので、デジタル化に対応できなかったというものだ。

③は、一言でまとめると、電子辞書の経験から電子書籍リーダーを警戒すべきという見解が支配的になり、既存の商慣習への「揺り戻し」が働いたというものだ。この点には、ややくわしい説明が必要だろう。家電メーカーが電子辞書市場に乗り出したのは1979年以降である。その当時、家電メーカーの置かれたコンテキストは、現在ほどコスト低下に対してのプレッシャーが強くはなかった。最終メーカーと取引をするサプライヤーは基本的には系列とも呼ばれた「仲間うち」が主体であった。家電の販売店も例外ではなく、家電メーカーの製品は系列販売店を通して消費者のもとへ届けられていた。したがって、出版社は、当初、家電メーカーに対して警戒することもなく辞書コンテンツを電子辞書に提供することを許諾したのであった。

しかし、1990年代の「規制緩和」で、大規模家電量販店が隆盛すると状況は変わった。従来の系列販売店は、メーカーとの運命共同体として、価格は極力下げずにカスタマーケアを重視するという特徴があった。一方、家電量販店はメーカーに対して価格交渉を行い、店頭において大々的なディスカウントを実施することは日常茶飯事であった。それに加えて、1990年代を通して、国内市場の成熟と国際化により、日本の製造業各社において価格競争の圧力が高まった。辞書コンテンツのライセンス契約も例外ではなく、その内容が毎年見直され、出版社に対する利用料金の値下げ圧力が強まった。

さらに、電子辞書の出荷台数が伸びる一方、紙の辞書の販売部数は減った。紙の辞書は1990年代初頭には年間1500万冊の販売部数があったが、2008年の時点では同650万冊にまで減少した。電子辞書は、1996年には5万台あまりの出荷台数であったが、1999年に急激な伸びを示し、2000年以降は、ほぼ毎年200万台以上の出荷台数がある。

上記のように辞書の出版社は、より競争的な圧力にさらされるようになり、デジタル化によって収益源が尻すぼみになりうるという「デジタル化脅威論」が台頭したのである。脅威論は業界三者のなかで共有され、有力な見解となった。その結果、既存の商慣習への回帰が強まり、電子書籍リーダーへのコンテンツの提供は意図的に避けられたのである。

その後のデジタル化をめぐるコンテキスト

2008年に両陣営が一時的に撤退して、5年の歳月が流れた。それ以降、上記の3つの点にも変化が生じている。①に関しては、日本国内メーカーに加えて海外からも電子書籍リーダーが投入されつつあり、技術的には着実に進歩していると考えられる。②も、出版社の組合等を中心にして、電子化を見越した契約書の雛型が周知徹底されつつある。

筆者の知る限り、③をめぐっては既存の商慣行への揺り戻しが起こって以降、脅威論に加え、新たに「デジタル化は避けられない」「紙とデジタルの共存は可能だ」という2つの有力な見解が台頭し、業界三者の見解は揺らいでいるように思われる。これら3つの見解のどれが支配的になるかによって、デジタル化の軌道は大きく影響を受けるはずである。

[Column]
INNOVATION IN JAPANESE MANAGEMENT RESEARCH

日本経営学の
イノベーション

[第1回]
訓詁学から
実証研究へ

小川 進　神戸大学大学院経営学研究科教授
Ogawa Susumu

> かつて日本の経営学には世界から注目を浴びた時期があった。現在、日本の大学で教鞭をとる中堅以下の経営学者の国際的地位が芳しくないこととは対照的でもある。この連載では、輝きを見せていた20世紀後半の若き経営学者たちの挑戦的活動を描いてみたい。第1回は、そのきっかけの1つとなった多角化研究のプロジェクトについて紹介する。

　日本の経営学にとって、1976年の秋は大きな転機になった。「すげぇな、吉原さん。度胸あるわ」。日本経営学会50周年記念大会での神戸大学助教授の吉原英樹の発表を聞きながら、一橋大学で当時専任講師だった伊丹敬之はそう思った。会場は神戸大学で、統一論題は「経営学の回顧と展望」だった。吉原は、伊丹がカーネギーメロン大学の博士課程在学時、在外研究で同大学に半年滞在していて旧知の仲だった。

　外国文献を読み、内容を要約・解説し、批判するだけの文献研究はもうやめよう。これからは日本企業を対象とする実証研究をしよう。それが発表の主旨だった。実は、文献研究は吉原の恩師である占部都美をはじめ、前世代の研究者たちが行ってきた研究スタイルだった。そうしたスタイルを続けることを吉原は否定したのだ。しかも、占部の目の前で。伊丹が「度胸ある」と思ったのも当然だった。

　吉原が文献研究からの卒業を主張するようになるには伏線があった。アメリカ在外研究先での2人の経営学者とのやり取りが、ずっと彼の心に残っていたのだ。その1つがカーネギーメロン大学のハーバート・サイモンとのものだった。

「サイモン先生には『あなたはどう思いますか』とよく聞かれました」（吉原）。留学前に日本でしていたことは師匠と同じスタイルの文献研究だった。だから、誰がどのような研究をし、主張をしているかは誰よりも上手に答えることができた。しかし、サイモンが問う、吉原自身がどのように考えるかについて、彼はほとんど何も答えることができなかった。本当にそれでよいのか。吉原は自問自答した。

もう1つのエピソードは、在外研究後半で滞在したヴァンダービルト大学でのイゴール・アンゾフとのものだ。「ヴァンダービルト大学では毎週金曜日の夕方、気軽に教官同士が語り合う時間がありました。そこで戦略経営で有名なアンゾフさんが他のメンバーに私のことを紹介するのに、次のような紹介の仕方をしたのです。『ヨシハラはオレ以上にオレの（研究で言っている）ことをわかってるんだ』と」（吉原）。これは何かおかしい。他の研究者の研究を解説するのではなく、自分の研究を語り、耳を傾けてもらえるようになることが、自立した研究者がめざすべき方向ではないか。吉原はそう思うようになっていったのである。

そうした思いを持つなか、吉原が帰国すると日本でも企業を対象とする実証研究が、少ないながらも発表される状況が生まれつつあった。チェスター・バーナードやサイモンに関する文献研究が主流のなか、こうした実証研究が経営学の未来を切り開く。そう考えた吉原は、日本経営学会の全国大会で自らの主張を発表したのだ。

伊丹はそのときの状況を語る。「文献研究をやめて何をするのかと尋ねたら、日本企業を対象とする実証研究を積み重ねる必要があると言うのです。発表後すぐ、吉原さんのところに行きました。そして、『あなた、やらないといけないと言ったよね。では、やりましょう。オレはどこかから研究用のカネを取ってこられると思う。だから、神戸大学と一橋大学でやりましょう』と共同研究の話を持ちかけたのです」。

伊丹が吉原の発表に反応したのにはそれなりの理由があった。彼は日本の大学院で計量経済学やオペレーションズリサーチを学び、カーネギーメロン大学では井尻雄士の指導の下、数学を経営に応用する研究（管理会計）をしていた。しかし、ある日転機がやってくる。

Ph.D.取得後、一橋大学に職を得て帰国し、その2年後に再び客員教官としてスタンフォード大学に滞在していたとき、数学を道具に研究を続けることがバカバカしいと感じるようになったのだ。伊丹は当時を次のように語る。

「今でも覚えています。スタンフォード大学のキャンパスを歩いていて、『もうこんなこと、やーめた』と思う瞬間があったのです。そう思った場所を明確に覚えています。『あの木の下だ』と。なぜ、やめたと思ったかというと、何か現実に起きている現象、当時は情報や会計にどのくらい価値があるか、意味があるのか、もう少しわからないんだろうかと、スタンフォード大学の数学科の授業をとったり、数学のとてもできる人に相談したりしていたのですが、（当時の）数学を使って何をやっても『数学ってこんなに能力がない（数学で明らかにできることが自分が期待していたものにはるかに及ばない）んだ』ということがわかったのです。それでこんなバカバカしいことをしているよりは、自分で理解できたと実感できるタイプのリサーチをやったほうが面白いだろうということで『やーめた』と本当に思ったのです。それ以降、一切、数学を経営に応用することを考える、ということをしなくなってしまいました」

スタンフォード大学の教官を終えて帰国後、伊丹は現実の現象を自分で分析するということを見よう見まねでやり始めた。もともと計量経済学の訓練を受けていたので、そういうことを「もういっぺんやるか」という感じだ。そんなことを始めたときに遭遇したのが、学会での

吉原の発表だったのだ。

　吉原の指し示した日本経営学の未来のあるべき研究方向に自分のこれからの研究スタイルを重ね合わせた伊丹は、吉原を共同研究へ誘い、吉原もこれに二つ返事で応じる。さらに伊丹は2人ではなく4人で研究チームを作ることを提案した。「4人でやりましょう。神戸大学から誰かもう1人いませんか。一橋大学からも1人連れてきますから」と。そこで吉原が連れてきたのが占部ゼミの後輩である加護野忠男だった。また、伊丹が連れてきたのは商学部（産業経営研究所）の同僚の佐久間昭光だった。メンバーそれぞれの持ち味は補完的であり、加護野が経営学、佐久間が経済学・計量分析、吉原が企業の個別事例についての知識を有し、伊丹はそれらすべてをまとめるオールラウンドプレーヤー的な知識を持っていた。年齢は吉原を頂点に佐久間、伊丹、加護野と2歳刻み。こうして多様なバックグラウンドを持った若手だけによる大学横断的な共同研究が立ち上がることになる。

　実は、この共同研究プロジェクトが日本経営学の重要な転機となる。直接的には、日経・経済図書文化賞を受賞することになる『日本企業の多角化戦略』という研究書が生まれる。また、間接的には同プロジェクト（以下、多角化プロジェクト）から情報的経営資源という概念の着想を得た伊丹が、この概念を軸の1つとする『経営戦略の論理』を発表することになる。同書は英語で1987年にハーバード大学出版会から発刊されることになり、情報的経営資源は「見えざる資産」(invisible asset)という概念として海外発信されることになる。さらにその後、伊丹と加護野はロングセラーの教科書『ゼミナール経営学入門』を書くほどの研究上の重要なパートナーになるのだが、2人を引き合わせたのも、まさに多角化プロジェクトだったのだ。

　「研究テーマは何でもよかった」（伊丹）。そこで加護野がすでに取りかかっていた「企業の多角化戦略」をプロジェクトのテーマにすることにした。製品市場戦略（多角化戦略）と市場成果に関する既存文献のレビューを加護野がすでに発表していたのだ（加護野、1976）。

　当時、「多角化」研究が明らかにしていたことで、特に興味深いのは次の2点である。第1に、企業の成長行動を理解するためには経営資源が重要な概念であること、特に多角化では技術・競争面で特殊化（企業特定的に蓄積）された経営資源がカギになること。第2に、経営資源との関連を考慮した多角化の分類としてはリチャード・ルメルトの研究 *Strategy, Structure, and Economic Performance* が参考になることだ（実際、多角化プロジェクトはルメルトの研究を出発点に実証研究を行うことになる）。

　このように、最低限必要な文献レビューは実質的に終わっていたので、プロジェクトにとっての当面の課題は、日本企業の多角化についてデータを収集することだった。幸いにも中心データになる日本企業の事業別の売り上げ構成比データがすでに存在していた。伊丹の恩師の1人である今井賢一（一橋大学）を中心とする研究チ

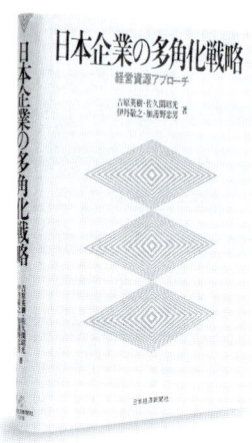

ームが、日本経済データ開発センターですでに収集をしていたのだ。データの存在を聞きつけた伊丹が今井のところに行き、使用させてほしいと頼み、データを利用させてもらうことになった。このデータセットをもとに、日本企業の多角化戦略を分析するのに必要なデータを追加し分析していった。

4人は研究合宿を何度か重ねた。最初の合宿は軽井沢で行われた。合宿は4人にとって仕事であると同時に楽しみでもあった。当時のことを吉原は次のように述懐する。

「軽井沢や六甲山、箱根にある研修所で合宿しました。箱根では2～3回合宿して、帰りに三島駅近くにあるうなぎ店で食事をしたのを思い出します。とても楽しかった」

多角化プロジェクトのブレークスルーが生まれたのは神戸大学の会議室だった。「六甲山上の合宿後、神戸大学経営学部の部屋で議論を続けたのです」（吉原）。このときのことは伊丹も吉原同様、明確に覚えている。「情報的資源の考え方が生まれたのは、神戸大学の会議室でした」（伊丹）。

多角化戦略のパターンと市場成果との関係を説明するのに、彼らは既存研究で使われていた経営資源という概念に注目した。しかし、ある研究会で発表したところ、批判を受ける。それは「技術でもブランドでもどんなものでも、経営資源という同じ言葉でくくってしまうのか」というものだ。

「これはまずい。経営資源についてもっと概念的に整理する必要がある」と思ったメンバーは、そのための作業を行い、経営資源の要素としてそれまで考えられていたヒト、モノ、カネに「情報的資源」という新たな要素をつけ加えることを思いついた。その分類図を伊丹が描き、それを見た吉原は図の形から自分たちの枠組みを「温泉マークモデル」と名づけた（図1）。学術的議論に堪えうる情報的資源という概念が生まれた瞬間だった。

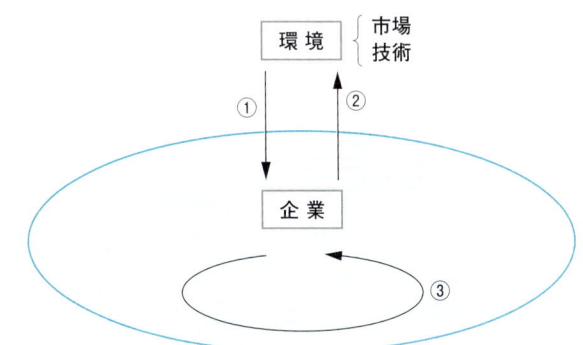

図1　情報的資源の3類型

（出所）吉原ほか（1981）p.30。

参考文献

伊丹敬之
　1980.『経営戦略の論理』日本経済新聞社.
―――・加護野忠男
　1993.『ゼミナール経営学入門』日本経済新聞社.
Itami, Hiroyuki, and Thomas W. Roehl.
　1987. *Mobilizing Invisible Assets.* Harvard University Press.
加護野忠男
　1976.「製品市場戦略と企業成果」『国民経済雑誌』133(3).
Rumelt, Richard P.
　1974. *Strategy, Structure, and Economic Performance.* Harvard University Press.
吉原英樹・佐久間昭光・伊丹敬之・加護野忠男
　1981.『日本企業の多角化戦略――経営資源アプローチ』日本経済新聞社.

小川進（おがわ・すすむ）
1964年兵庫県生まれ。87年神戸大学経営学部卒業、89年同大学大学院経営学研究科博士前期課程修了。98年マサチューセッツ工科大学スローン経営大学院にてPh.D.取得。2003年より現職。主な著作：『イノベーションの発生論理――メーカー主導の開発体制を越えて』（千倉書房）、『競争的共創論――革新参加社会の到来』（白桃書房）、"Reducing the Risks of New Product Development."（共著、*MIT Sloan Management Review*）。

〈連載〉はじめてのビジネス・エコノミクス
Introduction to Business Economics

経営学のイノベーション

[第4回]（最終回）

合併によって価格が上がる?
メーカーと流通業者の駆け引き

柳川範之 東京大学大学院経済学研究科教授
Yanagawa Noriyuki

1 はじめに

本連載ではこれまで、1つの企業が直接消費者に販売する事例を扱ってきました。しかし、現代は多くの取引は多段階で行われていて、消費者の手元に商品が届くまでには、多数の企業がかかわっているのが普通です。

製品の製造段階では、さまざまな部品がつくられ、それを組み立てる企業が存在します。部品も1次部品、2次部品と多段階でつくられることが多く、それを最終組み立ての製造メーカーに納入するということが行われています。東日本大震災で東北地方の企業が被災した際に、末端の部品がどこでどのようにつくられているのか、最終組み立てメーカーが十分把握できていなかったことが話題になりました。

また、最終製品が出来上がっても、それが消費者の手元に渡るまでには、卸業者や小売店等、やはり多くの企業による流通過程を経ています。

このような多数の企業間の取引はよく川の流れにたとえられ、川上企業、川下企業という言い方がされます。またこのような取引関係は、上から下へという意味で垂直的取引関係と呼ばれます。今回は、この垂直的取引関係に関する価格設定の問題を考えていくことにしましょう。

2 川上企業と川下企業が合併すると

一般に、2つの独占企業が合併したら価格は上がるか下がるか、という質問に、読者の皆さんはどのように答えるでしょうか。直観的には、「そもそも独占企業は高い独占価格を設定するのだから、その両者が合併したらもっと高い価格になる」と、多くの人は考えるのではないでしょうか。今回は、その直観は必ずしも正しくなく、川上企業と川下企業という2つの独占企業が合併した場合には、消費者の直面する価格はむしろ低下することを明らかにしようと思います。

ここでは垂直的な関係として、メーカーと流通業者という2社を考えます。流通業者はメーカーが製造した製品を消費者の手元に届ける存在で、この流通業者を通さないと消費者には製品が届かないという意味で、この業者が流通市場を独占しているものとします。また、メーカーのほうも1社しか存在せず、メーカー、流通業者ともにそれぞれの市場における独占供給者である状況を想

定します。

話を簡単にするために、流通業者の提供する流通サービスのコストはゼロに基準化しておきます。仮に流通コストが正の値をとっても、以下の結論には影響しませんので、関心のある読者は確かめてみてください。

また、メーカーの製造コストは、限界費用＝平均費用＝cという単純な設定にしておきます。これらの企業が、$X=1-P$という市場需要曲線に直面しています。

別会社のケース

まず、メーカーから流通業者への卸売価格qを所与とした場合の流通業者の行動を考えます。流通サービスのコストはゼロだと仮定していますので、卸売価格qで製品を仕入れることが流通業者にとってのコストです。よって流通業者は、限界費用がqで、$X=1-P$という市場需要曲線に直面している独占企業ということになります。流通業者の利潤πは、下の式で表されます。

$$\pi = (P-q)X$$
$$= (P-q)(1-P)$$

この式から、πが最も大きくなるPを求めると、最適な小売価格と供給量が決まります。これは限界費用qと限界収入$1-2X$が等しいところに供給量を決める（図1）という通常の独占企業の行動と同じです。通常は、利潤を最大化する供給量を決めますが、独占企業の場合、利潤を

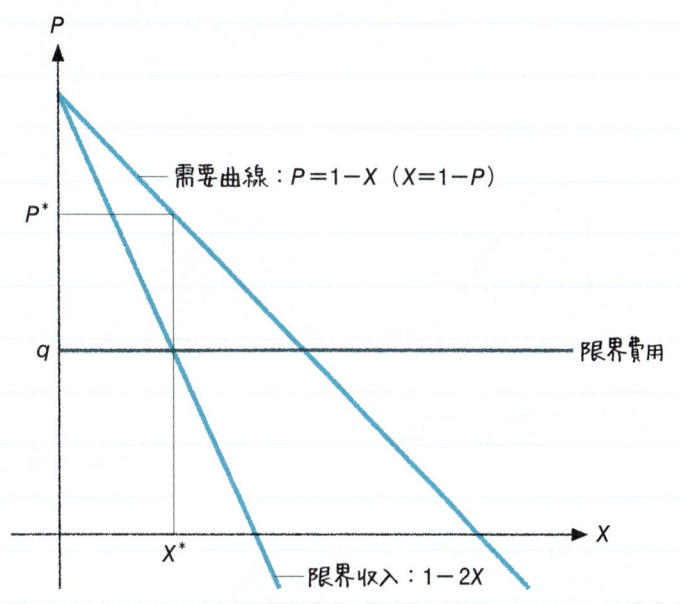

図1　流通業者の費用と収入

最大にする価格を求めても結果は同じです。

この場合、供給量は、
$$X = (1-q)/2$$
小売価格は、
$$1-(1-q)/2 = (1+q)/2$$
となることがわかります。

この結果を踏まえて、今度はメーカーの最適行動を求めます。メーカーの利潤関数は、
$$\Pi = (q-c)X$$
ですが、販売量Xは流通業者の行動によって決まるもので、先ほど求めたように、$X=(1-q)/2$となることがわかっています。よって、
$$\Pi = (q-c)X$$
$$= (q-c)(1-q)/2$$
となります。この式から、メーカーの利潤Πが最も大きくなる卸売価格q^*を求めると、途中の計算は省きますが、$q^* = (1+c)/2$が得られます。つまり、流通業者の行動まで予測に入れて考えるとメーカーの最適行動は、$(1+c)/2$に卸売価格を設定することです。

その結果、小売価格は、
$$1/2 + (1+c)/4 = (3+c)/4$$
となり、販売量は、
$$1/2 - (1+c)/4 = (1-c)/4$$
となります。

統合しているケース

次に、上の場合と、メーカーと流通業者とが合併して、1つの統合企業になった場合とを、比べてみまし

図2 分離のケースと統合のケース

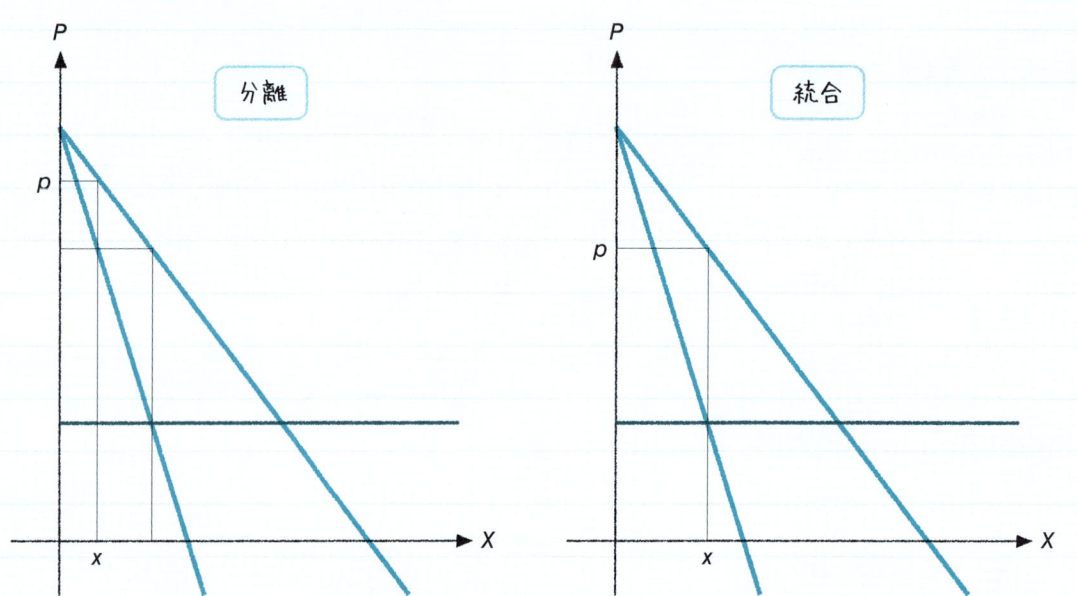

ょう。統合企業は、$X=1-P$という市場需要曲線に直面している限界費用cの独占企業です。この企業の利潤は、製品1個当たりの利潤$P-c$に販売量Xをかけて、

$$\pi = (P-c)X$$
$$= (P-c)(1-P)$$

となります。これが最も大きくなるPの値を求めると、途中の計算は省きますが、$P^* = (1+c)/2$が得られます。これは流通業者がつけていた小売価格と同じです。そして、販売量は、

$$1-(1+c)/2 = (1-c)/2$$

となります。両者を比較してみると、明らかに統合した場合のほうが価格が低く、かつ販売量も多いことがわかります。つまり消費者余剰も大きく、また企業全体の利潤も高くなり、全体がプラスになっています。

言い換えると、2つの独占企業が合併した場合のほうが市場価格は低下し、総余剰は増大します。

結果の図解

なぜ、このような事態が生じているのかを、図2で簡単に確認しておきましょう。図の左側は2つの企業が分離している場合、右側が統合している場合です。まず、単純な独占企業の行動になっている、統合のケースから見ていきましょう。この場合、通常の独占企業の場合と同じく限界収入と限界費用が等しくなるところに供給量が決まるように価格を設定します。その結果、当然、価格は限界費用よりも高くなり企業は超過利潤を獲得できますが、供給量は限界費用に等しい価格がつく完全競争の場合に比べると少なくなっています。

一方、2つの企業が分離している場合はどうでしょうか。この場合には、メーカーが流通業者に提供する卸売価格は、統合の場合の小売価格に等しいくらい、すでに高い価格になっています。それはメーカーが超過利潤を得ようとしているからです。そして、流通業者も超過利潤を得ようとするため、卸売価格よりもさらに高い価格を設定しています。その結果、小売価格は統合の場合よりも高くなり、供給量も統合の場合

に比べてさらに高いものになってしまうのです。

このように2つの企業が分離している場合に小売価格がかなり高くなってしまうのは、メーカー、流通業者の両方が独占利潤を得ようと高い価格をつけるためです。そのため、このような現象は二重限界性（Double Marginalization）と呼ばれています。

その証拠に、このような価格の上昇は、メーカー側あるいは流通業者側のどちらかが（独占ではなく）複数存在して同質財の価格競争をしている場合には生じません。この点を次に確認しておきましょう。まずメーカーが2社存在して、同じ製品を供給している場合を考えてみましょう。この場合、両者は何とか独占企業である流通業者に製品を扱ってもらおうと、卸売価格の引き下げ競争を行うでしょう。流通業者の側からすれば1円でも安いメーカーから買ったほうが得ですから、メーカー側は激しい価格競争を行わざるをえません。その結果、卸売価格は限界費用cに等しくなります。したがって流通業者の限界費用もcとなり、たとえ流通業者が独占企業であっても、小売価格は統合の場合と同じになります。

一方、メーカーが1社の独占で流通業者が2社あった場合にはどうでしょうか。

この場合、流通業者間で小売価格の引き下げ競争が生じます。そのため、ミクロ経済学の教科書に書いてある「ベルトラン競争」と同じく、小売価格は限界費用に等しいところまで引き下げられます。流通業者にとっての限界費用は卸売価格ですから、これは卸売価格イコール小売価格となることを意味しています。

これは流通サービスのコストがゼロだという点から生じています。が、たとえそれが正であっても、結果は変わりません。その場合には、統合の場合でも製造のコストと流通のコストの両方を足した限界費用をもとに独占価格を決定するからです。

この点を考慮に入れると、独占企業であるメーカーは、自分が設定する卸売価格がそのまま小売価格となって消費者に売れることを前提に卸売価格を決めることになります。これは、限界費用がcの独占企業が小売価格を決めていることにほかなりませんので、統合企業の行動と当然等しくなり、通常の独占価格が小売価格になります。

それでは、このように独占企業が2つ統合すると価格が下がるという現象はどこまで一般的なのでしょうか。以下では、流通の問題から離れて少し一般的に考えてみましょう。

3　補完的な財・サービスの提供

先に述べたように、最終的な価格が統合によって上昇するのは二重限界性の問題が解消するからです。しかし、通常の寡占市場の場合には、たとえばライバル企業2社が統合すると価格は上昇し、全体の余剰も低下します。ここでの結果は、そういう通常の直観とは違います。両者の違いはどこにあるのでしょうか。

実は、この2つには提供している財・サービスの性質に違いがあります。流通市場の問題は、提供している財・サービスに補完的な関係があるため、この補完性が結果に大きな影響を与えています。

今まではモデルの設定として、製品の供給には流通業者を通すことが不可欠であり、メーカーが直接消費者に製品を販売できない状況を仮定しました。これは、製品と流通サービスのセットでないと消費者がその製品を受け取れない、効用を感じることができないと仮定していることになります。つまり、製品と流通サービスとの間には強い補完性があるということです。そして、分離の場合というのはこの補完性のある2つの財・サービスを別々の独占企業が供給しているということであり、統合の場合には、その2つを同じ企業が提供していることを意味しています。

それに対して、通常の合併・統合の問題は、ライバル関係にある企業同士の合併を考えている場合が多く、2つの企業が提供している製品には補完性ではなく代替性があります。そして代替性がある場合には、統合をすると価格が上昇することになり、余剰の減少を招くことになるのです。

それでは、なぜ補完性のある製品を別々の企業が提供すると価格が上昇してしまうのでしょうか。それには極端な事例を思い浮かべてみると、わかりやすいかもしれません。

極端な補完性のある例として、たとえば靴下の右足と左足、あるいは手袋の右手と左手をそれぞれ独立に提供している企業があったとしましょう。この場合、それぞれが別々に独占価格を設定すると、価格が大きく上昇してしまうのはほぼ明らかでしょう。その直観的な理由は、需要減少を通じた相手企業の利潤減少を考慮せずに価格を設定してしまうからです。

手袋をバラ売りすると割高になる？

この点を少し数式で確認しておくことにしましょう。2つの財（右手用手袋と左手用手袋）の価格をそれぞれp_1とp_2で表します。両者は消費者にとって意味を持つので、2つの価格の合計が消費者にとって意味のある価格です。消費者の手袋に対する需要曲線を$X=1-P$とすれば、$P=p_1+p_2$となります。上の流通市場の例ではqがp_1に相当していて、$P-q$がp_2に相当していました。簡単化のため、両方とも限界費用はcとしておきます。

この場合、全体の利潤関数は、
$$R=(p_1-c)(1-p_1-p_2)$$
$$+(p_2-c)(1-p_1-p_2)$$
となります。もしも1つの企業が提供しているのであれば、この利潤全体を最大にするようにそれぞれの価格が設定されることになります。

ところが、それぞれに価格を設定する場合、第1企業は前半の$(p_1-c)(1-p_1-p_2)$だけを考えて価格を設定します。両者の違いは、後半の第2項のなかにあるp_1を考慮に入れない点です。つまり、自分が価格を引き上げることで需要が減り、その結果、第2企業の利潤を減らすという影響を考えずに価格を設定します。そのために統合されている場合に比べて価格が高くなります。これは第2企業の価格設定についても同じで、第2企業は第1項に含まれているp_2を考慮せずに価格を決定します。その結果、全体として価格が高くなってしまうのです。

この点は、もし2つの財あるいはサービスが代替的な場合には大きく異なってきます。2つの財に代替性がある場合には、たとえば第1財、第2財の需要関数が、
$$x_1=a-bp_1+dp_2,$$
$$x_2=a-bp_2+dp_1$$
のように両方の価格の関数になります。ここでa、b、dは需要構造を表す正のパラメータです。特徴的なのは、代替性があるために需要が相手企業の価格の増加関数になっている（dが正になっている）点です。ライバル企業の価格が増加すれば（たとえ完全代替ではないにしても）自分のところの製品が相対的に割安になりますので、より需要が増えるという構造です。

この場合に両方の企業が統合している場合と、分離している場合とを比べてみましょう。前と同じように統合の場合の利潤関数を書いてみると、
$$M=(p_1-c)(a-bp_1+dp_2)$$
$$+(p_2-c)(a-bp_2+dp_1)$$
となります。統合企業はこの利潤全体を最大にするように、両方の価格を設定します。一方、それぞれの製品を提供する企業が分離している場合には、第1財を提供している企業は、
$$(p_1-c)(a-bp_1+dp_2)$$
という第1項のみを考慮して第1財の価格を決定します。この両者に違いが出るのは、やはり第2項への影響を考慮するかしないかです。ところが、補完財の場合と第2項への影響が違ってきます。この場合には第1財の価格p_1を上げると第2財の需要を増やします。そのため第2財を提供している企業の利潤にはプラスに働くのです。このプラスの効果を考慮しないで、第1財の提供企業は第1財に対する価格を決めることになります。そのため、統合の場合に比べると価格は低くなります。

同様のことは第2財の提供企業についてもいえるため、2つの財を別々に提供している場合のほうが価格は低くなります。言い換えると、統合を認めると両方の財の価格が値上がりするのです。

このように2つの財が補完的か代替的かの違いは、分離した場合に考慮しなくなる影響の方向が違うため

図3　補完的か代替的か

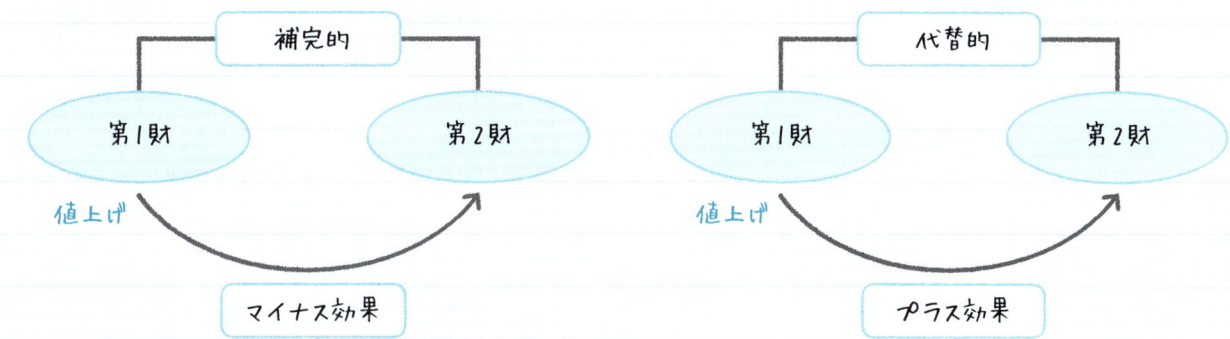

に生じています。補完的な場合には相手企業に対する値上げのマイナス効果を考慮しないで価格を決める結果、より高い価格設定になり、一方、代替的な場合には相手企業に対する値上げのプラス効果を考慮しないで価格を決める結果、より低い価格設定になるのです（図3）。

このような結果の違いは、企業の合併や統合をどこまで認めるのが、消費者利益や総余剰にとってプラスかという問題に大きな影響を与えるため、競争政策上、重要な含意を持つことになりました。

そうはいっても、現実に手袋の右と左を別々の会社が販売しているような例はないでしょう。現実に補完的な財を、別々の会社で提供しているケースにはどんなものが考えられるでしょうか。現実的に重要になったのはパテント（特許権）の問題です。そこで以下では、パテント・プールの問題を取り上げることにしましょう。

4　パテント・プールの問題

現代の企業活動や生産活動において、パテントの重要性を否定する人はいないでしょう。多くの産業にとって研究開発を通じた技術革新は成長の源泉ですが、それを支えるのが特許権だからです。

特許権には大きく分けて2つの側面があります。1つは、特許を獲得してそこから金銭的リターンを得ることを目標に、研究開発等が促進されるという側面です。革新的な技術を開発でき特許を得ることができれば、その特許を将来使いたいと思う人からよりたくさんの金銭的リターンを得られるため、それをインセンティブに研究活動を充実させることができます。

もう1つの役割は、特許を通じて研究開発の成果をより広く公開し、さらなる技術開発や製造活動に役立てるというものです。特許権は開発者に独占的供給権を与えて金銭的リターンを確保させると同時に、その技術を広く公開し、それがより広範囲な利用を促進することを目的としています。

その半面、現代の製品供給は多数の特許の上に成り立っています。1つの特許だけで製品をつくることはまれになってきています。たとえば製薬の場合には、1つの特許で薬がつくられる場合もなくはありません。しかし、家電製品のような場合には、1つの家電製品を製造しようとすると、かなり多くの特許技術の許諾を得ないといけないのが現状です。そうなると、1つ1つの特許について、特許権を持っている企業や個人から許諾をとり契約をしていたのでは、時間と労力がかかりすぎてしまいます。

そのためにさまざまな工夫がとられているのですが、そのための工夫

の1つがパテント・プールです。これは必要と思われるパテントを一塊（プール）にして、一括して供給をする仕組みです。こうすることで、利用する側からすれば必要な特許1つ1つと個別に契約をする手間を省くことができ、効率的に特許技術を使うことができます。

このようなパテント・プールが使われた事例でよく知られているのはDVDの技術です。現行のDVDの規格には、多数の特許が使われています。たとえば、DVDレコーダーを製造しようとする際にそれらの特許を1つ1つ処理していたのでは大変で、その1つの規格を成り立たせるための特許を1つのパテント・プールとしてまとめ、処理しやすくしたのです。

しかしながら、パテント・プールについては、かなり以前は、これが一種のカルテル行為を助長するのではないかと、その形成に反対する主張も見られました。それは、いくつかの特許をまとめて販売することになると、それで高い利用料を徴収することが可能になってしまうと考えられたからです。しかし、上で述べてきたようなことがだんだんわかってくるにつれて、評価が変わってきました。

それは、パテント・プールのなかに含まれているパテントの性質によってパテントをプールすることの影響は変わってくるという点です。もしも、代替的なパテントでパテント・プールが構成されているとしたら、

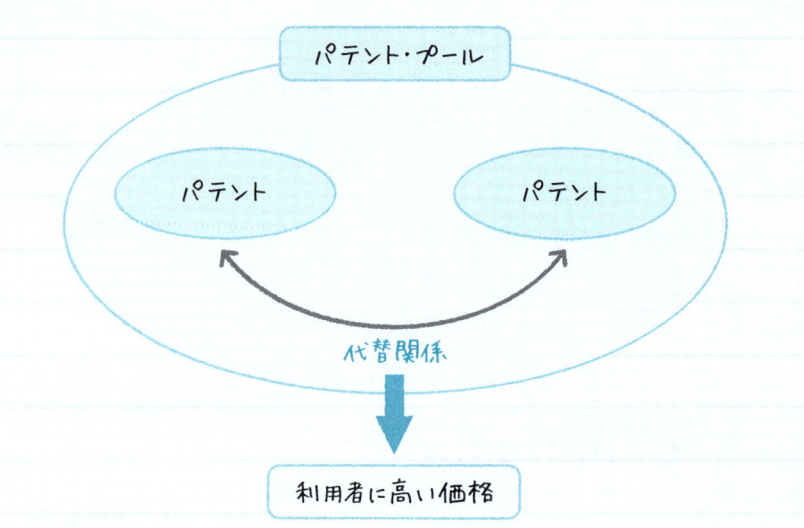

図4　利用料が割高なパテント・プール

パテント・プールは確かにカルテル的な役割を果たします。これは、上の説明で、財が代替的な場合には、統合のほうが価格が高くなって総余剰が低下するケースに相当します。

たとえば、お互いに代替関係のある、同質的なパテントばかりで構成されているパテント・プールを考えてみましょう。この場合、もしもプールがなければ、それぞれのパテント間で利用料に関する価格競争が起きてしまい、前述のベルトラン競争と同じように、利用料は大きく低下するはずです。しかし、パテント・プールを形成してプールが利用料を設定できるようにすれば、独占価格に設定することが可能になります。そのため、このようなプールは競争政策上、認めるべきではありません（図4）。

一方、すべてのパテントが補完的なパテント・プールの場合はそれとは状況が違ってきます。これは、上の説明で、財が補完的な場合には、統合のほうが価格は低くなり、総余剰が増大したという結果に相当します。補完的な財の場合には、統合して提供したほうが、他の財に対する外部性を考慮するため、価格は低くなります。同様に、パテント・プールを形成してプールが価格を設定するようにしたほうが、価格上昇の負の外部効果を内部化できる結果、利用料は低くなり、総余剰は上昇するのです（図5）。

このように、パテント・プールはどのようなパテントによってプールが形成されているかによって、厚生上の影響がずいぶん違います。そのためパテント・プールを一律に禁止

するのではなく、中身に代替的なパテントが含まれていないかどうかチェックして認めるという形になっていきました。

ただし、どのパテントとどのパテントが代替関係にあるのか、あるいは補完関係にあるのかを外から判断するのはなかなか難しいのが現実です。実際の競争政策においては、補完関係というよりは、その規格にとって必須の特許のみで構成されているかどうかが問題にされますが、その場合についてもパテント・プールの中身について詳細な検討が行われています。

多様な可能性関係の事例

補完関係のあるその他の興味深い事例としては、航空路線の事例が挙げられます。たとえば、北米から東京経由でアジアの都市に行こうとする場合、東京までの路線と東京からアジアの都市までの路線とは補完性があるサービスということになります。そのため、北米路線とアジア路線を別々の航空会社が供給するよりも、同じ航空会社が供給したほうが、上で述べたように価格が低くなる可能性があります。

航空会社は世界的に、アライアンスという形でマイレージを共有したり、コードシェアをしたりと提携が活発に行われています。このように提携が行われ、かつそれが競争政策上問題とされない理由の1つは、上記のように補完性のある路線については統合したほうがむしろ価格が低くなるという構造があるからです。

もっとも航空会社の場合は流通業の事例とは異なり、独占的な供給をしているとは限りません。路線にもよりますが、多くの路線で複数の航空会社が運航しています。そのため、単純に補完関係のあるサービスを提携によって供給するのとは異なり、より複雑な構造を持っています。

市場競争における価格競争というと、単純な価格競争だけを思い浮かべがちです。しかし、本連載で述べてきたように、現代の価格戦略は多様な側面を持っていて、その良し悪しが企業の業績を大きく左右するだけでなく、経済全体の構造にも大きな影響を与えます。特に、本連載で

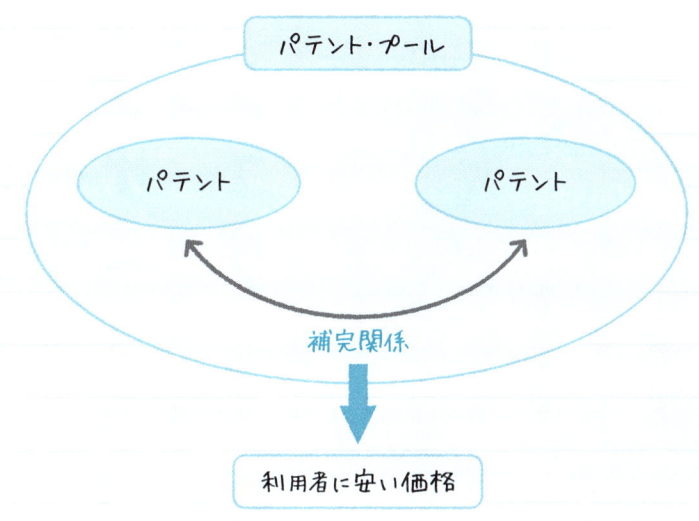

図5 利用料が割安なパテント・プール

しばしば説明したように、情報技術の発展をいかにうまく取り込んで価格設定に生かすかという点が重要になっており、価格戦略も時代の変化にあわせて発展させていく必要があります。これらの点から考えると価格戦略は、経済学の重要な研究課題であるとともに、経営戦略上も重要な課題であり、その重要性は今後も増大していくことでしょう。H

柳川範之（やながわ・のりゆき）

1963年生まれ。93年東京大学大学院経済学研究科博士課程修了。経済学博士。慶應義塾大学経済学部専任講師等を経て現職。専門は金融契約、法と経済学。主な著作：『契約と組織の経済学』（東洋経済新報社）、『法と企業行動の経済分析』（日本経済新聞社）、『独学という道もある』（ちくまプリマー新書）、『元気と勇気が湧いてくる経済の考え方』（日本経済新聞出版社）。

Interview
Management Forum マネジメント・フォーラム

クラウドの時代に ユーザーから選ばれ続ける グローバル・ブランドをめざす

[ゲスト]
鵜浦博夫 日本電信電話株式会社 代表取締役社長
Unoura Hiroo

[インタビュアー]
米倉誠一郎 一橋大学イノベーション研究センター教授
Yonekura Seiichiro

伊藤友則 一橋大学大学院国際企業戦略研究科教授
Ito Tomonori

米倉 この20年、日本企業はどちらかというと内向きの傾向が強く、「ガラパゴス」ともいわれています。そのなかでNTTは、私の印象では——大変失礼ながら——かつてはそういった企業の1つと見られていましたが、ここに来てイメージを大きく刷新した感があります。NTTグループの各社が力を出し合ってグループ全体が大きく発展していく姿が、世界に知られつつあると思います。

そこで今回は、NTTグループのグローバル化の陣頭指揮をとる鵜浦博夫社長に、その展開についておうかがいしたいと思います。

クラウドの時代に ユーザーに選ばれ続ける

米倉 まず、NTTグループを、世界の情報通信ビジネスのなかでどう位置づけようとお考えなのか、お聞きしたいと思います。

鵜浦 単なる通信キャリアという役割は終わったと考えています。そして、この先に広がるクラウドの時代に、NTTグループはどういう姿であるべきかが問われているのです。

2012年6月、社長として臨んだ最初の記者会見で、NTTグループがどういった形で世界に向けてビジネスを展開していくのかを、「NTT」という文字になぞらえて表してみました。

最初の「N」は「ネクストバリュー

パートナー」。単なるプロバイダーから、ネクストバリューパートナーになりたいということです。クラウドの時代には、ユーザーは、端末にも縛られない、OSにも縛られない、ネットワークにも縛られない、そんな自由を手にするでしょう。そのときわれわれは「大きなプロバイダーというよりも、ユーザーにずっと選ばれ続けるバリューパートナーでありたい」という思いを持っています。

次の「T」は「トランスフォーメーション」。クラウドによって、お客様がビジネスモデルやライフスタイルを大きく変える、トランスフォーメーションのお手伝いをしたいという意味です。

最後の「T」は「トータルソリューション」。これは、クラウドサービスのトータルソリューションを提供していくということです。私たちは、アプリケーションを担うNTTデータ、ネットワークを担うNTTコミュニケーションズ、モバイルを担うNTTドコモ、アクセスを受け持つNTT東日本とNTT西日本、ユーザーのシステムの構築・保守を行うディメンション・データと、フルラインアップを揃えています。つまり、ユーザーの求めに応じて、いかなる組み合わせのソリューションも提供する力を持っているわけです。

2012年秋の中期経営戦略発表に際して、ロンドンのある投資家が、「今までNTTグループはバラバラだった。ところが、クラウドの世界は、NTTグループが相互に力を出し合うことを可能にした。きわめていい時代になりましたね」と声をかけてくれました。まさに、わが意を得たりと思いました。

米倉 クラウドになればトータルの力が発揮されるというお話をお聞きして、IBMがハードウェアからソフトウェアの会社になったときに、「IBMが前面に出なくてよい、顧客がIBM以外の機器を使いたいというならそれでよい」というスタンスをとったことを思い出しました。そのIBMの大変革を彷彿させるようなイメージですね。

鵜浦 そうかもしれません。いちばん重要なのは「ユーザーから選択され続ける」ということです。NTTグループ全体でもよいし、グループ内のいくつかの企業の集合体でもよい、あるいはパートナリングが異なっても構わない。どんな組み合わせでも、ユーザーに対して価値あるものを提供し続けられれば、グローバルな競争で十分生き抜いていけると考えています。

米倉 東京大学の藤本隆宏教授が、「競争力というと、相手をやっつけるようなイメージがあるが、本当は『選ばれ続ける力』こそが競争力だ」と言っています。NTTグループは、顧客に選ばれ続けるという意味での競争力を持とうとしているわけですね。

鵜浦博夫（うのうら・ひろお）
1949年生まれ。73年3月東京大学法学部卒業。同年4月日本電信電話公社入社。2002年6月日本電信電話株式会社（NTT）取締役第一部門長。05年6月取締役第五部門長。07年6月常務取締役経営企画部門長。08年2月NTTインベストメント・パートナーズ株式会社代表取締役社長。同年6月NTT代表取締役副社長。12年6月より現職。

日本電信電話株式会社（NTT）
1985年に日本電信電話公社が民営化されて設立。99年NTTグループ全体の再編成に伴いグループ全体の持ち株会社となる。資本金9380億円、社員数2925人（以上2012年3月末）、売上高4114億円（2011年度）。主なグループ企業は、東日本電信電話株式会社（NTT東日本）、西日本電信電話株式会社（NTT西日本）、NTTコミュニケーションズ株式会社、ディメンション・データ・ホールディングス、株式会社NTTドコモ、株式会社NTTデータ。グループ全体の社員数22万4250人（2012年3月末）、売上高10兆5074億円（2011年度）。

鵜浦 そういったなかで、こういう評価ももらいました。

イギリスのあるブランド調査会社が発表したグローバル・ブランド力の調査結果によると、NTTグループは日本企業で第1位、世界の全産業で第14位という非常に高いポジションにランクされました。

いろいろな会社がグローバル展開を必死で行っているなかで、われわれもクラウドを意識してグループの変革を進め、その意味について説明してきました。その結果、世界でのNTTグループの認知度が高まっているということですから、うれしかったですね。

米倉 それは素晴らしい評価ですね。資料によると、第1位アップル、第2位グーグル、第3位マイクロソフトで、AT&Tが第11位、NTTグループのライバルであるベライゾンが第12位。第15位のトヨタよりもグローバル・ブランド力があるということですね。

グローバル戦略の中核としてディメンション・データを買収

米倉 ところで、2010年のディメンション・データ買収は、グループの姿を変えていくなかで、トータルソリューションとして欠けているものを外から持ってくるという試みだったと思います。この大型クロスボーダーM&Aの経緯について教えていただけますか。

鵜浦 まず、そもそもの背景からお話しします。ある日系企業がアジアに進出し、ネットワークについてはNTTコミュニケーションズがお手伝いすることになったとしましょう。そういった場合に、タイやインドネシアでの拠点での工事を頼まれたとき、NTTコミュニケーションズ単独では工事をすることができません。BT（ブリティッシュ・テレコム）もベライゾンも事情は似たり寄ったりです。そこで、現地のキャリアに回線を頼むだけではなく、設備・機器の工事や設定についても、地元の業者を探して行うわけです。われわれがユーザーに一元的に、しかもスピーディーに対応するということは、日本国内と違って海外では大変難しいのです。

そういう工事を行うアジアの代表的な企業として、シンガポールにデータクラフトという企業があります。この企業に出資をしたいと思って調べたところ、五十数％の株主が南アフリカの企業だと知ったのです。それがディメンション・データでした。

そこでディメンション・データについて調べると、ヨーロッパでNTTコミュニケーションズが工事を依頼している企業のリストのなかに、その名前がありました。しかも、全世界四十数カ国に展開しているグローバル企業ということもわかりました。それで相当ほれ込みまして、とにかくディメンション・データと接触しようということになったわけです。

米倉 なるほど、そういうきっかけだったのですね。ところで、報道などを読むとNTTデータとのすみ分けはどうするのか、どうもしっくりこないのですが、そのあたりはどうなっているのでしょうか。

鵜浦 これについては、メディアも誤解していた面があったと思います。確かにディメンション・データは、ホームページなどでは、自社の事業をSI（システム・インテグレーション）事業と紹介しています。日本でいうSI事業はアプリケーション主体ですね。ところが、彼らはそういうことはほとんどやっていません。彼らがやっているのは、日本でいうとNI（ネットワーク・インテグレーション）事業が主体です。NI事業という言葉がないのでSI事業と称しているようです。

先ほどもお話ししたように、NI分野の通信工事などは外注化が進んでいるため、われわれは海外でユーザーに対するサービスが十分にはできていなかったわけです。だから、そこにグローバルな力を持っている企業を買収できれば、相当大きな力になるのではないかと判断しました。

そういうわけですから、NTTデータとバッティングするどころか、お互いの未来像を語り合うなかで、彼らのNTTデータに対する期待とい

うのは非常に大きいものがあります。

米倉 なるほど、そうですか。通信工事の実働部隊であったということですか。

さて、そこで具体的な交渉についてですが、いろいろ競合があったようですが、なぜ彼らはNTTを選んだのでしょうか。

鵜浦 交渉は2008年からスタートしました。当時、ディメンション・データの売り上げのなかでNTTグループの比率は小さなもので、彼らの最大のビジネスの相手はBTでした。海外キャリアからも、買収したいという提案はありましたが、ディメンション・データはそれらを断っています。それがなぜかは、後に買収のプロセスのなかでわかってきました。

最初はロンドンで会いました。ディメンション・データからはチェアマンとCEOが来て、ホテルの会議室でお互いのプレゼンテーションをしました。

私は、彼らのプレゼンを聞いてすぐに、「想像していたとおりだ。NTTがこれからグローバル展開していくときに、あなた方を中核企業にしたい」と言い切りました。それが、彼らにはいちばんインパクトがあったようです。海外キャリアは、ディメンション・データを「中核企業」と位置づけていたのではなく、ワン・オブ・ゼムという感覚だったと聞いています。

われわれのグループにはNTTコミュニケーションズもありますが、グローバルに出て行ったときの営業力もスピード感もまったく違いました。私は、間違いなく彼らに乗ったほうがいいと思いました。

それで、具体的な交渉に入りましたが、2009年にシンガポールでディメンション・データの常勤役員全員と2日間交渉を行ったとき、買収は一度、破談になってしまいました。

米倉 それは何が原因だったのですか。お互いに前向きに交渉していたわけですよね。

鵜浦 当時、ディメンション・データには2つの大株主がいました。創業ファンドと、後から追加の出資をしたファンドです。後から入ったファンドが筆頭株主でしたが、そこと折り合いがつかなかったのです。

これには、いろいろな背景がからんでいました。当時はリーマンショックの後で、ディメンション・データの株価がいちばん下がっている時期でした。

ファンドは、自分たちがディメンション・データに出資したときの株価がどうだったかとか、何年経ったから利回りはどうかとか、いろいろ調べていました。それに対してこちらもかなり応えたつもりでしたが、とにかく株価そのものが下がっていたときに買いに行ったので、難しかったのでしょう。定めた期限までに

金融危機はなぜ繰り返されるか？
ミンスキー・モーメントを読み解く

危機・不安定性・資本主義の経済学
ハイマン・ミンスキー

服部茂幸著●ミンスキーの理論により経済危機の原因を解明。危機を拡大させた経済理論と政策の誤りを示す。 4200円

ペイオフ発動
新金融ビジネス破綻の実態

相沢幸悦著　日本振興銀行破綻の顛末とは。 3150円

不確実性に満ちた競争社会とその規範をめぐる社会哲学的省察

フランク・ナイト 社会哲学を語る

フランク・ナイト著　黒木 亮訳●講義録 知性と民主的行動 ナイトがついに世に問うことのできなかった、幻の著作の名残ともいうべき講義録、初の全訳。 3675円

競争の倫理
フランク・ナイト論文選

フランク・ナイト著　高 哲男／黒木 亮訳　市場のモラルを論じたシカゴ学派総帥の真髄を示す一冊。 3675円

自由主義の二つの顔

ジョン・グレイ著　松野 弘監訳　価値多元主義と共生の政治哲学 2940円

◇福祉の視点で世の中を捉える入門書◇

橘木俊詔 宮本太郎監修
＊B5判美装縦3段組

福祉+α Welfare Plus Alpha

① **格差社会** 橘木俊詔編著　格差、貧困をめぐる現状と課題をあぶりだす 2625円

② **福祉政治** 宮本太郎編著　一冊で福祉制度の形成・維持・再編を概説する 2625円

③ **地域通貨** 西部 忠編著　これ一冊で地域通貨の全体像が把握できる 3150円

④ **生活保護** 埋橋孝文編著　実態と問題点を示し、今後のあり方を模索 ＊近刊

福祉財政 伊集守直編著

人口問題 小川直宏編著

福祉と労働・雇用 濱口桂一郎編著

ミネルヴァ書房

〒607-8494　京都市山科区日ノ岡堤谷町1
TEL 075-581-0296　FAX 075-581-0589
価格は税込／宅配可　振替 01020-0-8076

www.minervashobo.co.jp/

いちばん重要なのは「ユーザーから
選択され続ける」ということです。
NTTグループ全体でもよいし、グループ内の
いくつかの企業の集合体でもよい。
どんな組み合わせでも、ユーザーに対して
価値あるものを提供し続けられれば、
グローバルな競争で
生き抜いていけると考えています。
（鵜浦）

返事が来ませんでした。それで私は怒って、「やめた！」となったわけです。

米倉　その後、交渉が再開したのは、ディメンション・データからアプローチがあったのですか。

鵜浦　いったん破談になってから3カ月ほど経った頃、NTTコミュニケーションズがインテグラリスというドイツのセキュリティー会社の買収に成功したとき、ディメンション・データのCEOから私宛てにメールが来ました。「コングラチュレーション」というわけです。私はしばらく距離を置いたほうがよいと思っていましたが、そういうメールですから私からもお礼の返信を送り、研究所なども見学してもらいたいから日本に来ないか、と書き添えました。

それで彼らが日本に来ることになり、そこから交渉が再開したのですが、その後は順調でした。

結局、買収価格は当初よりは上がりましたが、交渉を開始した頃の為替レートが1ポンド210円台で、まとまったときには1ポンド130円台です。そういうことも含めて、ご縁があったのだと思いました。

伊藤　ディメンション・データ買収の流れをお話しいただいたわけですが、1つお聞きしたいのは、クロスボーダーM&Aにおいて、買収する側の経営者は何を意識しなければならないかということです。いかがでしょうか。

鵜浦　買収された企業をグループの資産にできるかどうか、買収する立場としてはそれをいちばん意識しています。

現在の文脈に当てはめれば、クラウドの世界が広がりユーザーがもっと自由に選択できるようになったとき、買収された企業がわれわれにとって有効な企業かどうか、それを買収する側が目利きできるのかどうか、これが重要だと考えています。

買収価格が高いか、安いかは最重要な問題ではなく、自分たちがユーザーに価値を提供するためにその企業がなぜ必要かということですね。売り上げがどれだけ上がるかとか、調達価格がどれだけ下がるかとか、そういう説明よりも、戦略的になぜ必要かと説明できるほうが、投資家の皆様にも納得していただけるのではないかと思います。

会社を買収しても人材が辞めていっては何もならない

鵜浦　買収された企業がグループ全体の資産になっているか、有効な企業かという視点からいうと、私は、人が辞めていくのが非常に気になります。買収された企業から有能な人材が辞めてしまったら、ほとんど意味がありません。

東京大学の藤本隆宏教授が「競争力とは、『選ばれ続ける力』だ」と言っています。NTTグループは、顧客に選ばれ続けるという意味での競争力を持とうとしているわけですね。お話をうかがって、NTTグループが事業シナジーだけでなく戦略シナジーの実現を図っていることがよくわかりました。
（米倉）

米倉 今回のディメンション・データ買収では、人材の流出はなかったのですか。

鵜浦 ディメンション・データの人材は、会社に対するロイヤルティーが違うと感じました。破談になったシンガポールでの交渉のときも、きわめて結束力が強いというイメージを持ちました。

ディメンション・データの創業メンバーはお互いに友人や親戚同士という関係ですから、結束が強いのはわかります。後からスカウトした人材であるCFOも、若くて優秀で本当に自信満々な人物ですが、ロイヤルティーは非常に高い。直感的に、「ああ、これは辞めないな」と思いました。

それと、人材流出の歯止めという意味で、ディメンション・データのチェアマンには継続して経営に残ってもらうことにしました。彼自身は引退したいという気持ちもあったと思いますが、彼が引退するとコアがなくなる気がしたのです。

伊藤 なるほど。M&Aは人材を確保するという意味合いも大きいので、人材の流出を防ぐためには経営陣にしっかり残ってもらうことが重要だということですね。

鵜浦 NTTコミュニケーションズがヨーロッパでいくつかの企業を買収していますし、NTTデータはキーン（Keane）というアメリカのソフトウェア会社を買収しましたが、基本的には創業者に残ってもらっています。創業者自身が辞めていくと、ほかの人のリテンションが保てないと思うからです。

最低3年間は続けてもらおうと考えています。次のトップを外から連れてくるにしても、なかから育てるにしても、そのくらいの時間は必要ということです。

グローバル展開は各社からなる委員会で意思決定

米倉 グループ全体でネットワーク、モバイルからシステム保守までフルラインアップを揃えて、あらゆるソリューション・ビジネスに対応できるようになると、持ち株会社としては、グローバル・マネジメントの仕事を行うことが大きなテーマになりますね。

鵜浦 そのとおりです。世界に乗り出していこうというときに、各社がバラバラに考えたり動いたりするのは良くないので、グローバル戦略委員会をつくりました。

米倉 委員会の構成はどのようになっていますか。

鵜浦 持ち株会社であるNTTと、NTTコミュニケーションズ、NTT

一橋ビジネスレビュー 2013 SPR. **181**

過去に日本企業が行った海外企業の買収では、完全に放任にして経営を任せてしまうか、口を出し過ぎて潰してしまうかのどちらかのパターンが非常に多かったと思います。M&Aは人材を確保するという意味合いも大きいので、人材の流出を防ぐためには経営陣にしっかり残ってもらうことが重要です。
（伊藤）

データ、NTTドコモ、それからディメンション・データ、旧キーンの6社の、社長・副社長で構成されています。

この委員会では、たとえば、セキュリティービジネスをどのような方向へ進めていくかといったテーマで議論をします。そこで統一見解を出して、必要であればM&Aも行うということです。

米倉 委員会のなかに、買収された企業のCEOなどが入っているのは、興味深いですね。

鵜浦 彼らに責任を持ってもらうという意味合いもありますが、実際のビジネスでもこの委員会はかなり有効に機能しています。

伊藤 グループ全体のグローバルな動きは、この委員会でコントロールしていくということでしょうか。

鵜浦 グローバル戦略委員会とあわせて、グローバル人事委員会、それからグローバルR&D委員会も新設しました。

グローバル人事委員会は、グローバルなグループ企業の重要な人事について、日本のNTT本社で判断するのではなく、ここで決めていこうということです。委員長は私ですが、正直なところ私は面接する気はありません。キーンのCEOや、ディメンション・データのチェアマンに面接してもらったほうが、経験もあるし、良い結果が出ると思っています。

グローバルR&D委員会をつくったのは、変化が早いアメリカのマーケットに対応し、なおかつ西海岸に多くあるベンチャーの情報を収集するためです。この委員会がないと、グループの各企業がパートナーをつくるために勝手に投資を始めてしまいます。そうではなく、各企業がR&D委員会に報告することによって、余計なR&D投資の二重投資をしないようにしました。

それを明確にするために、100人規模のR&D拠点を西海岸に設けます。これはグループ各企業に出資してもらい、1つの企業として立ち上げます。2013年4月にアメリカ西海岸につくる予定です。当面の重点分野は、クラウドやセキュリティーなどです。アメリカ発で、日本や新興国などグローバルにサービス展開したいと思っています。

米倉 そうすると、事業におけるシナジーというだけでなく、戦略的なシナジーや、人事のシナジーが大きく期待されますね。

共通の世界観を形成して戦略シナジーを

伊藤 グローバルなマーケットに対して、NTTグループ全体で攻めていこうとお考えだと思いますが、買収でグループに加えたディメンショ

ン・データの人材と、NTTコミュニケーションズ、NTTドコモ、NTTデータの人材とをつなぐために、どのようなことを試みていますか。

鵜浦 最初は、人の入れ替えを少しやってみようと考えました。たとえば、NTTデータインクというアメリカの会社の社外取締役にディメンション・データのCEOを入れたり、NTTコム・アメリカとディメンション・アメリカとで人材の入れ替えを行いました。

それから人の交流ですね。北米ではグループ各企業の若手を集めて、キックオフ・ミーティングをしました。私も参加しましたが、参加者に6分間スピーチをしてもらいました。結構いろいろなことをしゃべってくれて、面白かったですね。実は、先ほどお話ししたブランド力調査はそこで出されたものなのです。

米倉 人事交流も進めているのは意外でした。買収しても各社の自主性を活かすということで、あまり人を入れ替えたりはしないと思っていましたが、興味深いですね。

鵜浦 グローバルな委員会だけでなく、人事交流によってかなり共通の世界観ができていくと思います。次にCEOを選ぶときには、いろいろなことができるかもしれません。その企業のなかから次のトップを選ぶとか、外からスカウトしてくるとかい

うだけでなく、グループ内で横移動しても構わないわけです。

伊藤 過去に日本企業が行った海外企業の買収では、完全に放任にして経営を任せてしまうか、口を出し過ぎて潰してしまうかのどちらかのパターンが非常に多かったと思います。権限移譲しながらうまくコントロールしていくために、どのようにやっていますか。

鵜浦 いや、それが難しいところです。むしろ教えていただきたいと思っています。勉強しながら悩んでいるわけですが、百点満点の解答はないのかなと思います。

持ち株会社としていえるのは、海外でも国内でも順調なときはけっこう放任でよいわけです。ところが、変革期のときには必ず介入しなくてはならない。それは、その時々の対処ということになりますね。

たとえばヨーロッパで、NTTデータがドイツ、イタリア、イギリスなどのいくつかの企業を買収しました。買収された企業を統合していくという考えでやっていますが、なかなか大変です。こういう案件には、持ち株会社であるNTTも協力したほうがよいと思っています。

米倉 今回お話をうかがって、さらにNTTのイメージが変わりました。まさにグローバルマーケットのなかで、NTTグループ全体が顧客からの支持を得ることを最優先としていること、事業シナジーだけでなく戦略シナジーの実現を図っていること、グループを統べる持ち株会社のあるべき姿を追求していることがよくわかりました。ありがとうございました。 H

［構成：志澤秀一／撮影：梅谷秀司］

一橋ビジネスレビュー 2013 SPR. **183**

PORTER PRIZE 2012

第12回 ポーター賞受賞企業に学ぶ

写真左から、味の素國本裕副社長、クレディセゾン林野宏社長、マイケル・E・ポーター教授、東京糸井重里事務所糸井重里社長、リクルートライフスタイル宮本賢一郎執行役員。

大薗恵美 一橋大学大学院国際企業戦略研究科教授
Osono Emi

山﨑聖子 一橋大学大学院国際企業戦略研究科特任研究員
Yamazaki Seiko

一橋大学大学院国際企業戦略研究科では、2001年より独自性のある優れた競争戦略を実践し、高い収益性を実現している企業(ないしは事業)を選び、マイケル・E・ポーター教授の名を冠した賞を授与している。12回目を迎えた同賞の受賞企業を紹介する。

　2012年度ポーター賞[1]は、味の素ファインテクノ電子材料事業部、クレディセゾン クレジットカード事業、東京糸井重里事務所、リクルートライフスタイル旅行営業統括部(じゃらんnet)の4社が受賞した。

　以下に、各事例から学びたいことを中心に、競争戦略論から見た受賞事業の特徴を説明する。各社の競争戦略についてのよりくわしい説明は、ポーター賞のウェブサイトより閲覧・ダウンロード可能なので、そちらをご参照いただきたい(http://www.porterprize.org/pastwinner/)。

味の素ファインテクノ株式会社 電子材料事業部

　味の素ファインテクノ電子材料事業部(以下、味の素ファインテクノ)は、パソコン用CPU(中央演算処理装置)向け層間絶縁素材を提供しており、事実上の世界標準をCPU7世代にわたって維持してきた(同事業部の業界平均との収益性比較については、表1を参照)。

　同事業部から学ぶべき第1の点は、技術による差別化が可能な領域の選択と、そこへの特化である。味の素ファインテクノは、自社の絶縁素材の用途市場として、半導体の集積度とコストの進化が最も厳しく求められる領域としてパソコン用CPUを選択した。パソコンの処理速度を決めるのはCPUだが、ICを載せるパッケージ基板はその重要部品の1つである。パッケージ基板は、そのなかに数層にわたって銅の微細配線が形成されているが、層の間に電気が通ってしまうのを防ぐ壁の役割を果たすのが、味の素ファインテクノが提供している層間絶縁材料である。層間絶縁材料は同時に、層の表面に銅の配線を描くためのキャンバスの役割を果たす。表面が完全に平らに近い

表1　各社の収益性についての業界平均との差異

〈味の素ファインテクノ 電子材料事業部〉

投下資本利益率（ROIC）　　　（単位：パーセンテージポイント）

5年間平均	単年度 業界平均との差異				
業界平均との差異	2007年	2008年	2009年	2010年	2011年
34.3	52.4	30.2	31.3	32.1	24.8

Inter Quartile Range (IQR) =5.1

営業利益率（ROS）　　　（単位：パーセンテージポイント）

5年間平均	単年度 業界平均との差異				
業界平均との差異	2007年	2008年	2009年	2010年	2011年
35.2	37.1	34.6	33.7	33.9	30.3

IQR=4.0

〈東京糸井重里事務所〉

投下資本利益率（ROIC）　　　（単位：パーセンテージポイント）

5年間平均	単年度 業界平均との差異				
業界平均との差異	2007年	2008年	2009年	2010年	2011年
28.3	33.1	29.0	29.9	17.3	33.1

IQR=4.6

営業利益率（ROS）　　　（単位：パーセンテージポイント）

5年間平均	単年度 業界平均との差異				
業界平均との差異	2007年	2008年	2009年	2010年	2011年
9.5	8.7	8.4	9.9	7.0	12.5

IQR=2.1

〈クレディセゾン クレジットカード事業〉

投下資本利益率（ROIC）　　　（単位：パーセンテージポイント）

5年間平均	単年度 業界平均との差異				
業界平均との差異	2007年	2008年	2009年	2010年	2011年
1.9	1.7	1.7	2.0	0.9	0.3

IQR=1.2

営業利益率（ROS）　　　（単位：パーセンテージポイント）

5年間平均	単年度 業界平均との差異				
業界平均との差異	2007年	2008年	2009年	2010年	2011年
7.5	3.1	6.4	5.4	0.1	−6.2

IQR=22.8

〈リクルートライフスタイル 旅行営業統括部 じゃらんnet〉

投下資本利益率（ROIC）　　　（単位：パーセンテージポイント）

5年間平均	単年度 業界平均との差異				
業界平均との差異	2007年	2008年	2009年	2010年	2011年
16.8	32.1	23.0	16.3	12.2	18.8

IQR=6.9

営業利益率（ROS）　　　（単位：パーセンテージポイント）

5年間平均	単年度 業界平均との差異				
業界平均との差異	2007年	2008年	2009年	2010年	2011年
32.9	28.8	32.6	33.4	29.5	38.3

IQR=12.2

（注）1．投下資本利益率＝営業利益／平均投下資本
　　　2．営業利益率＝営業利益／売上高

ほど、微細な配線が可能になる。また、その表面特性によって、さまざまな配線方法を可能にする（スマートフォンやタブレットPCが処理能力を強化するに従い、パソコン向けCPUを採用するようになっており、市場は拡大している）。さらに、味の素ファインテクノは、絶縁材料の性能に最も影響を与える樹脂組成物であるワニスの研究開発と製造に特化し、フィルム形状に製造するプロセスは、ビジネスパートナーであるフィルムメーカーが担当している。

第2の点は、特化戦略を補完するために、国内のパッケージ基板のクラスターを構成する企業との安定的かつ補完的な関係を構築し、ニーズの先取りが可能な情報共有のネットワークを構築している点である。この情報ネットワークは、味の素ファインテクノの直接の顧客である基板メーカーを超え、グローバルなCPUメーカーにまで張り巡らされている（グローバルなCPUメーカーは、供給業者の選択に大きな影響力を持っている。同事業部の活動システムについては、図1を参照）。

パソコン業界の付加価値が、マイクロソフトとインテルに集中していることは、産業構造分析を行えば明

図1 味の素ファインテクノ電子材料事業部の活動システム・マップ

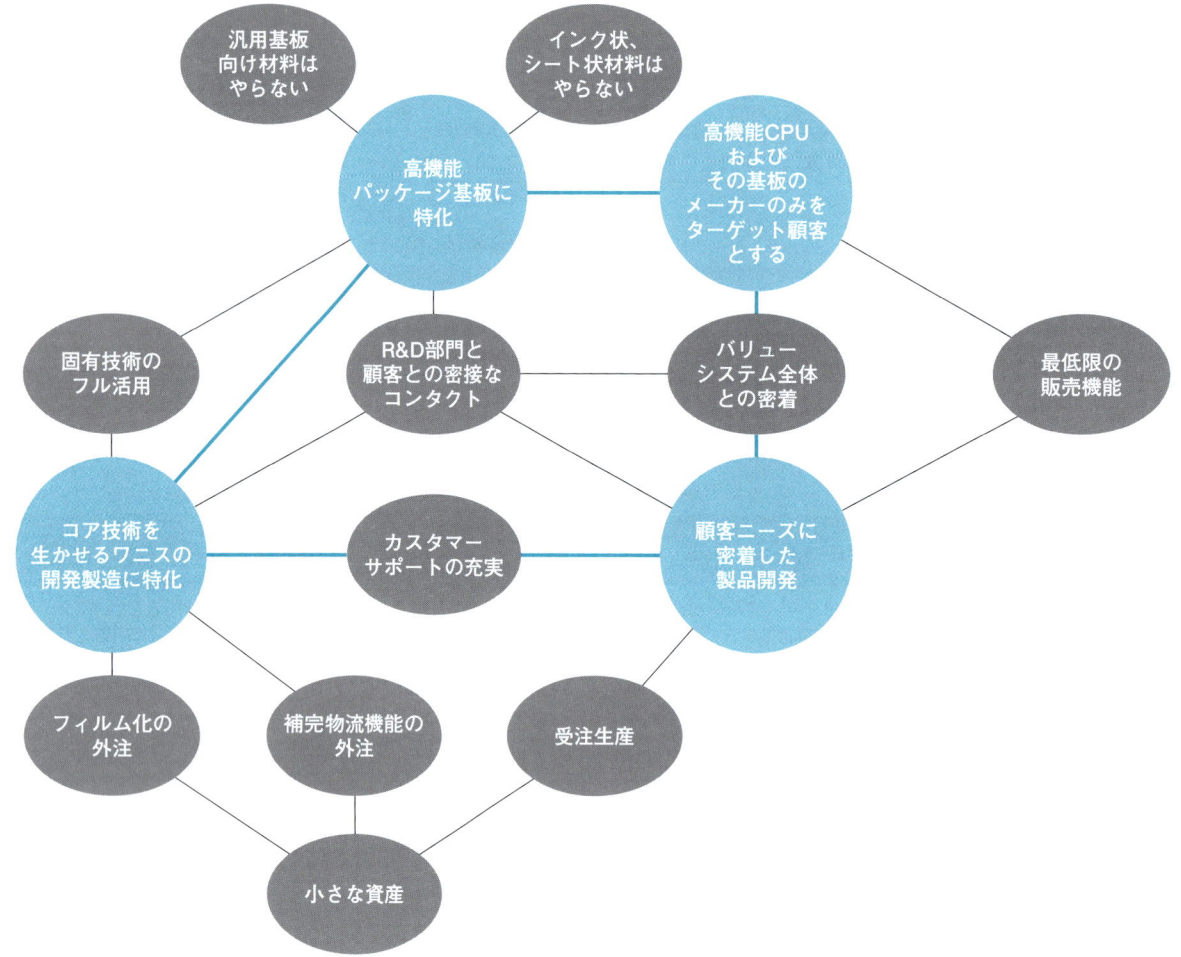

らかである。デルが直販モデルによって、ビジネスモデルでイノベーションを起こし、付加価値を得ることに成功したが、その有効性ももはや失われてしまった。味の素ファインテクノの事例は、タブレットPC、スマートフォンなど、これから成長が期待できるが、パソコンと同様の産業構造を持っているであろう製品分野の素材メーカーにとって、参考にしたい事例である。もちろん、優れた戦略は個別解であるので、コピーしてそのまま通用する、というわけにはいかない。あくまで、この事例を参考に、それぞれの事業の内部環境と外部環境を勘案して、新たな戦略が生まれることを期待する。

株式会社クレディセゾン クレジットカード事業

クレディセゾンのクレジットカード事業（以下、クレディセゾン）は、1982年、旧セゾングループのクレジットビジネス会社として出発し、当初は百貨店の顧客を対象としたハウ

図2 クレディセゾン クレジットカード事業の活動システム・マップ

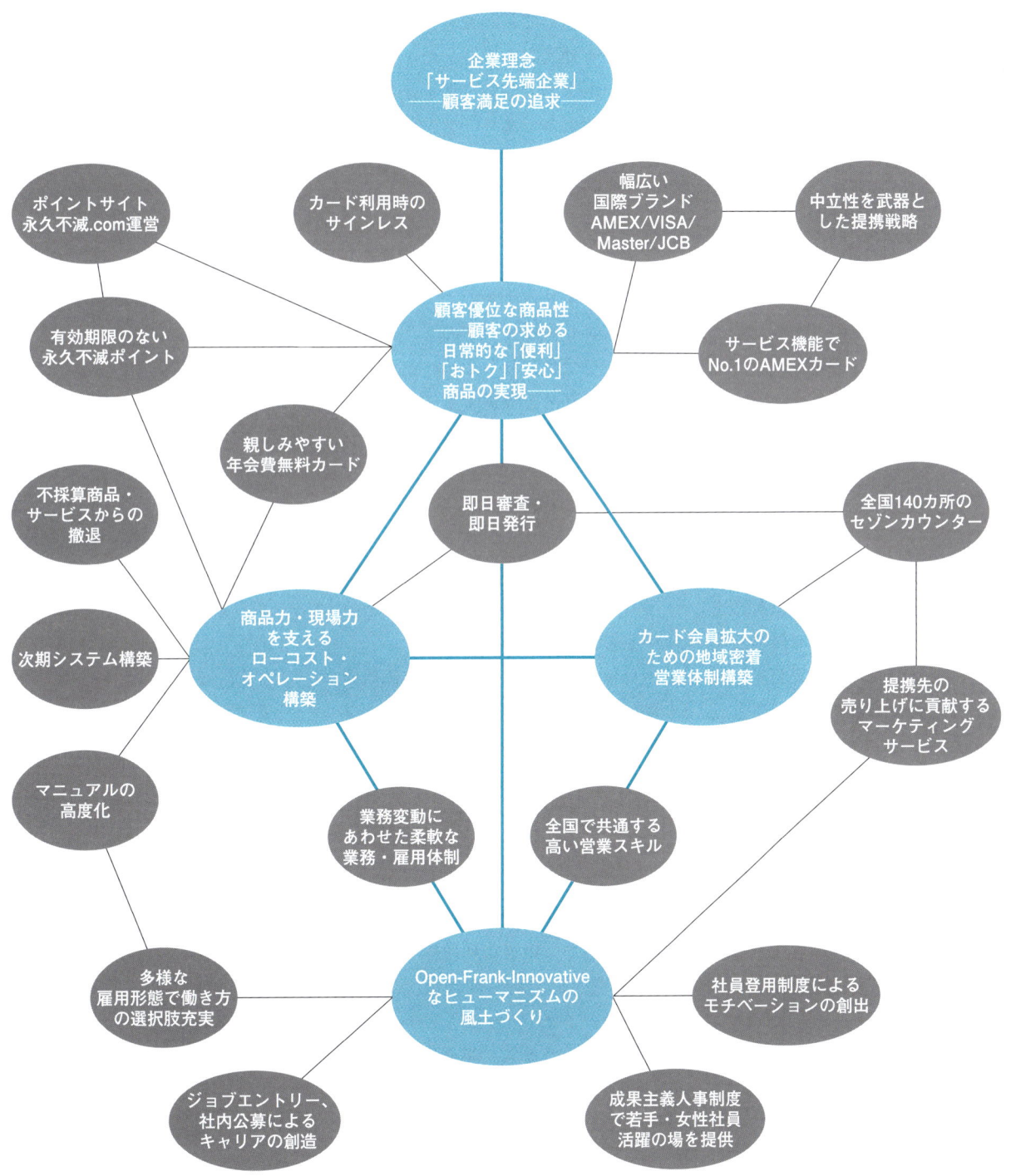

スカードであったが、顧客基盤をその外側に拡大してきた。現在、3500万枚のカードを発行し、年間取扱高は6兆円、国内で2番目に大きなクレジットカードサービスである（2011年実績）。ハウスカードから出発してここまで広く展開できた例はほかにない（同事業の業界平均との収益性比較については、表1を参照）。

クレディセゾンから学びたい第1の点は、価値提供の再定義、特に、既存業者が注目していなかった顧客へフォーカスすることのパワーである。クレディセゾンの創業当時、既存企業は、勤続年数の長い男性を主なターゲット顧客にしており、「一流企業に勤続10年以上の役職者、持ち家」などの条件で絞っていた。これに対して、クレディセゾンは、買い物をする一般の人々、特に女性をターゲット顧客とした。登録した電話番号に連絡がつけば、勤務先は関係なかった。クレディセゾンにとって良い顧客とは、高い信用力を持つ（貸し倒れリスクが低い）買い物をあまりしない人よりも、クレジットカードを日常生活の決済手段としてより頻繁に使ってくれる人である。

ターゲット顧客の再定義に伴い、クレジットカードの価値提供を、日常の金融サービスと定義した。これは、クレジットカードをステータス・シンボルと位置づける業界の考え方とは一線を画していた。

クレディセゾンは、年会費収入よりも、顧客の購買金額に焦点をあわせており、利用者に対するセゾンカードの価格は、相対的に低い。年会費無料に加えて、2002年には、ポイントの有効期限を撤廃した永久不滅ポイントを導入した（ポイントは実質的な値引きであり、クレジットカード会社にとって顧客への負債である）。クレディセゾンのプレミアムカードであるセゾン・アメリカン・エキスプレス・カードには年会費があるが、オリジナルのアメリカン・エキスプレス・カードのブランドサービスを受けられる等、ハイグレードなサービスを提供するにもかかわらず、ブルーカードで3150円、ゴールドカードで1万500円、プラチナカードで2万1000円と、リーズナブルである。セゾン・アメリカン・エキスプレス・カードは発行開始以来多くの会員を獲得しているが、その中心も、女性である。

日常の金融サービスという価値提供の下、クレディセゾンは利便性を提供している。1982年の事業開始当初より、年会費無料、即与信・即発行・即利用を実施してきた。これは、百貨店を訪れた顧客をターゲット顧客としてきた同社にとって、その場でカードメンバーになっていただける上で、重要な利便性であった（即与信・即発行・即利用は、クレディセゾンの140のカードサービスカウンターのうち、60カ所で可能）。1992年には、西友の食品売り場で、サインレスでの決済を可能にした。さらに、貯めたポイントを使いやすくするため、ポイントサイト「永久不滅.com」を運営している。これは、さまざまな小売店（ネットショッピング・サイト）が商品を提供しているウェブサイトで、ここを経由して商品やサービスを購入すると永久不滅ポイントが最大20倍貯まる。これら使い勝手を良くするための革新的なサービスの多くが、業界初であった。

同時に、不良債権率とオペレーションコストを低く抑えることに成功している（同事業の活動システムについては、図2を参照）。

東京糸井重里事務所

東京糸井重里事務所（以下、糸井事務所）は、「ほぼ日刊イトイ新聞」（以下、ほぼ日）というウェブサイトを運営している。掲載されているのは、糸井重里が毎日更新する巻頭コラム「今日のダーリン」、インタビュー記事、ルポルタージュ、「言いまつがい」などの読者投稿を編集したコーナー、などであるが、これらに共通のテーマは、日常に根差していることと、「人は何をうれしいと思うか」であり、月間110万人の読者を有する。ウェブマガジンで主流の戦略――広告収入を主たる収入源とする――を否定し、購読料もとらない。主たる収入源は物販で、ほぼ日の運営を通して、生活関連商品の

PORTER PRIZE 2012

図3　東京糸井重里事務所の活動システム・マップ

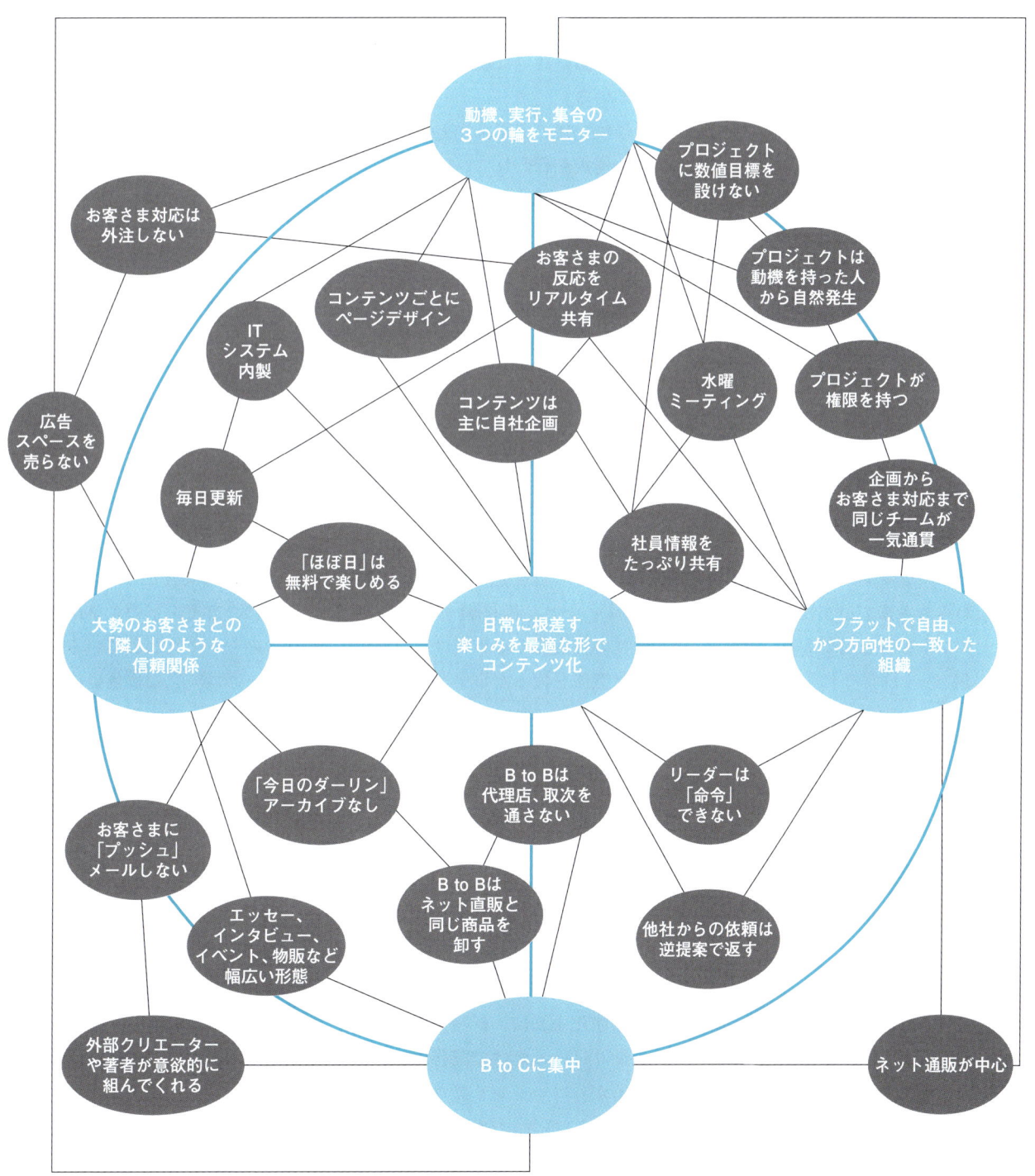

開発を行っている。「ほぼ日手帳」「ほぼ日ハラマキ」「うちの土鍋シリーズ」などは、ほぼ日でオンライン・ショッピングが可能で、手帳やカレンダーは「ロフト」など大手小売店でも入手できる。結果として、オンライン物販業界の平均を大幅に上回る、収益性の高い事業を創造した（同社の業界平均との収益性比較については、表1を参照）。年間売上高は28億円、従業員は48人である。

糸井事務所から学びたい点は、価値提供の明確な定義と共有、それに対応した活動の選択の思い切りの良さである。

では、糸井事務所の価値提供とは何か。糸井事務所のターゲット顧客は、個人の読者である。読者をさらにセグメンテーションすることはせず、老人から若者まで、女性も男性も、ターゲット顧客としている。その価値提供は、「日常うれしいと思うこと」であり、ターゲット顧客をセグメンテーションしないのは、それを普遍的な価値のレベルで捉えようとしているからだ。この価値提供の定義は、ウェブマガジンのコンテンツだけでなく、商品開発にも共通している。

糸井事務所の価格戦略は、ウェブマガジンにおいては、すでに述べたように購読料を徴収しない。しかし、商品は、付加価値を高め、それに応じた価格を設定するため、結果的に高めになる。たとえば、ほぼ日手帳は一般的な手帳が1000円前後であるのに対して、3500円である。大手雑貨チェーン「ロフト」の手帳部門で8年連続売り上げトップを記録しており、高めの価格設定は顧客に受け入れられている。

この価値提供の実現を支える、いくつかの選択が行われている。第1に、「日常うれしいと思うこと」のコンテンツ化を仕事の中心に置くために、「価値を創出し、加速させる考え方がイニシアチブをとる。そのために自分たちが最終的に決裁できる仕事、動機が持てる仕事だけをする」こと。第2に、読者と、好きなときに出入り自由な「隣人」としての信頼関係を築くこと。これらの選択は、やらないこと（トレードオフ）の選択に反映されている。ウェブサイト上で広告を売らない。広告記事を載せない。価格競争をしない。他社の社内報の編集請け負いなど、編集機能を使った事業多角化をしない。一般的にニュースと呼ばれる情報は、新しさに主な価値があり、自社が価値創造のイニシアチブを持たないので、掲載しない（新しさが社会の「楽しさ」につながることは否定しないので、既存のものに新しい切り口を見出して伝えたり、自ら新しさを生み出すことを行う）。ウェブページのデザインを標準化しない（標準化すれば、新しいコンテンツを貼り付けるだけで業務が効率化できるが、ページレイアウトも表現手段である）。ウェブサイト開発・管理やICTシステム開発・管理を外注しない。カスタマーセンターを外注しない。チームリーダーに、指示・命令・評価の権限を与えない。チームや部門に、販売目標や読者数の目標を設定しない。紙ベースの雑誌や店舗など、リアルなチャネルを運営しない。これらは、第1の選択の結果としてのトレードオフである。次に、第2の選択を反映したトレードオフが、読者の囲い込みをしない。他のウェブサイトから読者の引き込みを行わない。商品の販売促進の電子メールを読者に極力、送らない。価値提供に反するような読者数拡大の施策を打たない、である（同社の活動システムについては、図3を参照）。

ここに挙げたトレードオフはいずれも、非常に具体的な活動であり、なかには、ほとんどの企業において無意識のうちに行われているものもあろう。ユニークな価値提供はユニークな活動のシステムによって初めて可能になる。戦略かオペレーションか、というダイコトミーの落とし穴に落ちてはいけない。明確な意思を持ってどれだけ注意深くオペレーションを構築するか、という問題は、戦略のど真ん中の問題なのである。

株式会社リクルートライフスタイル旅行営業統括部（じゃらんnet）

リクルートライフスタイル旅行営業統括部（以下、リクルートライフ

図4 リクルートライフスタイル 旅行営業統括部（じゃらんnet）の活動システム・マップ

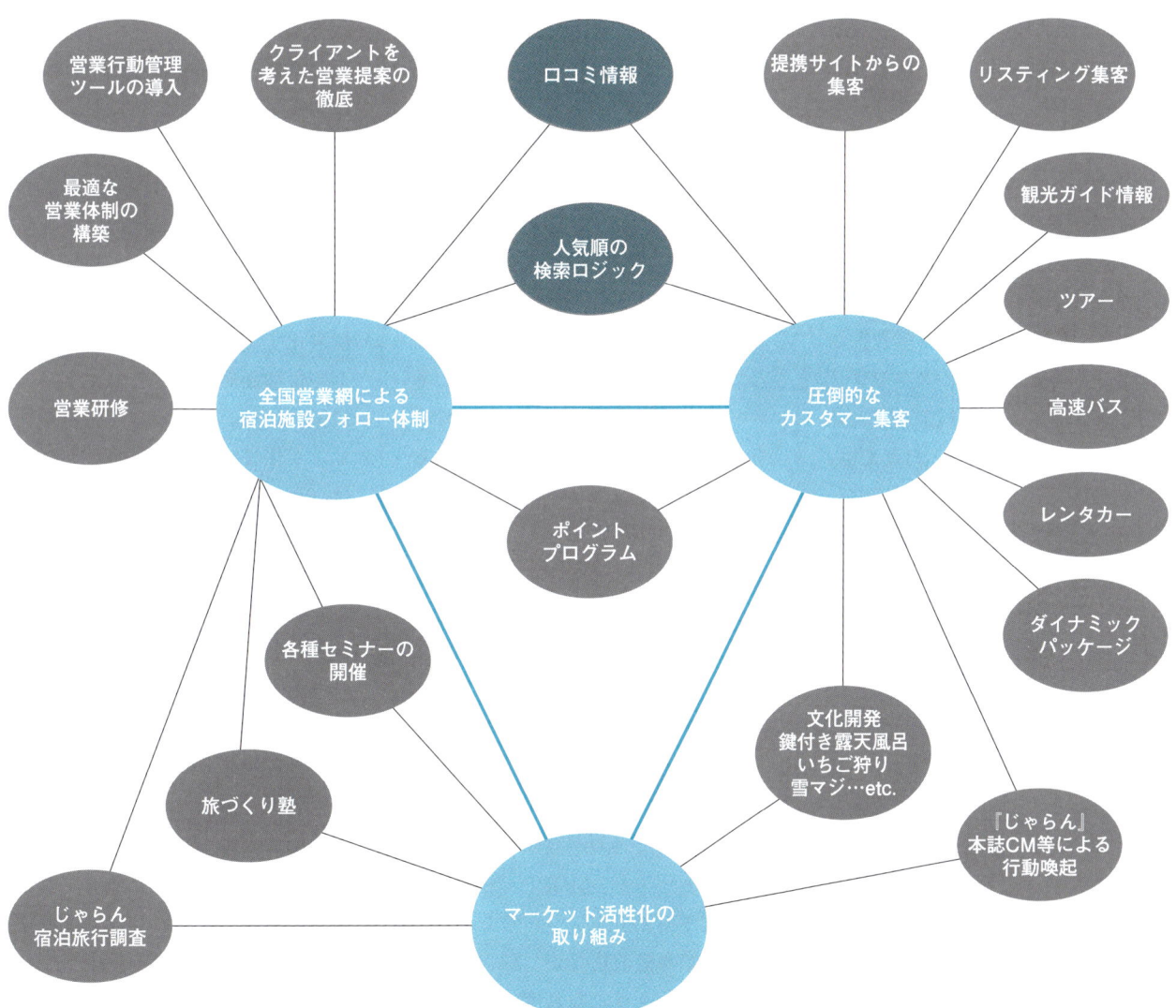

スタイル）は、オンライン宿泊情報・予約サイト「じゃらんnet」で、旅行者と宿泊施設の幸せな出合いを促進している。じゃらんnet事業は、先行者の利益が大きいといわれるオンライン・サービス業界において、後発でありながら、先行者に追いつき、市場を拡大し、高い収益性を得ている（同事業の業界平均との収益性比較については、表1を参照）。じゃらんnetのサービス開始は2000年であり、業界のパイオニア、旅の窓口（現・楽天トラベル）の4年後であった。

じゃらんnet事業から学びたい第1の点は、初期採用者と多数採用者の間にあるニーズの違いと、それに求められる最適な活動の違いが、移動障壁になりうるということである。先行者が初期採用者（ビジネス旅行客）をターゲット顧客とし、営業拠

点を都市に置くことから始めたのに対して、じゃらんnetは、多数採用者（マジョリティセグメント、一般的な人々）に市場を創造することをめざしていたので、品揃えのために地方の宿泊施設の開拓が必要であり、地域に密着した営業人員を要した。また、マーケティングにおいても、異なる能力が求められた。ビジネス客のニーズは比較的単純であったのに対して、じゃらんnetは、多数採用者市場をきめ細かくマイクロセグメンテーションすることによって、ニーズを喚起し、対応した。たとえば、ペット連れで旅行をしたい人に適した宿や、夫婦でゆっくり過ごしたい人に適した宿などだ。常に多数採用者にいきなりアプローチするのが正解とは限らない。リクルートライフスタイルには、雑誌『じゃらん』の実績があり、これが多数採用者にアプローチする際に強みになった。繰り返しになるが、常に通用する最高の戦略というものはないので、個々の文脈で判断するほかないのだが、初期採用者と多数採用者の間の溝の大きさと、自社の最初のターゲット顧客の選択が、その後の事業展開に与える影響について十分な考慮をするべきだということは、留意されるべきであろう。

第2の点は、戦略の概念化の重要性である。じゃらんnetの価値提供の特徴の1つは、仲介業としての価値を徹底して追求していることだ。つまり、旅行者と宿泊施設のマッチングが効果的であればあるほど、じゃらんnetは成功し、全体が相乗効果的に成長するという考え方である。この考え方は、リクルートで伝統的に「リボン図」として共有されてきた。リボン図の両側を大きくすることで、真ん中の結び目も大きくなる。さらに、マッチングの質を上げることで、両サイドが満足する。この考えに従って、じゃらんnetは、料金をとって有利な表示位置を販売することをしない。マッチングの質が下がるかもしれないからだ。このように、事業の戦略を概念化して示すことができれば、トレードオフの選択の助けになるばかりでなく、社内に戦略を浸透させる助けにもなる。

第3の点は、事業のミッションが戦略に与える影響である。じゃらんnetのミッションは、「人と地域の出会いに満ちた笑顔が溢れる世の中でありたい。——MORE CHANCE, MORE SMILE♪——」である。もしすべての宿泊施設が、顧客評価で満点をとるようになれば、旅行体験に満足した人々はもっと旅行するようになり、旅行業界全体が拡大する。素晴らしいミッションだが、このミッションは、創業当初からのものではない。じゃらんnet創業時のミッションは、雑誌『じゃらん』のミッションであった「日本をすみずみまで予約するブッキングメディア」であり、日本のすべての宿泊施設を掲載することであった。じゃらんnetも、掲載施設数を業界一にすることをめざしていた（選択肢が多ければ、ニーズにあった宿泊施設を探し出せる確率も上がり、顧客満足も生まれる）。しかし、掲載施設数を最大化することはできても、それ以上の付加価値を追求していないことに気づいた。そこで、現在のミッションが生まれた。現在のミッションは、どこでも予約できるだけでなく、宿泊体験の質を向上させる提案を行うことで、旅行市場全体を拡大していこうとするものだ。たとえば、リクルートライフスタイルは、地域の魅力を再発見し、地域主導の観光プログラムを育て、旅行需要を喚起するため、じゃらんリサーチセンター主催の「旅づくり塾」を、行政や地域の観光協会等に対して開催している。このような中長期的な取り組みは、現在のミッションによって支えられているものだ。じゃらんnetのミッションの進化は、それまでの戦略と矛盾することなく、いっそうフォーカスを際立たせ、付加価値を高めるものだ（同事業の活動システムについては、図4を参照）。 H

注

1 ポーター賞は、一橋大学大学院国際企業戦略研究科が主催・運営し、三菱東京UFJ銀行とあすかコーポレイトアドバイザリーの協力を得ている。応募した企業・事業のみが審査対象となり、学識者からなる匿名の審査委員会が審査を行っている。

私のこの一冊
From My Bookshelf

知のフロンティアへの道しるべを示す
入山章栄『世界の経営学者はいま何を考えているのか』

安藤史江
Ando Fumie

南山大学大学院ビジネス研究科准教授

コロンブスの卵。本書を一読した瞬間、まさにその言葉が稲妻のような閃光を伴って頭のなかを駆け抜けるとともに、強い衝撃に胸を突かれ、軽い目まいさえ覚えた。

本書は、アメリカのビジネススクールに籍を置く経営学者が著した、現在進行形のアカデミックと実務界の橋渡しをめざす、意欲的な取り組みである。まず著者は、ドラッカー信奉をはじめとする、日本の経営学に関して世間的に存在すると思われる勘違いを次々に白日の下にさらし、それらが世界の（より正確には、「多くの国で急速に標準化が進んできている」〈p. 344より引用〉）経営学の常識とは必ずしも相いれない現状に言及する。その上で、国際的なトップクラスの学術誌に掲載された優れた論文を中心に、「知のフロンティア」と位置づけられる複数の興味深いトピックスをわかりやすく紹介し、最後に経営学の今後のあり方に思いをはせるという構成を取っている。

この内容の何が、またどこが衝撃的であったかと問われれば、個人的には少なくとも3点ある。1点目は、本書に勘違いとして明示された記述は、どれも経営学者として日常的に直面し、強い違和感や問題意識、憂いを感じていたことばかりだった。にもかかわらず、自分自身はその現象に積極的な改善策を講じることもなく、半ばやむないものとして放置してきた。その自責の念である。

また、本書発売以降、さまざまな立場の読者から非常に多くの反響があったことから、現在この瞬間も次々と生み出される先進的な研究成果、それに喚起される知的興奮に対する

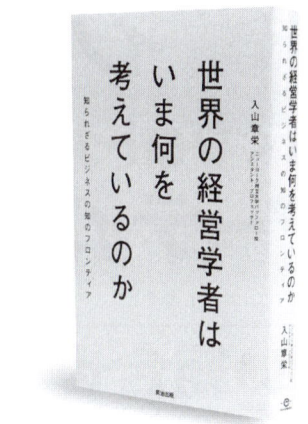

■ 入山章栄 著
■ 英治出版
■ 定価 1995円（税込）

世間のニーズが決して小さくないことが明らかになった。だが私は、確かに先進的である半面、混沌とし発展途上にある研究成果は、一般にはまだ必要とされておらず、その分野に関心を持つ一部の研究者だけが知っていれば十分という思い込みにとらわれていた。その結果、伝える努力を怠っていた。これが2点目であり、不明を恥じるばかりである。

そして3点目、本書が取り上げた複数のトピックスは目的上、単純化しすぎたきらいはあるが、いずれも非常にわかりやすく興味深く解説されている。限られたトピックスだが、各読者の関心のありかを知り、より深い知の探究に向けた第一歩を踏み出すのに、これほど良い道しるべはない。本書が果たした役割は大きい。

著者は繰り返し、本書は決してアメリカ礼賛、日本批判の意図で執筆したものではないと主張する。実際、私はMIT在外研究時、当時好んで活用していた統計解析手法について、受け入れ教官のピーター・センゲ氏から、それのみではスナップショットにしかならないと諭された経験を持つ。フロンティアの開拓は何か1つの方法・手段の偏重でなく、人々がさまざまなアプローチで果敢に挑戦し続けて可能になることを、本書もやはり示唆しているといえる。H

安藤史江（あんどう・ふみえ）
2000年東京大学大学院経済学研究科博士課程修了、博士（経済学）取得。1999年より南山大学経営学部専任講師、同准教授を経て、2008年より現職。主な著作：『組織学習と組織内地図』（白桃書房）、『コア・テキスト　人的資源管理』（新世社）、『超企業・組織論』（共著、有斐閣）、『コンカレント・ラーニング・ダイナミクス──企業と経営の理論』（共著、白桃書房）、『現代ミクロ組織論──その発展と課題』（共著、有斐閣）。

季刊『シンク!』

Think! シンク!
実践的ビジネストレーニング誌

No.44 好評発売中
定価1890円（税込）
WINTER 2013 No.44
ISBN978-4-492-83051-2
A4変型判・160頁季刊（1・4・7・10月発売）

特集 Waking the Spirit of Innovation

つなぐ・まとめる・組み合わせる
イノベーションの起こし方

イノベーションを生み出すための ビジネスデザイン
Ziba 戦略ディレクター 濱口秀司

齋藤ウィリアム浩幸 インテカー 代表取締役社長
多様なメンバーからなる「チーム」がイノベーションを生む

Think! Meets X　「芸術的発想」が イノベーションを導く
石黒 浩 大阪大学大学院基礎工学研究科 システム創成専攻 教授／工学博士

抽象と具体をつなぐプロトタイピング 田川欣哉 takram design engineering 代表

ジェネラリスト型アーティストのすすめ
アーティスト スプツニ子！

三宅秀道 東海大学政治経済学部経営学科 専任講師
今までにない組合せで新しい市場をつくる

楠木教授の 経営者「好き嫌い」対談 ……………………[第4回]
楠木 建 一橋大学大学院国際企業戦略研究科 教授
「実業と成長すること」が好き
柳井 正 ファーストリテイリング 代表取締役会長兼社長

バックナンバー　書店でお買い求めいただけます。

No.41 特集
プロフェッショナルコンサルタントが使い続ける9つのスキル
9 Must-have Skills for Top Consultants
御立尚資／瀧本哲史／三谷宏幸／岡田恵子／伊藤良二 ほか
ISBN978-4-492-83048-2

No.42 特集
武器としての共感力
Brand Loyalty as Competitive Advantage
近藤正晃ジェームス／遠山正道／斉藤 徹／原 研哉／原田永幸 ほか
ISBN978-4-492-83049-9

No.43 特集
新しいキャリアの教科書
New Careers for a Changing World
高橋俊介／本田直之／岡島悦子／慎 泰俊／会田 誠／安藤忠雄 ほか
ISBN978-4-492-83050-5

Think! 年間予約購読のご案内
毎回、確実に、お手元に届く「年間予約購読」をおすすめします。

ANAカードでマイルがたまる

『Think!』を年間予約購読されますとANAのマイルがたまります。

購読価格 （税・送料込み）	購読期間（冊数）	予約購読価格	市価	割引率
	1年（4冊）	6,800円（1冊当り1,700円）	7,560円	10%
	2年（8冊）	12,090円（1冊当り1,511円）	15,120円	20%

お問い合わせ
東洋経済新報社　予約サービスセンター
〒103-8345 東京都中央区日本橋本石町1-2-1
☎0120-206-308（受付時間／9:30～17:20 土日祝・休）

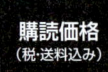 **Think!** [発行]四季刊（1・4・7・10月）[判型] A4変型判・平綴じ
[定価]本体1,800円＋税

集い、語り、学ぶ。
人と人が交流し、新しい知を生む場。

東京を一望する六本木ヒルズ森タワー49階の「ライブラリー」、月々9,450円

好奇心を刺激する、選び抜かれた15,000冊におよぶ蔵書の数々。
六本木ヒルズの高層階、東京を一望するパノラミックなロケーション。
メンバーが知を磨くための活動や、「個」と「個」の交流に適した豊かな空間。
様々な人が集い、語り、学ぶ六本木ライブラリーは、知性が自由に交差する場です。

気軽に魅力を体験できる
無料見学会開催中！

アカデミーヒルズ
六本木ライブラリー

お問合せ　森ビル株式会社 アカデミーヒルズ ライブラリー事務局
TEL 03-6406-6650　FAX 03-6406-9350　E-mail library@academyhills.com

詳しくはWEBから　[アカデミーヒルズ] 検索

一橋ビジネスレビュー ［バックナンバー紹介］

2010年秋号
（10周年記念特大号）
[特集]
検証・日本の競争力
米倉誠一郎／青木周平／
パトリック・ラインメラ／
清水洋／野間幹晴／古賀健太郎 など
[ビジネス・ケース]
パナソニック／積水化学工業

2010年冬号
[特集]
検証・COOL JAPAN
海部正樹／フレデリック・L・ショット／
豊永真美／イアン・コンドリー／
三原龍太郎／松井剛
[ビジネス・ケース]
ビズメディア／バンダイエンタテインメント

2011年春号
[特集]
歴史に学ぶリーダーシップ
米倉誠一郎／橘川武郎／川合一央／
清水洋／島本実
[ビジネス・ケース]
ヤマハ／東京電力・日本ガイシ

2011年夏号
[特集]
知識経営の最前線
野中郁次郎／守島基博／
小川進／藤川佳則／堀口悟史／
大澤幸子／西原陽子／廣瀬文乃／
山本修／菊澤研宗
[ビジネス・ケース]
東レ／アサヒビール

2011年秋号
[特集]
転換期の金融規制と金融ビジネス
佐藤隆文／翁百合／齊藤誠／
淵田康之／藤井眞理子／
関根栄一
[ビジネス・ケース]
スルガ銀行／日本写真印刷

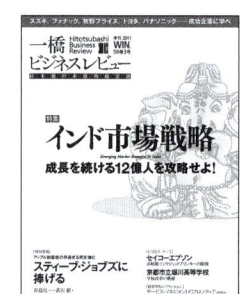

2011年冬号
[特集]
インド市場戦略
岩垂好彦／鈴木信貴／
新宅純二郎／朴英元／天野倫文／
プラジャクタ・カーレ／
李澤建／島田卓
[ビジネス・ケース]
セイコーエプソン／京都市立堀川高等学校

2012年春号
[特集]
リアルに考える原発のたたみ方
鈴木達治郎／齊藤誠／吉岡斉／
飯田哲也／澤昭裕／青島矢一／
島本実
[ビジネス・ケース]
ディスコ／カラオケ機器業界

2012年夏号
[特集]
日本の企業会計のゆくえ
伊藤邦雄／加賀谷哲之／
鈴木智大／冨山和彦／安井肇／
久禮由敬／上妻義直
[ビジネス・ケース]
オリンパス／コマツインドネシア

2012年秋号
[特集]
オープン・イノベーションの衝撃
米倉誠一郎／武石彰／清水洋／
星野雄介／グレン・ヘトカー／
川合一央
[ビジネス・ケース]
味の素／カモ井加工紙

2012年冬号
[特集]
日本のものづくりの底力
藤本隆宏／新宅純二郎／西村清彦／
桑原哲也／中沢孝夫／延岡健太郎
[ビジネス・ケース]
エスビー食品／日立ハイテクノロジーズ

バックナンバー取扱店

北海道
- 札幌市　紀伊國屋書店　札幌本店
- 　　　　MARUZEN&ジュンク堂書店　札幌店
- 旭川市　ジュンク堂書店　旭川店

青森県
- 弘前市　ジュンク堂書店　弘前中三店

宮城県
- 仙台市　ジュンク堂書店　仙台本店
- 　　　　丸善　仙台アエル店

福島県
- 郡山市　ジュンク堂書店　郡山店

埼玉県
- さいたま市　ブックデポ書楽

千葉県
- 千葉市　三省堂書店　そごう千葉店
- 松戸市　くまざわ書店　松戸店
- 習志野市　丸善　津田沼店

東京都
- 千代田区　霞が関政府刊行物サービス・センター
- 　　　　　紀伊國屋書店　大手町ビル店
- 　　　　　三省堂書店　神保町本店
- 　　　　　三省堂書店　有楽町店
- 　　　　　書原　霞ヶ関店
- 　　　　　文教堂書店　市ヶ谷店
- 　　　　　丸善　お茶の水店
- 　　　　　丸善　丸の内本店
- 中央区　　書原　晴海店
- 　　　　　ブックファースト　銀座コア店
- 　　　　　丸善　日本橋店
- 　　　　　八重洲ブックセンター　本店
- 港区　　　あおい書店　品川駅前店
- 　　　　　あおい書店　六本木店
- 　　　　　くまざわ書店　品川店
- 　　　　　慶應義塾大学生協　三田書籍部
- 　　　　　虎ノ門書房　田町店
- 　　　　　文教堂書店　浜松町店
- 新宿区　　紀伊國屋書店　新宿本店
- 　　　　　ブックファースト　新宿店
- 　　　　　芳林堂書店　高田馬場店
- 　　　　　早稲田大学生協コーププラザブックセンター
- 渋谷区　　紀伊國屋書店　渋谷店
- 　　　　　紀伊國屋書店　新宿南店
- 　　　　　有隣堂　アトレ恵比寿店
- 　　　　　MARUZEN&ジュンク堂書店　渋谷店
- 豊島区　　ジュンク堂書店　池袋本店
- 　　　　　東京旭屋書店　池袋店
- 世田谷区　紀伊國屋書店　玉川高島屋店
- 品川区　　あおい書店　五反田店
- 　　　　　ブックファースト　レミィ五反田店
- 　　　　　有隣堂　アトレ目黒店
- 大田区　　くまざわ書店　グランデュオ蒲田店
- 杉並区　　八重洲ブックセンター　荻窪ルミネ店
- 武蔵野市　啓文堂書店　吉祥寺店
- 　　　　　ブックス・ルーエ
- 　　　　　リブロ　吉祥寺店
- 　　　　　ジュンク堂書店　吉祥寺店
- 八王子市　くまざわ書店　八王子店
- 　　　　　中央大学生協　多摩店
- 立川市　　オリオン書房　ノルテ店
- 府中市　　啓文堂書店　府中店
- 日野市　　くまざわ書店　日野店
- 国立市　　一橋大学生協　国立店
- 　　　　　増田書店
- 多摩市　　啓文堂書店　多摩センター店
- 　　　　　丸善　多摩センター店

神奈川県
- 横浜市　　紀伊國屋書店　横浜店
- 　　　　　天一書房　日吉店
- 　　　　　文教堂書店　新横浜駅店
- 　　　　　有隣堂　たまプラーザテラス店
- 　　　　　有隣堂　伊勢佐木町本店
- 　　　　　有隣堂　横浜駅西口店
- 　　　　　有隣堂　ルミネ横浜店
- 川崎市　　あおい書店　川崎駅前店
- 　　　　　丸善　ラゾーナ川崎店
- 藤沢市　　ジュンク堂書店　藤沢店
- 　　　　　有隣堂　藤沢店
- 厚木市　　有隣堂　厚木店

山梨県
- 甲府市　　ジュンク堂書店　岡島甲府店

長野県
- 松本市　　丸善　松本店

静岡県
- 静岡市　　MARUZEN&ジュンク堂書店　新静岡店

愛知県
- 名古屋市　三省堂書店　名古屋高島屋店
- 　　　　　三洋堂書店　本店
- 　　　　　ジュンク堂書店　名古屋店
- 　　　　　星野書店　近鉄パッセ店
- 　　　　　丸善　名古屋栄店

京都府
- 京都市　　アバンティブックセンター
- 　　　　　大垣書店　烏丸三条店
- 　　　　　ジュンク堂書店　京都店
- 　　　　　ジュンク堂書店　京都BAL店

大阪府
- 大阪市　　紀伊國屋書店　梅田本店
- 　　　　　ブックファースト　梅田店
- 　　　　　MARUZEN&ジュンク堂書店　梅田店
- 　　　　　紀伊國屋書店　本町店
- 　　　　　ジュンク堂書店　大阪本店
- 　　　　　ジュンク堂書店　天満橋店
- 　　　　　ジュンク堂書店　難波店
- 　　　　　文教堂書店　淀屋橋店
- 高槻市　　紀伊國屋書店　高槻店

兵庫県
- 神戸市　　ジュンク堂書店　三宮駅前店
- 　　　　　ジュンク堂書店　三宮店
- 西宮市　　ジュンク堂書店　西宮店

岡山県
- 岡山市　　紀伊國屋書店　クレド岡山店
- 　　　　　丸善　岡山シンフォニービル店
- 　　　　　ジュンク堂書店　岡山店

広島県
- 広島市　　廣文館書店　広島駅ビル店
- 　　　　　ジュンク堂書店　広島駅前店
- 　　　　　MARUZEN　広島店

福岡県
- 福岡市　　紀伊國屋書店　福岡本店
- 　　　　　ジュンク堂書店　福岡店
- 　　　　　丸善　博多店
- 北九州市　くまざわ書店　サンリブもりつね店

鹿児島県
- 鹿児島市　ジュンク堂書店　鹿児島店

沖縄県
- 那覇市　　ジュンク堂書店　那覇店

予約購読のお申し込み・お問い合わせは、東洋経済新報社予約サービスセンターで受け付けております。

0120-206-308
sub@yoyaku-toyokeizai.com

48巻までの『ビジネスレビュー』についてのお問い合わせ・ご注文は下記宛てにお願いします。

千倉書房　〒104-0031　東京都中央区京橋2-4-12　電話 03-3273-3931　FAX 03-3273-7668

次号予告 次号は2013年6月10日(月)前後の発売になります

一橋ビジネスレビュー

季刊 2013年 SUM. 61巻1号
定価(本体2000円+税)

[特集] ビジネス・エコノミクスの新潮流

近年、経営戦略や企業組織を分析するための経済学の道具立ては、大きく進化している。行動経済学や組織の経済学、契約理論、オークション理論などである。2012年ノーベル経済学賞受賞者ロイド・シャプレーとアルヴィン・ロスの専門分野であるマッチング理論やマーケット・デザインも、そういった新しい道具立ての1つである。本特集では、近年の経済学の進化を踏まえて、ビジネス・エコノミクスの新しい流れを具体例に即して解説する。ビジネスシーンで日々起こっている事象を、より深く洞察するための見方・考え方を提供する。

執筆予定者(五十音順)

石田潤一郎／伊藤秀史／中島大輔／花薗誠／安田洋祐／渡辺誠

[ビジネス・ケース]
良品計画／巣鴨信用金庫

[連載　経営学のイノベーション]
西川英彦「無印良品の経営学」(新連載)

[コラム]
小川進「日本経営学のイノベーション」(2)

その他　マネジメント・フォーラム、技術経営のリーダーたち　など

＊テーマ、筆者は変更の可能性があります。

『一橋ビジネスレビュー』投稿規定

本誌は広く学界・産業界・官界・大学院生からの投稿を受けつけています。社会経済活動諸分野でのイノベーション・企業経営・産業社会に関する緻密な研究、新しい仮説、そして大胆な提案が寄せられることを期待しています。

投稿を希望される方は、http://www.iir.hit-u.ac.jp/hbr/hbr01.htmlをご参照ください。投稿された論文は厳正な審査を経て、掲載の可否が決定されます。　　※2004年6月改訂

一橋ビジネスレビュー編集委員会 (FAX：042-580-8410)

謝　辞

本誌に投稿される論文は増えており、多様な領域の論文が投稿されるようになっている。これを質の高い査読で支えてくれているのが、アソシエイト・エディター(AE)ならびに、レフェリーである。特定の学会を母体としない学術誌である『一橋ビジネスレビュー』にとって、第一級の研究者である彼／彼女らの支えは欠くことのできない大切なアセットである。今年度も多くの方々にご協力いただいた。ここに深く感謝を申し上げたい。

『一橋ビジネスレビュー』編集委員会を代表して
投稿論文エディター　延岡健太郎　楡井誠　清水洋

読者プレゼント&アンケート

『一橋ビジネスレビュー』をご購読いただきましてまことにありがとうございます。本誌をますます読者の皆様に役立つ経営誌とするために、アンケートにぜひご協力ください。回答いただいた方のなかから抽選で**5名様**に「**特製図書カード（3000円分）**」を差し上げます。下記の東洋経済オンライン『一橋ビジネスレビュー』の読者プレゼント&アンケートのページにてご回答ください。

東洋経済オンライン
http://www.toyokeizai.net/shop/magazine/hitotsubashi/

締切　2013年5月31日

一橋ビジネスレビュー
Hitotsubashi Business Review
一橋大学イノベーション研究センター編／A4変型判　　【年4回発行（3・6・9・12月）】

年間予約購読のご案内

　　　　　　　　　　　　　　　■スチューデント割引（大学・大学院・ビジネススクールの学生用）

購読期間（冊数）	購読価格	市　価	割引率	購読期間（冊数）	購読価格	市　価	割引率
1年（4冊）	7,140円	8,400円	15%	1年（4冊）	5,426円	8,400円	35%
2年（8冊）	12,600円	16,800円	25%	2年（8冊）	10,836円	16,800円	35%

●送料は無料です。　●購買価格には消費税を含みます。　●特別価格のため中途解約は受け付けかねますのでご了承ください。
●スチューデント割引は、お申し込みの際、学生証のコピーをFAXでお送りいただきます。　●スチューデント割引は、新規購読申込時のみ受け付けております。継続購読時には、通常価格でのご請求となりますのでご了承ください。

お申込み・お問合せ先
東洋経済新報社「予約サービスセンター」（受付時間9：30～17：20　土日祝・休）
📞**0120-206-308**　　　携帯電話からは**03-3688-8900**

東洋経済オンライン「年間予約購読お申込み」
https://www.toyokeizai.co.jp/pub/chumon/teiki.html

一橋ビジネスレビューは、
「経営学」と「現実のビジネス」をつなぐ
3ヵ月で読み切る「日本発の経営誌」です。

1. 一橋大学イノベーション研究センターを中心に、日本の経営学を総結集。
2. 読者にとって、欧米の経営誌の翻訳では理解しにくい点をフォローします。
3. ベーシックな経営理論をわかりやすく、ビジネスの現場のことばで論じます。
4. 一般市販誌でははじめて、ケース・スタディの教授法を公開。

一橋ビジネスレビュー
Hitotsubashi Business Review
一橋大学イノベーション研究センター編

編集後記

◆「クロスボーダーM&A」の世界、いかがでしたか。読者の皆さんにも、きっとたくさんの新たな発見があったのではないかと思います。

◆今号は、日本経済再活性化の不可欠な要素となった「クロスボーダーM&A」を特集テーマとして、実際に最前線でM&Aに携わっている方だけではなく、現在はM&Aにかかわっていなくても将来のことを考えてM&Aを勉強したいという方、さらには、縮小する日本経済の先行きに不安を持っている経営者の方々等を主な読者として念頭に置いた構成にしました。

◆そのためには、M&A市場が現在どうなっているかの概観や、実際にクロスボーダーM&Aを経営に取り入れてきた国内外の企業の成果についての考察、経営戦略の一環としてのM&Aをどう生かしていくかについての考察、クロスボーダーM&Aを実行する際の法律的・会計的な留意点、さらに、クロスボーダーM&Aの経済的効果の実証分析、そして最後に、実際にクロスボーダーM&Aを成功させた経営者の生の声、これらがクロスボーダーM&Aを理解するための必須要素と考えました。

◆そこで、これら各分野の第一人者に執筆をお願いしたところ、皆さんにご快諾いただき、それぞれ素晴らしい原稿を寄稿していただきました。非常に内容の充実した一冊になったことを大変うれしく思います。執筆者の皆さんには厚く御礼申し上げます。

◆急速に変化する現在の世界市場で、クロスボーダーM&Aなくして企業が国際的競争を勝ち抜くことはできません。クロスボーダーM&Aに興味のあるビジネスパーソン、さらなる企業価値向上の迅速な実現をめざす経営者、それに、M&Aを研究している学者の皆さんにも広く本特集をお読みいただくことで、クロスボーダーM&Aに対する正しい理解が進み、また、日本企業がクロスボーダーM&Aを事業展開に有効に活用するようになり、日本経済再活性化の推進力の一助になることを、心から望んでやみません。

(佐山展生)

「読者の声」への投稿をお待ちしています

◉掲載された論文についての感想、今後取り上げてほしいテーマなど、ご意見をお寄せください。
◉投稿の際は、住所、氏名、職業、年齢を明記してください。

宛　先
〒103-8345 東京都中央区日本橋本石町1-2-1
東洋経済新報社　出版局
『一橋ビジネスレビュー』読者の声係
FAX：03-3231-0906　電子メール：hito-br@toyokeizai.co.jp　まで

一橋ビジネスレビュー 2013年 SPR.（60巻4号）

2013年3月21日 発行

編　者　一橋大学イノベーションセンター
発行者　山縣裕一郎
発行所　東洋経済新報社
　　　　〒103-8345　東京都中央区日本橋本石町1-2-1
　　　　電話　東洋経済コールセンター 03-5605-7021
印刷・製本　リーブルテック

本書のコピー、スキャン、デジタル化等の無断複製は、著作権法上での例外である私的利用を除き禁じられています。本書を代行業者等の第三者に依頼してコピー、スキャンやデジタル化することは、たとえ個人や家庭内での利用であっても一切認められておりません。
©2013〈検印省略〉落丁・乱丁本はお取替えいたします。

Printed in Japan　ISBN 978-4-492-82057-5　http://www.toyokeizai.net/